EDICIONES
KAIROS

esperanza en medio de ilusiones perdidas

Tercera edición
revisada y ampliada

MARÍA ELENA MAMARIAN

Copyright © 2019 Ediciones Kairós

Caseros 1275 - B1602ALW – Florida
Buenos Aires, Argentina
www.kairos.org.ar

Ediciones Kairós es un departamento de la Fundación Kairós,
una organización no gubernamental sin fines de lucro
dedicada a promover el discipulado cristiano y la misión integral
desde una perspectiva evangélica y ecuménica
con un enfoque contextual e interdisciplinario.

Dirigido por: C. RENÉ PADILLA
Revisión: Elisa Padilla, Pablo Alaguibe, Carlos Villafañe
Diseño de portada: Gastón Mato
Diagramación interior: Alejandría Studio - studio@alejandria.site

Ninguna parte de esta publicación puede ser reproducida,
almacenada o transmitida de manera alguna
ni por ningún medio, sea electrónico, químico,
mecánico, óptico, de grabación o de fotografía,
sin permiso previo de los editores.

Queda hecho el depósito que marca la ley 11.723

Todos los derechos reservados
All rights reserved

Impreso en Argentina
Printed in Argentina

Mamarian, María Elena
Esperanza en medio de ilusiones perdidas / María Elena Mamarian ; dirigido por Carlos René Padilla. - 3a ed ampliada. - Florida : Kairós, 2019.
352 p. ; 20 x 14 cm.

ISBN 978-987-1355-86-0

1. Orientación Familiar. 2. Educación Familiar. I. Padilla, Carlos René, dir. II. Título.
CDD 158.24

EDICIONES
KAIROS

esperanza en medio de ilusiones perdidas

Tercera edición
revisada y ampliada

MARÍA ELENA MAMARIAN

DEDICATORIA

En memoria de mis abuelas y abuelos armenios,
quienes supieron poner su confianza en Dios
en medio de las situaciones más dramáticas de su vida.

A nuestras nietas –Sol, Alelí, Constanza, Josefina y Mora–
para que siempre elijan poner su esperanza en el mismo Dios.

"Señor, tú has sido nuestro refugio generación tras generación"
Salmo 90: 1

Contenido

Prefacio	9
Agradecimientos	15
Prólogo a la tercera edición	17
Introducción	19
1. La familia de origen	23
2. Relaciones difíciles con los padres en la vida adulta	35
3. ¿Y si no me caso?	57
4. Desilusión en el matrimonio	75
5. Esposos que no comparten la misma fe	107
6. El divorcio, ruptura del vínculo conyugal	119
7. Familias monoparentales	139
8. Los hijos no llegan	167
9. El hijo enfermo o discapacitado	193
10. Hijos que no satisfacen las expectativas de los padres	217
11. Muere un hijo o una hija	239
12. Llega la viudez	281
13. La familia de Dios y la esperanza	303
14. Grupos de ayuda mutua	319
Sobre la Autora	349

Prefacio

Esperanza en la familia

En su tercera edición, este libro trató algunas de las ilusiones y las desilusiones que experimentamos alrededor de las vivencias de ser familia. En muchas ocasiones, las desilusiones son provocadas por otros seres humanos y aun por nuestros propios errores o equivocaciones. En otras, el dolor y la desilusión no son atribuibles a fallos humanos, propios o de otros, sino a causas fortuitas y ajenas a quienes los experimentan.

Al abordar las diferentes pérdidas, cualquiera sea la causa, reiteramos que una de las características de los duelos que conllevan es que los seres humanos podemos perder la esperanza, a veces en forma transitoria y otras veces en forma prolongada. En cada uno de los capítulos se mencionan actitudes y recursos que favorecen la renovación de la esperanza, dado que es un factor clave para recuperar el bienestar perdido.

En una conferencia convocada en Buenos Aires por EIRENE Argentina para tratar el tema "Criemos familias saludables y resilientes", el Dr. Jorge Maldonado expresó lo siguiente:

> La *esperanza* es un valor orientado hacia el futuro y es esencial para "respirar" cuando el estrés y la ansiedad nos asfixian. La esperanza es necesaria para restaurar relaciones estropeadas, para reparar daños, para reeducarnos en un optimismo energizante. Existe sobrada evidencia de que el pesimismo –que es la falta de esperanza anclada en una persona, pareja o familia-

va de la mano con la depresión, el debilitamiento del sistema inmunológico, el aislamiento, la enfermedad y la muerte. Tanto el optimismo como el pesimismo pueden ser aprendidos y por lo tanto, también alterados. Una familia saludable sabe evaluar la realidad –muchas veces difícil, cruel, devastadora- pero se resiste a vivir bajo la sombra de la desesperanza y del pesimismo. El optimismo –no la ingenuidad- es una especie de vacuna psicológica frente a la adversidad.

En el anteúltimo capítulo de este libro la autora desarrolla en particular la vinculación estrecha que existe entre la familia de Dios y la esperanza, siendo la persona de Jesucristo la máxima expresión de ello, y su iglesia el ámbito donde la esperanza perdida puede resurgir.

Y hablando de la comunidad de fe que integre una red de familias en forma pertinente y esperanzadora, dice el Dr. Hugo Santos: "La iglesia, a lo largo de los siglos, ha llevado adelante como parte de su misión la tarea de sanar, sostener, guiar, educar, reconciliar y nutrir la vida de las personas a las que debió servir. En esta tarea es imposible apuntar a un servicio integral, sin tomar en cuenta a la familia, la familia del pasado, la del presente y la del futuro… Las normas que sostienen ideales (a los cuales nadie llega plenamente, ni como familia ni como individuos) suelen ser buenos mapas para el camino, pero los datos y las problemáticas reales que llevan a decisiones para una vida más satisfactoria para la generalidad de las personas no pueden dejar de ser tenidas en cuenta." [1]

Finalmente quisiéramos mencionar algunos conceptos en torno a la "esperanza **en** la familia", ya que muchos de los desórdenes y disfuncionalidades familiares, a veces graves, amén de la diversidad de formatos que adquieren las familias hoy en día, podrían hacernos pensar que ya no hay esperanza para la familia como tal.

Sobre este tema queremos compartir un breve trabajo inédito que pronunció el Mgter. Jorge Galli en ocasión de la presentación de la segunda edición de *Esperanza en medio de ilusiones perdidas,* en

---

1 Dr. Hugo Santos. *Familia y diversidad: comencemos por casa.* (inédito) Trabajo presentado en el Pre Congreso Familia y Diversidad: una perspectiva cristiana. Eirene Argentina, 2011.

2009. A continuación el texto:

En medio de tantos mensajes apocalípticos sobre la extinción de la familia, hacemos bien en afirmar nuestra esperanza en la familia.

Tenemos razones para tener esperanza en la familia:
1. Porque creemos que Dios es su autor. La familia, esa institución de la creación, surgida desde el mismo nacimiento de la humanidad, está sustentada por el propósito de Dios: ser el primer lugar de contención y humanización de las personas.
2. Porque creemos en el hombre. Creemos en la capacidad gregaria del hombre que ninguna fuerza fragmentadora será capaz de destruir. El fuerte individualismo que hoy nos acosa no es cosa nueva. También desde sus orígenes el hombre tuvo que enfrentarse con la destrucción de los vínculos familiares, fraternos. Pero la capacidad de buscar al otro, de encontrarse con el otro y en el otro, no pudo ser destruida. Tenemos esperanza en la familia porque el hombre es naturalmente un ser gregario.

Tanto porque Dios es su Creador como porque el hombre es su criatura, la familia se sostendrá a pesar de los tembladerales que pueda padecer a lo largo del tiempo.

Sin embargo, esta esperanza no puede ser una espera pasiva. La esperanza en la familia no se sostiene en un sentimentalismo nostálgico, ni siquiera en un voluntarismo ingenuo. La esperanza en la familia se sostiene en el compromiso cotidiano como es el de muchos padres y muchas madres que todavía revisan el cuaderno de clase de los hijos, en el sacrificio diario como es el de tantas familias que creen que el esfuerzo es anterior a la diversión, en la apuesta a la vida como es de cada pareja que decide tener un hijo. Esa esperanza activa es la que puede confirmar que la familia será familia, a pesar de todo.

Esperanza en la familia. ¿En qué familia? ¿La familia de nuestros ancestros? ¿En la familia extendida? ¿En la familia patriarcal? Mucho me temo que la esperanza en esos modelos de familia del pasado no es esperanza: es, más bien, una añoranza, legítima, pero añoranza al fin.

• La familia del futuro será la familia que seguirá cumpliendo con su misión: lugar de humanización de las personas, célula básica de la sociedad, aunque su formato y sus estrategias cambiarán.

• Hay esperanza para las familias que se transformen en un lugar de participación y de acuerdos. Sin negar la autoridad, en la familia del futuro no habrá lugar para los autoritarismos.

• Hay esperanza para las familias que sean sólidas en sus convicciones pero flexibles a los cambios. Sin negar la solidez de los valores, las familias rígidas no tienen futuro.

• Hay esperanza para las familias que trabajen por la equidad de cada uno de sus miembros. Las familias violentas, descalificadoras, manipuladoras, no tienen futuro.

• Hay esperanza para las familias acogedoras y solidarias. Si hay un lugar en el mundo del cual podemos seguir esperando que una puerta se abra a la viuda, al huérfano y al extranjero, ese lugar sigue siendo la familia.

• Por último, hay esperanza para la familia que esté integrada a una red de familias, que sea parte de una comunidad que la integre, una comunidad de amigos, una comunidad de fe. La familia aislada, tipo gheto, no tiene futuro.

FELICES LAS FAMILIAS

Que se aman con palabras y con hechos,
que confían los unos en los otros,
que se respetan en las diferencias,
que contribuyen a la autoestima del otro,
que dialogan… aunque sea difícil,
que tratan de vivir en armonía,
que ayudan al crecimiento de cada uno,

que comparten lágrimas y sonrisas,
que desempeñan roles claros y flexibles,
que disfrutan de libertad para expresarse,
que evitan cualquier forma de maltrato,
que protegen a los más vulnerables,
que reconocen errores y aprenden de ellos,
que ejercitan el perdón y la restauración,
que piden ayuda y ayudan a otros,
que adquieren recursos en las crisis,
que comparten tiempos de diversión,
que celebran sus tradiciones y costumbres,
que renuevan la esperanza cada día.

Felices las familias que, aun en su imperfección,
reconocen que Dios las conduce
y disfrutan de su favor y misericordia.

Agradecimientos

Agradezco nuevamente a Ediciones Kairos, en la persona de René Padilla y a todo el equipo que lo conforma, por el interés en publicar *Esperanza en medio de ilusiones perdidas* en su tercera edición.

A todos mis compañeros y compañeras de Eirene Argentina-Armonía Plena, ministerio dedicado al fortalecimiento familiar que compartimos desde hace muchos años, ya que han contribuido a profundizar mi entendimiento sobre los temas que hacen a la familia humana.

En particular agradezco a la Prof. Silvia Chaves, al Lic. Jorge Galli, al Lic. Gustavo Valiño y al Dr. Hugo Santos por su generosidad de siempre y en particular al responder cuando los consulté sobre distintas cuestiones que enriquecieron algunos tramos de esta edición.

A mi familia que apoya mi labor de distintas formas, en especial a mi esposo Rubén. Párrafo especial para nuestras cinco nietas (Sol, Alelí, Constanza, Josefina y Mora), quienes representan la alegría de crecer y contribuir a un mundo mejor.

A todos los que apoyan fielmente mi labor de escritora a través del valioso ministerio de la oración intercesora.

A todas las personas que a lo largo de muchos años abrieron su corazón para contar sus historias de vida; me enseñaron muchas de las cosas expuestas en este libro, y sobre todo se dispusieron a recibir consuelo y sanidad, se recuperaron de las pérdidas sufridas y renovaron la esperanza. Varias de ellas han completado y enriquecido sus testimonios de vida que aparecen en esta edición.

A los lectores que han valorado positivamente el material publicado en las anteriores ediciones y que seguramente encontrarán nuevos aportes que por la gracia de Dios hemos podido incluir.

A Dios, que continúa siendo fuente de salud y esperanza a todo aquel que se acerque con fe y humildad a El.

Alabemos juntos y a una voz la grandeza del nombre del Señor. Recurrí al Señor, y él me contestó y me libró de todos mis temores. Los que miran al Señor quedan radiantes de alegría y jamás se verán defraudados. Este pobre gritó, y el Señor lo oyó y lo libró de todas sus angustias. El ángel del Señor protege y salva a los que honran al Señor. Prueben, y vean que el Señor es bueno. ¡Feliz el ser humano que en él confía!

María Elena Mamarian
Julio de 2019

Prólogo a la tercera edición

Me produce mucha alegría la reedición de este libro. Originalmente el material fue publicado en 2003 por Mujeres Bautistas como Manual de Ayuda mutua. El título fue Esperanza en las pérdidas. Más tarde vendría la publicación como libro a través de Ediciones Kairos. Tal como sucedió con *Rompamos el silencio, prevención y tratamiento de la violencia en la familia*, de la misma Editorial, ahora también *Esperanza en medio de ilusiones perdidas* sale como tercera edición al haberse agotado las dos primeras.

Se ha revisado todo el material anteriormente publicado, se han agregado recursos y sobre todo se han contextualizado aún más las diversas problemáticas abordadas originalmente, sobre todo en lo que hace a los cambios que nuestra sociedad experimenta vertiginosamente. Por ejemplo, el lector encontrará material nuevo sobre diversidades familiares -como familias monoparentales y familias ensambladas-. También se han reformulado y ampliado los dos capítulos dedicados a la desilusión en el matrimonio, a la vez que fueron incluidos nuevos énfasis a diferentes temas que seguramente el lector encontrará pertinentes.

Sin embargo, el cambio más importante es la inclusión de un capítulo sobre Grupos de ayuda mutua, en consenso con el editor C. René Padilla a quien agradezco su generosidad. Creemos que las personas que atraviesan diferentes pérdidas necesitan apoyo y compañía, especialmente por parte de otros seres humanos que hayan pasado por situaciones similares. Esta conexión facilita que se sientan comprendidos, a la vez que disminuyen la pena y la soledad que frecuentemente conllevan las pérdidas. Los grupos de ayuda mutua se han mostrado muy eficaces a tal fin. En el capítulo 14 se menciona el marco teórico de los grupos, se comparten algunas experiencias y se brindan algunas ideas para animar a individuos y comunidades de fe que quieran implementar este recurso. De este modo también respondemos a muchas personas e iglesias que a lo largo de estos años nos han consultado sobre este tema.

Para finalizar, sé que el contenido de *Esperanza en medio de ilusiones perdidas* –en sus distintos formatos y ediciones- ha resultado en gran bendición para muchas personas a través del tiempo. Es mi deseo que esta tercera edición nuevamente sea una herramienta útil para individuos, familias y comunidades. A Dios sea la gloria. ¡Amén!

Introducción

La vida del ser humano está signada por ganancias y pérdidas. Desde el mismo momento del nacimiento se abandona, de una vez y para siempre, una situación de completo bienestar y calma. Hay que luchar para nacer... y luego para vivir... hasta morir.... No en vano tenemos el registro bíblico de la añoranza por el vientre materno, donde nada había que hacer para vivir sino recibirlo todo. Expresiones que brotan de corazones doloridos y sufrientes en medio de las diversas situaciones de pérdida que un ser humano afronta.

"¿Por qué tuve que salir del vientre solo para ver problemas y aflicción, y para terminar mis días en vergüenza?" (Jer 20:18, NVI).

"¿Por qué me hiciste salir del vientre? ¡Quisiera haber muerto, sin que nadie me viera!" (Job 10:18-19, NVI).

Muchas de las pérdidas que sufrimos tienen que ver con el proceso normal de crecimiento. Cíclicamente debemos abandonar una etapa ya conocida para pasar a otra nueva que puede producirnos una dosis normal de ansiedad e inquietud. A veces estas pérdidas van acompañadas de cierto dolor o añoranza. Sin embargo, la gran capacidad de adaptación que el ser humano posee le da suficiente tiempo para quedar instalado en la nueva situación, y así avanza un escalón más en la fascinante tarea de crecer y madurar.

Algunos ejemplos de estas crisis evolutivas normales podrían ser: el ingreso del niño a la escolaridad, el pasaje a la vida universitaria, el cambio de un empleo por otro, la formación de la pareja y el nuevo matrimonio, la llegada de los hijos, su crecimiento y también su partida del hogar cuando ya son capaces de desarrollar su propio proyecto de vida, el tiempo de la jubilación, etc. Todos estos cambios que exigen flexibilidad y generación de nuevos recursos hacen al dinamismo que caracteriza a la vida humana.

Pero también hay otro tipo de crisis que implican pérdidas inesperadas, accidentales y situacionales; generan sufrimiento y dolor o ponen a prueba nuestros recursos internos y también nuestra fe. No pasan desapercibidas y obligan a profundos cambios, tanto internos como externos. Producen ruptura de nuestras ilusiones y sueños. El temor, la inseguridad, la culpa y los reproches invaden el alma. ¿Y el futuro? Se hace oscuro e incierto. Se pierde la confianza en uno mismo, en los otros y aun en Dios. Y, lo que es peor, la esperanza se niega a aparecer en nuestro oscuro y limitado horizonte.

De la multiplicidad de pérdidas posibles para el ser humano, este libro intenta abordar especialmente aquellas que se refieren a la vida familiar, comunes pero no por eso menos dolorosas, que muchas mujeres y hombres tenemos que afrontar en algún momento de la vida personal y familiar. Difícilmente no nos sintamos incluidos en algunas de las situaciones planteadas, aunque tampoco pretendemos haber abarcado la diversidad de pérdidas posibles alrededor del tema familiar.

El propósito de este libro es ayudar a comprender algo más de la naturaleza y especificidad de algunas de estas pérdidas y las desilusiones que traen aparejadas. Pero no sólo comprender, sino también despertar compasión por las personas que sufren a nuestro alrededor, a la vez que obtener herramientas útiles que serán multiplicadas en la tarea grupal que se sugiere en cada capítulo y que servirán para afrontar personalmente estas situaciones y también para ayudar a otras mujeres y hombres en el tránsito del dolor de las mismas.

Entendemos que las herramientas más completas y perfectas se encuentran en la Palabra de Dios y en ella bucearemos para extraerlas y utilizarlas para nuestro bien, con la ayuda incondicional del Espíritu Santo, quien quiere iluminarnos cuando nuestras mentes y corazones se hallan dispuestos.

Cada capítulo, además, cuenta con un párrafo que incluye el enfoque preventivo porque creemos que algunas situaciones podrían evitarse y otras podrían facilitarse y afrontarse mejor si estamos preparados y equipados convenientemente.

Sobre todo queremos rescatar el valor de la esperanza en Dios, esperanza que nos mantendrá firmes y seguros aun en medio de las tormentas de la vida.

> *"De estas dos cosas que no pueden cambiarse [promesa y juramento] y en las que Dios no puede mentir, recibimos un firme consuelo los que hemos buscado la protección de Dios y hemos confiado en la esperanza que él nos ha dado. Esta esperanza mantiene firme y segura nuestra alma, igual que el ancla mantiene firme al barco..."* (Heb 6:18-19).

1
La familia de origen

"Yo les he dicho estas cosas para que en mí hallen paz. En este mundo afrontarán aflicciones, pero ¡anímense! Yo he vencido al mundo" (Jn 16:33, NVI)

Objetivo

Reconocer la imperfección de mi familia de origen, permitiendo que Dios sane todas las heridas y las consecuencias sufridas.

Lectura de reflexión

Es como despertar de un sueño, a veces brusco, a veces lento. Te puede ocurrir a los dieciséis años, a los veinticuatro o a los treinta y tres. En algún momento, y bajo distintas circunstancias, te das cuenta de que tu familia de origen no fue ni es perfecta. En efecto, ninguna familia humana es perfecta.

Los efectos del divorcio de tus padres, enterarte de un secreto familiar penoso largamente ocultado, darte cuenta de lo que significó y significa el alcoholismo u otra adicción de tu padre, descubrir que fuiste concebido o concebida antes del casamiento de tus padres, tomar conciencia del abuso (sexual, emocional o físico) que sufriste dentro del ámbito familiar, saber que tu padre o madre tenían otro matrimonio y hasta hijos de ese matrimonio que no conocías.

Otras situaciones quizás no tan dramáticas, pero no por eso menos dolorosas, también nos traen a la realidad de la imperfección de nuestra familia de origen: la ausencia de sanos modelos de comunicación que hoy te hace difícil la interacción con los demás, las discusiones entre tus padres que te obligaban a intervenir salvando la situación, la alianza que alguno de ellos intentó formar con vos en contra del otro progenitor, la incoherencia de los mayores entre lo que decían y lo que hacían, sus errores como padres, o simplemente sus propios problemas y limitaciones humanas.

Todo esto, sin contar las contingencias que una familia puede sufrir sin tener necesariamente responsabilidad en ello: la muerte temprana de algún miembro, las enfermedades, las reiteradas mudanzas, un accidente grave, haber sido víctima de una catástrofe social o natural, las migraciones forzadas, la inestabilidad laboral sostenida en el tiempo, condiciones de extrema pobreza y necesidad.

La lista sería interminable. Lo peor del caso es que no se trata simplemente de una lista. Es la historia de muchos hombres y mujeres que tarde o temprano abren los ojos a la realidad que vivieron en sus propias familias de origen.

— *Recién a los dieciséis años caí del cielo. De golpe me di cuenta de que mi familia, donde todos éramos cristianos, no era lo que yo creía. Los hijos ocupábamos el lugar de adultos en la familia y cargábamos con el peso de las decisiones. Mi papá, aunque sostenía económicamente el hogar, era alcohólico y eso provocaba mucha vergüenza y aislamiento. No queríamos que nuestros amigos nos visitaran en casa y en las reuniones familiares teníamos que cuidar que mi papá no se desbordara. Por eso me sentía aliviado cuando terminaban. También me di cuenta de que mi mamá era como un hijo más que se apoyaba en nosotros como si fuéramos sus hermanos. Esto me daba mucha inseguridad y rabia a la vez. Creo que todo lo que viví tuvo muchas consecuencias. Asumo demasiadas responsabilidades y me cuesta poner límites o decir "no", me da temor que los otros se enojen conmigo o no parecer bueno. También me cuestan las relaciones sociales, siempre tengo desconfianza de mí mismo y pienso que no voy a poder responder a lo que se espera de mí. Me pasa especialmente en mi trato con mujeres. ¿Será por esto que no pueda formar mi propia pareja? Esto me pone triste y pienso si algún día podré solucionarlo* (José, 25 años).

— *Me sentí un poco más aliviada cuando se lo conté a mis hermanos mayores y me creyeron. Todavía yo me niego a creerlo; a veces me parece que fue un sueño feo o que yo invento cosas. Éramos una familia en apariencia normal. Mi papá trabajaba, mi mamá nos atendía a nosotros y nada nos faltó. Lo que no puedo creer es cómo mi papá, el que me llevaba al médico y se ocupaba cariñosamente de tantos detalles de mi crianza, también haya sido el que abusó de mí hasta los 12 años. Venía a mi cama de noche y me acariciaba los genitales y las piernas, diciéndome que éste era un dulce secreto entre los dos; que cuando yo fuera grande iba a ser su esposa porque mi mamá ya estaba fea y vieja. Cuando fui señorita, dejó de hacerlo, pero siempre me decía cosas que no me gustaban sobre mis pechos y mi cola. Siempre me sentí confundida, culpable y sucia, y pensaba que si había algo malo en todo eso era por mi culpa. También me pregunto cómo mi mamá no se daba cuenta y por qué no me protegió. Ahora me animo a ver todo esto porque me casé y estoy lejos de mi papá. Tuve muchos problemas sexuales en mi matrimonio y me preocupa que no pueda quedar embarazada. ¿Tendrá algo que ver?* (Agustina, 32 años).

— *Soy mamá de dos nenas y me siento tan chiquita e insegura como ellas. Mi papá murió cuando mi mamá estaba embarazada de mí. Yo tengo dos hermanos mayores que sí se criaron un tiempo con papá. Al morir papá, todo cambió en la familia: tuvimos que dejar la casa donde vivíamos, mi mamá tuvo que trabajar todo el día y criarnos como pudo. Me cuentan que de chiquita me enfermaba todo el tiempo, quizás por mi fragilidad física o para retener a mi mamá todo lo posible al lado mío. Después que pasé la infancia me tuve que hacer fuerte y en la adolescencia me llevaba el mundo por delante, ocultando mis miedos e inseguridades de todo tipo. Pero ahora que tengo la responsabilidad de mis dos hijas vuelvo a darme cuenta de que siempre me sentí desamparada y sola. No sé apoyarme en mi marido que también tiene sus problemas, y Dios me parece muchas veces lejano o ausente. Me cuesta confiar en él* (Isabel, 34 años).

— *Terminé el secundario y empecé dos veces la facultad, cambiando de carrera. Algo no funciona en mí. Siento que no soy capaz y tengo miedo de afrontar los cambios de este tiempo. Soy muy inseguro y nunca sé si estoy tomando la decisión correcta. Aunque mis padres me dicen que respetan lo que yo elija, siempre me parece que les voy a fallar. ¡Ellos son tan perfectos! ¡Pareciera que nunca se equivocan! Mi papá siempre me alienta a superarme, me compara con mis hermanos mayores o con él mismo, y dice que lo hace por mi bien, que yo puedo dar más. Pero me parece que esto me genera mucha presión y al final me paraliza. Me siento desanimado y creo que nunca voy a superar esto (Julián, 20 años).*

Las historias se multiplican sin fin. Sólo hay que saber escuchar y ver. Están a nuestro alrededor y podemos ser también sus mismos protagonistas. Inmediatamente nos conectan con el misterio del sufrimiento humano. Misterio porque a pesar de que se hayan escrito cientos de libros y ensayado miles de hipótesis explicativas —teológicas, filosóficas o de cualquier otra índole— ninguna aporta respuestas que nos satisfagan cuando sufrimos ni amortigua la realidad del dolor.

A pesar de estar abarcando distintas causas de sufrimiento en este capítulo, éstas tienen un denominador común: rompen con la ilusión y el deseo de haber tenido una familia de origen perfecta, y por lo tanto una niñez y adolescencia ideal. Esto incluye la crianza que se pueda haber tenido por parte de padres sustitutos, el haber sido separado de los hermanos y dado en adopción, o haber sido albergado en hogares para niños u otras situaciones que han distado mucho de ser benéficas para el desarrollo saludable de la personalidad.

Los conflictos son normales en el desarrollo humano individual y familiar y, junto con las dificultades, son la oportunidad para crecer y madurar. Algunos creen equivocadamente que es saludable –¡y hasta de cristianos!– no tener conflictos. Por eso suelen silenciar o soslayar los problemas; o no discutir por lo que evitan las confrontaciones; o evitan las mismas, pretendiendo que todos piensen igual no dando lugar a los desacuerdos, y hasta lo connotan como señal de espiritualidad o de un supuesto ideal que nunca se alcanza.

Sin embargo, tales actitudes ponen en riesgo la salud emocional, y nos instalan en una campana de cristal que impide el desarrollo normal de los miembros de una familia y su interacción en el mundo. Aprender a resolver sanamente los conflictos en el hogar y buscar soluciones a los problemas que se presenten nos capacita para resolver también los que posiblemente surjan con amigos, en el trabajo o en la iglesia, y facilita la adaptación y el crecimiento. Pero en este capítulo trataremos conflictos que no son normales o que siendo normales no han tenido una buena resolución por parte de los responsables de la familia.

Si bien estamos abarcando una amplia gama de problemas y cada una requeriría un análisis particular y soluciones en particular –lo cual excede las posibilidades de este libro– queremos mencionar algunas consecuencias que en general resultan de haber vivido bajo estas u otras condiciones desfavorables en el hogar de origen, asumiendo que no hay familias "perfectas", sino simplemente humanas.

- Baja autoestima e inseguridad. Cuando por diversos motivos los padres no ocupan el rol que les corresponde como tales, se genera en los hijos un déficit en su propia valoración. Son hijos que se crían con insuficiente respaldo paterno, y por lo tanto carecen en su vida adulta de la fortaleza interna necesaria para afrontar sus propias dificultades. Aunque los hijos parezcan más maduros y ajustados para su edad, en realidad deben hacer un esfuerzo mayúsculo de adaptación, y muchos llegan a la vida adulta escondiendo debilidades y necesidades que no han sido cubiertas satisfactoriamente en la infancia y la adolescencia.

- Culpa y vergüenza. Aunque es obvio que los niños no tienen responsabilidad por lo que pasa en su familia, debido a su natural egocentrismo internalizan la idea de que ellos tienen la culpa de lo malo que sucede en el hogar (peleas entre los padres, abusos, por ejemplo). Otras veces los propios padres inducen culpa en los hijos consciente o inconscientemente. Pueden hacerlo a través de crítica excesiva, exigencias poco realistas, distancia emocional que mantienen con ellos, poco diálogo, rechazos verbalizados o actuados, castigos inapropiados o injustos hacia los hijos, etcétera. Es así que los hijos llegan a la edad adulta pensando que algo no hicieron bien para que las cosas hayan resultado tan mal en su hogar, o que no lograron hacer felices a los padres, o que no fueron lo suficientemente capaces o buenos como para impedir, por ejemplo, que su papá se alcoholizara. Muchas veces la culpa va acompañada de vergüenza. Es una vergüenza ajena, ya que no es por algo que la persona misma haya hecho, sino que se asume como propia la responsabilidad de la disfunción del padre o de la madre. La culpa produce la falsa idea de haber hecho algo mal o equivocado. La vergüenza, en cambio, induce a la sensación de no dar con la medida requerida. Nunca es suficiente, siempre hay un déficit que no se alcanza a cubrir. La vergüenza —que no siempre es sinónimo de timidez o introversión— puede expresarse con síntomas tales como agresividad, adopción de máscaras o personajes, sobreexigencia, anestesia de las emociones, depresión o ansiedad, dificultades relacionales, incluyendo la relación con Dios. El problema de la vergüenza subyacente debe ser sacado a la luz y solucionado.

- Temor. Haber sido víctima de abuso por parte de uno de los padres o no haber sido protegido convenientemente por el otro; haber acompañado o simplemente presenciado el miedo de la mamá frente a la violencia del padre; la realidad de la carencia de modelos saludables en distintas áreas de la vida; experiencias tempranas de abandono y rechazo; situaciones traumáticas diversas preparan un campo propicio para la aparición de los más variados temores. Estos se expresan en forma permanente en la persona, o aparecen en la vida actual especialmente cuando se conectan con los eventos vividos; por ejemplo, al ingresar al matrimonio o al ser padres. El miedo es un gigante interior que quita la paz, impide disfrutar de la vida y crecer en libertad.

- Heridas no resueltas, dolores y resentimientos. A veces están muy expuestos y la persona, aunque no pueda librarse de ellos, está consciente de que los padece. Otras veces los resentimientos y el rencor están muy ocultos y sólo emergen en alguna que otra conducta o sentimiento que revelan la amargura y el dolor no sanados. El silenciamiento y a veces hasta los olvidos inexplicables de una etapa completa de la vida están denunciando que hay vivencias muy dolorosas que no han sido resueltas adecuadamente. Otras veces, conductas sufridas en la infancia se repiten de manera aparentemente inexplicable y hasta ignorada por la persona. Por ejemplo, frente al abuso sufrido, se puede repetir la posición de víctima en otras situaciones actuales y adultas, o adoptar la conducta del victimario en relación a otros. Es decir, se termina haciendo activamente de alguna manera lo que se sufrió.

- Carencia de modelos sanos de relación. Es como lidiar con una herencia complicada. Hay rasgos que se transmiten de generación en generación a través de los genes. Pero hay otros aspectos que se transmiten a través de las modalidades de relación entre los miembros de una familia. Más allá de las predisposiciones genéticas que podamos alegar, es claro el papel formativo o deformatorio de una familia en los comportamientos violentos, por citar sólo un ejemplo.

- Dificultad en la relación con Dios. Esto sucede casi invariablemente, tanto cuando la familia de origen es cristiana como cuando no lo es. Las personas que han sufrido en su infancia tienden a culpar a Dios por lo que les ha sucedido. Por lo tanto, tienen dificultades en relacionarse con él. No es fácil de admitir, pero es real. También es común que las personas sientan que Dios está, pero de una manera distante y lejana. Dudan de su bondad y de sus propósitos de amor hacia ellos. También pueden sentirlo como un juez listo a condenar, sintiéndose siempre culpables por no poder satisfacerlo. Estas distorsiones proyectadas sobre la figura de Dios hacen difícil la relación con él, y sobre todo apropiarse de todas las dimensiones de la salvación: salud integral a través de su gracia.

Qué hacer

No queremos brindar soluciones que parezcan mágicas ni facilistas, pero sí algunos principios que te ayuden a tratar con las consecuencias mencionadas y otras que estés experimentando.

Saber que Dios conoce tu situación y que tu dolor no le es ajeno, ya que te ama y se compadece por tu sufrimiento.

"Señor, tú me examinas, tú me conoces. Sabes cuándo me siento y cuándo me levanto; aun a la distancia me lees el pensamiento" (Sal 139:1, 2, NVI).

"Tan compasivo es el Señor con los que le temen como lo es un padre con sus hijos" (Sal 103:13, NVI).

Es necesario que te animes a admitir tu desilusión por lo que no fue y a detectar todas las consecuencias que hayan quedado como producto de la imperfección de tu familia de origen. Alguien que te ame y te conozca bien puede ayudarte en el trabajo de reconocer e identificar las consecuencias. Admitir lo que pasó no es criticar a tus padres ni juzgarlos; sólo es ejercer el juicio crítico con que Dios te ha dotado y pensar en forma madura.

"… y conocerán la verdad, y la verdad los hará libres" (Jn 8:32, NVI).

También debes saber que Dios está dispuesto, en la persona de su hijo Jesucristo, a sanar todas tus heridas y dolores:

"El Espíritu del Señor está sobre mí, por cuanto me ha ungido para dar buenas nuevas a los pobres; me ha enviado a sanar a los quebrantados de corazón; a pregonar libertad a los cautivos, y vista a los ciegos; a poner en libertad a los oprimidos; a predicar el año agradable del Señor" (Lc 4:18, 19).

Con frecuencia Dios usa a la familia de la fe para restaurar nuestras vidas heridas. Si somos hijos del mismo Padre, usemos los medios de gracia que Dios nos ha provisto a través de ella (Stg 5:13-16). Este aspecto será ampliamente desarrollado en el capítulo 13,

"La familia de Dios y la esperanza".

Es necesario que dispongas tu voluntad para que Dios trate con cada una de tus desilusiones, de tus temores y de tus dificultades.

"El Señor atiende al clamor del hombre honrado, y lo libra de todas sus angustias. El Señor está cerca, para salvar a los que tienen el corazón hecho pedazos y han perdido las esperanzas" (Sal 34:17, 18).

Es necesario también que puedas perdonar a tus padres y a otros adultos responsables de tu crianza por los males que te hayan ocasionado, voluntaria o involuntariamente. Esta es una parte difícil, pero necesaria para tu completa sanidad y libertad. Quizás debas hacerlo más de una vez, no porque no seas sincero o lo estés haciendo mal, sino porque nuestra mente no olvida y algunas situaciones del presente pueden renovar los malos recuerdos.

Que los perdones no significa que los excuses ni que minimices los errores cometidos o el daño sufrido. Todo lo contrario, perdonar significa asumir que algo se ha hecho mal, pero se decide no seguir atado a esa situación pasada que continúa causando dolor. Tampoco perdonar significa volver a una relación que daña. Perdonar y poner límites no se contraponen; pueden ser perfectamente compatibles y posibles al mismo tiempo. La decisión del perdón puede ser específica, pero las emociones lastimadas requieren de un proceso que a veces es largo y costoso recorrer. En Dios encontrarás las fuerzas para hacerlo. Aceptar el amor de Dios para con nosotros y su perdón hacia nuestras faltas es la base sobre la cual el cristiano puede perdonar a otros.

"Así como el Señor los perdonó, perdonen también ustedes" (Col 3:13b).

Renovar la esperanza. Lo que pasó es parte de la historia y no se puede borrar, pero se puede mirar al futuro, hacia lo que Dios tiene para nosotros en su plan, tal como nos exhorta el apóstol Pablo en

Filipenses 3:13: "... lo que sí hago es olvidarme de lo que queda atrás y esforzarme por alcanzar lo que está delante...".

No somos responsables por lo que nos pasó cuando éramos niñas o niños, y tampoco por la familia en la que hemos nacido y crecido, pero sí somos responsables por lo que hagamos hoy. No malgastemos nuestra energía en remover el pasado con sus dolores. Usémosla, con la ayuda de Dios, para nuestro bien, tratando de mantenernos en la verdad de Dios, para nuestra completa libertad.

"Así que, si el Hijo los libera, serán ustedes verdaderamente libres" (Jn 8:36, NVI).

Datos para la prevención

1. Reconocer que toda familia es imperfecta. Partir del supuesto realista de la imperfección humana en lo individual y, por lo tanto, familiar. Sólo de Dios podemos esperar la perfección en su fidelidad, motivación, amor y constancia. No es así en el ámbito humano, y por eso las familias cristianas también tienen conflictos y problemas. La mayor parte de los daños que se ocasionan a los hijos en su crianza no son intencionales; forman parte de la mencionada imperfección. Asumir esta realidad y tratar de mejorarla ayudará a que los hijos no se desilusionen de los padres y de Dios cuando comprueben la realidad. Pero tampoco los hijos necesitan padres perfectos para ser felices. Sí necesitan padres coherentes entre lo que dicen y lo que hacen, humildes y seguros, dispuestos a reconocer sus errores y limitaciones.

2. Prepararse para la tarea de formar una familia. Así como nos preparamos para ejercer una profesión o un oficio, del mismo modo y con más razón aún, necesitamos equiparnos adecuadamente para esta tarea tan delicada y de tan vasto alcance. Es cierto que "se hace camino al andar", y no todo puede preverse y controlarse. Sin embargo, leer sobre el tema, escuchar a otros más experimentados que nosotros, asistir a cursos o seminarios sobre

vida conyugal y familiar, discutir con otros padres y madres los diferentes criterios sobre la crianza de los hijos, son algunos de los recursos que podemos incluir en nuestro bagaje a la hora de emprender la vida familiar propia. No evitarán la imperfección pero nos darán más herramientas para la importante tarea de criar hijos e hijas.

3. Hablar en la familia sobre las dificultades por las que se atraviesa. Orar, romper el aislamiento y recurrir a personas idóneas que nos ayuden a encontrar soluciones, son actitudes que ayudarán a la salud familiar. Estas acciones, lejos de implicar debilidad o inmadurez, o de menoscabar la autoridad de los padres, los hace más honestos y respetables. Por otra parte, evita que las dificultades se tapen o se empujen para más adelante, con el consecuente agravamiento de las mismas.

Actividades

Analiza estas afirmaciones; luego comenta tus opiniones con el grupo.

1. Darse cuenta de la verdad es doloroso, pero es el primer paso en el camino a la restauración.

2. La verdad nos hace más libres.

3. Hay que adaptarse a la nueva realidad descubierta, y trabajar para cambiar las consecuencias sufridas.

4. Debo decidir soltar lo que fue y tomar algo nuevo porque aferrarse a las cosas que se pierden trae sufrimiento innecesario.

5. Todas las familias tienen fortalezas y riquezas dignas de imitar, aun dentro de su humana imperfección. Rescatar las "buenas herencias" recibidas y dar gracias por ellas.

Bibliografía sugerida

McClung, Floyd, *El corazón paternal de Dios,* Editorial Betania, Nashville, EEUU, 1988.

Backus, William, *La brecha entre tú y Dios*, Editorial Betania. Miami, EEUU, 1993.

Maldonado, Jorge, *Aun en las mejores familias,* Libros Desafío. Grand Rapids, Michigan, EEUU, 1996.

Baker, Marcos, *¿Dios de ira o Dios de amor?,* Ediciones Kairós, Buenos Aires, 2007.

Miller, Alice, *El drama del niño dotado*, Tusquets Editores, Barcelona, España, 1998.

2
Relaciones difíciles con los padres en la vida adulta

"Vivan en armonía unos con otros (...). Hasta donde dependa de ustedes, hagan cuanto puedan por vivir en paz con todos" (Ro 12:16-18).

Objetivo

Que podamos seguir el consejo bíblico de tratar de vivir en paz con todos constituye un verdadero desafío en las relaciones interpersonales en general, pero es un reto mayor en el caso de pertenecer a una familia disfuncional. Para ello, y entre otras cosas, habrá que aprender a fijar límites saludables en las relaciones complejas con algunos miembros de la familia de origen y a renunciar a lo que no esté en nuestras posibilidades cambiar, confiando en que la gracia de Dios supla lo que falte.

Lectura de reflexión

Visiblemente angustiada y conteniendo apenas los sollozos, Sarita cuenta su drama:

— *Creo que los problemas con mi mamá empezaron cuando me puse de novia con Raúl. O estuvieron siempre y yo no me di cuenta. Pero cuando mi rela-*

ción con Raúl se fue haciendo más importante, ella empezó a hacer cosas que antes no hacía: criticar todo, sospechar de la pureza de nuestra relación, decir que él era culpable de la mala relación que ahora yo tenía con ella porque ya no le contaba todo, que yo no era una buena hija.... No es solamente lo que dice, sino que se muestra enojada y a veces fría y distante, y no puedo entenderla. Ella sabe que esto me destroza el corazón, pero lo sigue haciendo. Siempre fui la hija "perfecta", fui su confidente cuando ella tenía problemas con mi papá, pero ahora no sé qué hice para que ella me castigue así. Probé de hablarle, de tratar de complacerla como hice siempre, pero nada parece dar resultado. Me siento culpable, pero no sé de qué. Quizás de haber crecido y haberme desprendido de ella. Para colmo mi papá se mantiene al margen; es como si él también le tuviera miedo. No puedo creer lo que estoy viviendo". (Sarita, 22 años).

— Tengo problemas con mis padres, especialmente con mi mamá. Me pone mal. Me da dobles mensajes, hace que me sienta culpable y confundida. Ella siempre fue muy dominante y mi papá sumiso. Yo pensé que cuando me casara ya no iba a ser así, que ella iba a respetar mi nueva situación, pero me equivoqué. Quiere seguir disponiendo de las cosas y manejar a mi familia y a la de mi hermano, que también es casado. Yo era la hija ejemplar, obediente. No era de hacer reclamos y siempre me conformaba, porque había muchos problemas con mi hermano, y yo trataba de no sumar conflictos. Mi mamá siempre dijo que yo era la "fuerte", y yo le creía. Pero no lo entiendo. Si soy fuerte, ¿por qué siempre me siento culpable, acusada, inferior? ¿Por qué no puedo decir con libertad lo que pienso y poner límites cuando corresponde? Soy muy perfeccionista y no puedo serenarme. Siempre creo que me falta para llegar a la medida. Y esto me pasa con mis padres, mi esposo, mis hijos, mis amigos y hasta en el trabajo. Me siento tan desastrosa que pienso que Dios tampoco está contento conmigo. ¿Qué me pasa? (Silvia, 36 años).

— Soy el mayor de dos hermanos varones. Completé mis estudios universitarios y siempre fui un hijo ejemplar. Mi hermano y yo trabajamos en la empresa que fundó mi padre. Mi hermano menor se involucró en drogas y actualmente su vida personal y familiar es caótica. Yo traté siempre de compensar esto, actuando bien y siendo el apoyo para mi padre y para la familia en general. A pesar de haber tenido otras ofertas laborales, siempre sentí que mi deber era estar junto a mi padre. En la actualidad prác-

ticamente soy yo el que lleva la empresa adelante. Sin embargo, mi padre me trata mal. Vive despreciándome y criticando todo lo que yo hago, aun delante de mi esposa y de mis hijos. Es autoritario, violento y todo el tiempo dice que no confía en mí, aunque de hecho yo soy el que me ocupo de casi todo en la empresa familiar. No consigo entender qué es lo que está mal en mí y no puedo conformarlo, haga lo que haga. Cada reunión familiar significa pasar un mal momento. Se termina discutiendo y la ira de mi padre se desparrama de repente sobre todos los presentes, sean de la familia o no. Mi madre asume la postura que tuvo siempre; dice que se va a morir cuando intento ponerle límites a mi padre o hablo de retirarme. Entonces yo me siento atado y me paralizo, no hago nada. Mi esposa está cansada de estas situaciones y yo reconozco que tiene razón. Sin embargo, me siento culpable si pienso en separarme de mi padre. Me siento acorralado y no acierto con una salida que me deje satisfecho. ¿Es lógico que me sienta así? ¿Tengo que soportar el maltrato de mi padre para conservar la relación? ¿Hay alguna manera de resolver el vínculo con mi padre? (Pedro, 42 años).

Puede ser que tu historia y tus vivencias sean parecidas a alguna de éstas. No te sorprendas. Lamentablemente son más frecuentes de lo que pensamos o quisiéramos saber. El consejo de Dios para nosotros es sabio y redunda para nuestro bien: "Vivan en armonía unos con otros". Es que él nos ha diseñado con la necesidad y también con la capacidad de mantener relaciones interpersonales sanas. Es el propósito original de Dios que se ve interferido por la acción destructora del diablo. "El ladrón viene solamente para robar, matar y destruir..." (Jn 10:10a). Es importante vivir en armonía y en paz unos con otros, ya que esa actitud honra a Dios y además nos hace bien.

¿Qué sucede cuando, a pesar de nuestros esfuerzos o deseos, las relaciones con los demás no son armoniosas o no traen paz? Cuando esto sucede con los propios padres es un motivo de dolor. Muchos hijos padecen cuando en su vida adulta no pueden relacionarse satisfactoriamente con alguno de sus padres o con ambos. Además del dolor lógico que produce esta situación, si el hijo es cristiano se agrega el peso del mandato bíblico: "Honra a tu padre y a tu madre". Surgen entonces las preguntas y los cuestionamientos morales y espirituales. ¿Qué significa "honrar" a los padres? ¿Qué actitud tomar hacia padres difíciles? ¿Cómo resolver satisfactoriamente los dilemas de una relación conflictiva? ¿Qué me pide Dios que haga? ¿Cuáles deben ser mis prioridades?

Frecuentemente se habla sobre los "hijos difíciles", pero con menos frecuencia se aborda el tema de los "padres difíciles". Por supuesto, hay grados variables de dificultad; a veces son menores y otras veces realmente muy graves. Hay problemas que pudieron haberse presentado ya en la infancia de los hijos, pero en otras oportunidades se hacen más evidentes cuando los hijos van evolucionando normal y gradualmente hacia la autonomía.

Los individuos y las familias están en constante desarrollo y cambio. Pasar de una etapa a otra genera nuevos desafíos pero también nuevas tensiones. La mayor parte de las veces los cambios normales que la vida nos propone en lo individual y en lo familiar se resuelven exitosamente. Otras veces estos procesos se complican.

Por ejemplo, es distinto ser padre o madre de un niño, que del mismo hijo en su adolescencia y juventud. Algunos padres cumplen bien su función cuando sus hijos son pequeños, pero encuentran dificultades cuando llega la hora de la independencia de esos hijos e hijas. O no saben cómo hacerlo, o pueden tener temores por los hijos, y entonces los sobreprotegen, o por sí mismos porque tienen miedo de ser abandonados. En otros casos no toleran que los hijos piensen y actúen de manera diferente a la de ellos, y a veces quieren retener el control sobre sus hijos de edad adulta. Los padres saludables no tienen que controlar a sus hijos adultos. Sin embargo, muchos padres están insatisfechos y temen ser abandonados, o simplemente son autoritarios y no toleran perder el control sobre los hijos que ya han crecido.

Una mujer puede ser dominada de muchas maneras por sus padres. Algunas son dominadas por lo que llamamos "ausencia". En otras, la mujer se siente débil e insegura, dependiendo del control de los padres, sirviéndole esto como camuflaje a su debilidad. Esto no le gusta, pero no está segura de que pueda vivir sin ello.

Algunas mujeres son dominadas por el negativismo de los padres mientras que otras lo son por una aparente debilidad por parte de los progenitores. Algunas incapacidades pueden ser genuinas y otras falsas. El temor a la desaprobación o rechazo de los padres alimenta la dominación que otras mujeres experimentan. ¿Está usted en alguna situación similar a esto? Algunos padres controlan por "abrumación" (sic). Hacen y hacen y hacen por uno. Se esclavizan sin que se lo pida, pero luego lo utilizan para manipularlo. Dicen que tienen sus mejores intereses en el corazón y que sólo quieren ayudar, pero hay un precio que pagar. Otras madres responden como un ángel vengativo en su contra, amontonando culpabilidad sobre su hija. ¿Le suena algo familiar?[1]

Si bien Wright menciona a las mujeres —dado que lo escribe en un libro dirigido a ellas— estas situaciones no son exclusivas de las hijas. También sucede con los hijos varones.

En otros casos, por algunos problemas emocionales no resueltos, los padres establecen relaciones de competencia con los hijos adultos. Estos padres y madres inmaduros no toleran que su hija o su hijo haya crecido, que ya no los necesite tanto y tenga una vida independiente de ellos, e incluso los supere en muchos aspectos de su crecimiento personal y profesional.

Es muy importante aclarar que la salud familiar, expresada en un funcionamiento tal que habilite al desarrollo armónico de cada uno de sus miembros, no depende del modelo de familia. Es así que la "familia tipo" u "original" (conformada por papá, mamá, hijos o hijas de esa unión) no necesariamente es más saludable, por ejemplo, que una "familia monoparental" (hijos a cargo de un solo progenitor) o una "familia ensamblada" (familia en la que se integran los hijos de la unión anterior de uno o ambos cónyuges, que previamente

---

[1] Norman Wright, *Preguntas que las mujeres hacen en privado*, Editorial Unilit, Miami, FL, 1994, pp. 296-297.

han sido viudos, solteros o divorciados). Tanto las pautas saludables de relación como las disfuncionalidades en distintos grados pueden presentarse en cualquier tipo de familia.

Todas las familias a lo largo de su ciclo vital atraviesan por conflictos y dificultades que van resolviendo en mayor o menor medida. A veces, una familia puede ser disfuncional transitoriamente al atravesar períodos críticos que producen desajustes significativos en su desenvolvimiento normal, pero luego de un tiempo pueden retomar el rumbo perdido. Por ejemplo, los roles pueden verse alterados en tiempos de enfermedad o de desempleo del principal sostén económico. La familia saludable se reordena y sigue adelante. Es más, puede enriquecerse y desarrollar nuevas herramientas a partir de las crisis que le tocan vivir. Sin embargo, algunas familias poseen ciertas características que las hacen disfuncionales en forma crónica.

Algunas de estas características son:

- Rigidez. Tienen una crónica incapacidad de adaptación a los cambios normales. No permiten el cambio de sus miembros. Y si alguno de ellos lo intenta, es fuertemente cuestionado, aislado, castigado con formas groseras o sutiles de rechazo.
- Aislamiento. Tienden a aislarse de su entorno social. No se relacionan fácilmente con otros, no salen ni permiten que otros ingresen al ámbito familiar. Los graves problemas que suelen vivirse en la familia no pueden ser revelados afuera de la misma, ni siquiera para buscar ayuda confiable. Se ve como peligroso el ingreso de nuevas personas a la familia como yernos y nueras, a menos que adhieran a las pautas establecidas y no sean promotores de un cambio.
- Silencio. Hay como una especie de pacto implícito entre los miembros de la familia. Muchas veces se guarda silencio sobre aspectos importantes de la historia familiar, y se ocultan cuidadosamente secretos que pondrían en juego la continuidad de la dinámica familiar enferma. El miembro que intente romper con este patrón será cuestionado severamente, no siempre en

forma clara y explícita.

- Comunicación defectuosa. No hay verdadera comunicación entre sus miembros. Pueden hablar pero los diálogos son siempre superficiales, nunca dialogan profundamente sobre las emociones. El doble mensaje es característico: incongruencias entre lo que se dice y lo que se vive. Los mensajes son confusos y evasivos; no se habla clara y directamente sobre los conflictos.

- Reglas excesivas o arbitrarias. Terminan ahogando la personalidad o produciendo rebelión en los hijos. La inconsistencia de los padres en reclamar de los hijos algo que ellos mismos son incapaces de cumplir crea desaliento y resentimientos encubiertos. El consejo bíblico advierte: "Padres, no hagan enojar a sus hijos, para que no se desanimen" (Col 3. 21). Del mismo modo, la falta de límites o reglas claras afecta el desarrollo emocional de los hijos.

- Dificultad para expresar los sentimientos. Hay una fuerte represión de las emociones, en vez de identificarlas y expresarlas adecuadamente. Especialmente no se habilita que se exprese el enojo en forma constructiva. El oponerse o mostrar enojo está connotado como pecaminoso en las familias religiosas. Tampoco se expresan los sentimientos amorosos en forma franca y libre.

- Aglutinamiento. Tienen relaciones "pegoteadas", pero no hay una verdadera intimidad emocional entre sus miembros. Esta característica hace difícil la diferenciación y el respeto por la individualidad. Funcionan como si fueran un bloque o un clan. Son difíciles el disenso y las decisiones autónomas de sus miembros. Manejan un erróneo concepto de lealtad porque la conciben en términos de aceptar normas familiares sin cuestionarlas, y no en términos de amarse a pesar de las diferencias.

- Alteración de roles. Los padres y los hijos no cumplen sus roles específicos. Es así que frecuentemente se ve a los hijos, aun cuando sean niños, cuidando o protegiendo en alguna forma a los padres. Los hijos, o alguno de ellos, cargan con la responsabilidad material o emocional de la familia de manera totalmente desequilibrada o inapropiada para la edad o rol. "Desde chica me sentí como la mamá de mi mamá. Yo creía que era muy importante, pero a la vez me hacía sentir demasiado responsable" (Patricia, 30 años). "No sé por qué mi papá me contaba sus intimidades sexuales cuando yo era apenas un adolescente. Me incomodaba mucho, pero yo no tenía claro por qué. Más adelante me pedía consejos al respecto" (Juan, 40 años). Cuando hay dificultades en el matrimonio, es muy común que ocurra la triangulación de los hijos. Esto significa que alguno de ellos, o más de uno, ser tomado por alguno de los padres como aliado o par, en vez de dejarlo libre del conflicto conyugal. Esto pone en situación difícil al hijo, que debe ubicarse entre los padres, a favor de alguno de ellos, provocando culpa y sentimientos de deslealtad hacia el otro. Por otro lado, también se perturba la relación fraternal. Dado que están al servicio de los padres, los hermanos compiten y se alinean con uno u otro progenitor, perdiendo así la riqueza que podría aportar una sana relación familiar en general y entre hermanos en particular.

- Manipulación. Para lograr este tipo de dinámica es común que los miembros de la familia se manipulen entre sí, induciendo sentimientos de culpa y exclusión si alguien se opone cuestionando el sistema. Es difícil para los hijos crecer y lograr la autonomía normal del joven adulto. El control y la dominación, sutiles o abiertos, son la norma.

- Violación de las fronteras individuales. En estas familias no se cuidan ni se respetan los límites individuales (físicos, emocionales, sexuales). Se ve como normal que todo sea propiedad de todos, es difícil mantener la intimidad, los límites son confusos y no hay un criterio sano sobre los derechos que cada persona, aun los niños y las niñas, debe gozar en la familia. Es fácil que en familias de este tipo se de todo tipo de abusos que se naturalizan y, por ende, no son percibidos como anormales.

- Falta de sana diversión.

    Las familias disfuncionales son típicamente incapaces de distensionarse, jugar y divertirse. Están superequilibradas en la parte seria de la vida. Sus lemas son: "Sé serio", "trabaja duro", "eres lo que haces". Y se usa el humor tanto para herir como para divertirse. Las agresiones contra uno o varios miembros de la familia se expresan a través de la ironía, el sarcasmo, las burlas, y son habilitadas como diversión. No se percibe la disfunción que se ha naturalizado y, por lo tanto, tampoco se la trata o corrige.[2]

En síntesis, estas familias no satisfacen adecuadamente las necesidades humanas básicas de amor, aceptación, valoración, respeto por la individualidad, confianza, claridad en la comunicación, recreación y sano sentido de pertenencia y solidaridad.

En este tipo de familias muchas veces se encubren problemas graves como adicciones (al alcohol con muchísima frecuencia), abusos (emocional, físico, sexual) y graves problemas de personalidad o enfermedades mentales crónicas de los padres, entre otros.

Quizás pueda parecer inadmisible, pero es usual que en las familias donde los padres viven su religiosidad de una manera rígida y legalista, las relaciones entre los miembros también son disfuncionales.

Es muy frecuente que los hijos queden afectados negativamente cuando perciben que la fachada ante la comunidad religiosa es más importante para sus padres que cubrir sus propias necesidades emocionales. En particular los hijos e hijas de los líderes que se crían en una familia disfuncional sienten que su misión en la vida es hacer quedar bien a los padres, muchas veces en nombre del "buen testimonio" y del ejemplo que deben dar. La comunidad también incide negativamente al pretender que los pastores y líderes y sus familias sean un modelo de perfección, y los critican crudamente, además de descartarlos, cuando fallan.

Al respecto el Dr. Hugo Santos dice:

---

2 Norman Wright, *Las relaciones que funcionan (y las que no)*, Editorial Unilit, Miami, FL. 2000, p. 47.

Los dogmas que presentan estas familias no se pueden cuestionar. Sus miembros deben pensar lo mismo acerca de los grandes temas de la vida, llegan a veces a pretender uniformidad acerca de pequeños detalles de la vida cotidiana. Sus ideales son absolutos en tanto que eliminan la posibilidad de opción. Se pretende definir el proyecto vital de cada miembro de la familia. Se denigra aquello que no está incluido dentro de lo que el ideal familiar abarca. La prohibición de adherir a algo diferente y negar toda originalidad en los miembros de la familia está presente. Se amenaza con la segregación o desconocimiento de aquel que enfrente lo que la familia idealiza y proclama.

Este tipo de violencia discursiva, que no pocas veces se extiende a las congregaciones a cargo de pastores y líderes, no es observable como lo es la violencia corporal. Sin embargo, por ser mucho más sutil, no merece otro nombre y a menudo no es menor su poder de devastación.

Muchos padres temen perder prestigio y consideración en la comunidad de fe si hablan o exhiben a hijos "diferentes". [3]

Los hijos, entonces, o bien adoptan una máscara de religiosidad que encubre secreta hostilidad, o tristemente se alejan del camino cristiano y de la iglesia. También estos adolescentes y jóvenes confunden las demandas que han recibido de sus familias e iglesias con las demandas de Dios. Trasladan a Dios una imagen errada basada en su experiencia familiar distorsionada.

Crecer en forma sana en una familia disfuncional es muy complicado. Las relaciones entre sus miembros, aun cuando sean adultos, son difíciles. Se establece entre los miembros una forma de relación codependiente. El término "codependencia" se utilizó en un principio para describir el tipo de relaciones existentes en la familia de un alcohólico, pero luego se amplió a un tipo de relación significativa particular con cualquiera que tenga una dependencia. Melody Beattie lo define como "alguien que ha dejado que el

---

[3] Hugo Santos, *Familia y diversidad: comencemos por casa*. Trabajo Iinédito presentado en el Pre-Congreso "Familia y diversidad: Una perspectiva cristiana", Eirene Argentina, 2011.

comportamiento de otra persona lo afecte, y quien está obsesionado con controlar el comportamiento de esa persona".[4]

Los hijos criados con este patrón de relaciones familiares suelen presentar las siguientes características en su vida adulta:

- Naturalización de la disfuncionalidad. Esto significa que han tomado como normal aquello que fue habitual en su familia de origen. Les cuesta reconocer lo insano de las relaciones familiares que han vivido, lo cual facilita que los patrones se perpetúen en el tiempo. Un ejemplo claro lo constituyen las diversas formas de maltrato en la familia, que suelen repetirse de generación en generación a través de modelos de relación aprendidos y que no han sido cuestionados y cambiados.
- Exagerado sentido de responsabilidad. Son personas que habitualmente sienten sobre sí una carga de responsabilidad exagerada e inadecuada, en principio hacia sus padres y también hacia otras personas. Han aprendido a ocupar un lugar indebido en la familia, al ser depositarios de una responsabilidad que no les competía por su rol de hijos. Ahora, en la vida adulta, repiten ese patrón en sus relaciones interpersonales. Nada de lo que hacen les parece suficiente. Finalmente, se sienten agobiados, caen en la ansiedad, y muchos se deprimen o se sienten desilusionados de sí mismos y de otros, sin entender el porqué.
- Culpa y vergüenza. Como nada de lo que hacen les satisface, se culpan por no lograr hacerlo en la medida de lo que supuestamente se espera de ellos. Además, es posible que aun al transitar la etapa de la adultez los padres les hagan sentir culpables si no los "honran". Pretenden que los hijos sigan siendo dependientes y que respondan a sus parámetros, consejos y demandas. No los respetan como adultos independientes, con capacidad para autodeterminarse y dirigir su propia conducta. En el otro extremo, hay padres que incrementan su propia dependencia de los hijos, con lo cual los tienen atados a través de la "deuda" falsa

---

[4] Melodie Beattle, *Codependencia*, Editorial Atlántica, 1994, p. 57. Traducción de Codependent no more, Hazelden Editions, 1987.

que generan. Junto con la culpa, aparece en los hijos un amargo sentimiento de vergüenza, ya no por fallar en hacer (con lo cual aparece la culpa), sino simplemente por ser como son. Esa vergüenza es el producto de un deseo profundo insatisfecho. Deseamos sentir que somos personas importantes. Queremos ser tomados en cuenta. En el fondo, no aceptamos nuestras limitaciones y queremos ser más de lo que somos. Hay una voz en nosotros que nos dice que lo que somos no es suficiente. Damos crédito a esa voz y luego sentimos vergüenza porque no podemos superar lo que somos. Nos avergüenza ser sencillamente seres finitos y limitados.[5]

- Falta de claridad en las relaciones interpersonales. Los límites son las fronteras que establecemos respecto de otros. Las fronteras saludables nos permiten diferenciarnos de las demás personas, respetarlas y aspirar a ser respetados también por los demás. Las personas que han crecido en familias disfuncionales suelen tener dificultades con los límites en las relaciones interpersonales. Constituyen terreno propicio para los abusos de todo tipo, permiten que otros controlen sus conductas y pensamientos, pero también pueden pretender controlar a otros como modo de asegurarse su amor y lealtad.

- Dolor emocional y baja autoestima. Estas son marcas habituales, lo cual se debe a que las necesidades básicas de amor, aceptación, respeto y seguridad no han sido satisfechas adecuadamente en los años formativos de la infancia.

- Problemas con la ira. En ocasiones la ira es desbordante y se dirige a personas inocentes o en una intensidad que no concuerda con el estímulo actual que aparentemente la provocó. Pero muchas veces el enojo y el dolor se han reprimido, ya que en estas familias hay muchas dificultades para expresar apropiadamente las emociones, y aparecen diversos trastornos como depresión o ansiedad, entre otros. Además, la intensa dependencia que mantienen frecuentemente con otras personas provoca alto

---

5 Marcos Baker, *¿Dios de ira o Dios de amor?*, Ediciones Kairós, Buenos Aires, 2007, p. 12.

monto de hostilidad que no saben identificar y mucho menos canalizar adecuadamente.
- Falta de claridad sobre la causa del malestar. Suelen sentirse confundidos porque les cuesta identificar la causa de su malestar. No saben balancear las propias necesidades con las de los demás. Dudan de su propia capacidad para pensar con buen criterio sobre las personas de su entorno y sobre sí mismos.
- Gran necesidad de amor insatisfecha. Esto ocasiona que sean muy dependientes de otros, por lo que necesitan imperiosamente ser aprobados por los demás. Suelen entonces ser muy complacientes y terminan por desconocer sus propios gustos y pierden la capacidad de decidir por sí mismos. Esta desconexión emocional respecto de su propia interioridad aumenta la inseguridad y la inestabilidad emocional. Están a merced de la opinión o de la mirada de aprobación o desaprobación de otros.
- Gran vulnerabilidad a los abusos. Dado que no están preparadas para defenderse, no conocen sus derechos y tampoco los hacen valer, porque temen que otros se enojen con ellas, las abandonen o las rechacen. En la vida adulta tienen predisposición a establecer relaciones de pareja con personas adictas (al alcohol, a sustancias, al juego), violentas (que ejercen maltrato físico, sexual o emocional) o inmaduras, que no se responsabilizan por su propia vida ni son capaces de cuidar a otros (por ejemplo, a cónyuges o hijos).
- Tendencia a experimentar dificultades en la relación con Dios. Les cuesta creer y aceptar que Dios los ama, que los perdona y que no les exige más de lo que pueden dar. Proyectan sobre la persona de Dios la imagen distorsionada de lo que es un padre, una madre o una autoridad, en base a las experiencias infantiles que han tenido. Se sienten permanentemente culpables e indignos, y además piensan que nunca hacen las cosas bien en el área espiritual. Aun cuando tengan un conocimiento intelectual correcto sobre la persona de Dios, sus emociones y su propio autoconcepto no han sido transformados de acuerdo a esa vivencia. Esta dificultad tristemente les impide disfrutar de los mayores recursos para la sanidad del alma: la gracia y el amor de Dios.

Qué hacer

— Me siento frustrada en este punto. Ya soy grande y no puedo tener con mi mamá una relación normal entre madre e hija. Cuando no estamos en contacto me siento bien y puedo disfrutar tantas cosas lindas que el Señor me dio: mi familia, mis hijos ya grandes, mi servicio en la iglesia. Desde que me encontré con Dios a los 23 años, él fue sanando mi vida en muchas áreas. Pero no le encuentro la vuelta a la relación con mi mamá. Quiero hacer la voluntad de Dios y respetarla y honrarla. Pero, ¿por qué cada vez que hablamos por teléfono o viene a mi casa, logra hacerme sentir mal? Vive comparándome con mi hermana menor y todo lo que hago es objeto de su crítica.

Con la ayuda del Espíritu Santo logré perdonarle muchas cosas, que al recordarlas ya no me dañan. Mi madre contaba que si hubiese sido por ella jamás hubiese tenido hijos ya que eran un estorbo. Ella misma viene de un aborto mal hecho, después de varios abortos más que dieron efecto. No sólo mi abuela sino su madre a su vez traía esa desgraciada costumbre, delito para mí. Por ello y sin culparla, sino perdonándola siempre he sentido que me había abortado en vida. Sus relatos de cuando yo era niña me describen como muy inquieta, tanto que cuando era bebé me caí de sus brazos y di la cabeza contra el inodoro pero no me pasó nada...

Para mí el colegio era un placer, sentía un ambiente cálido, confortable, con maestras que me trataban muy bien, gracias a Dios. Iba a un colegio de monjas... Apenas me hablaron de Dios esperaba los recreos para ir a la capilla a charlar con Dios y lo hacía a la noche también antes de acostarme...

Mientras tanto había nacido mi hermana que era re tranquila, muy linda y gordita, y empezaron las comparaciones, que siguen hasta el día de hoy. De repente mi mamá sale a trabajar... A partir de ese momento quedé bajo el cuidado de mi abuela que recuerdo con mucho cariño ya que pasó a ocupar un lugar de madre. Ahora me doy cuenta de la sanidad del Señor al hacerme ver que era tanto el dolor por la falta de mamá que me contuviera, abrazara, hablara: no recuerdo nunca que me haya dado un consejo, una charla, una inclusión en sus conversaciones; los únicos consejos en la época de la menstruación fueron insistidos por mi papá que le decía: ¿¡cómo no le hablaste todavía!?

Hay, por supuesto, mucho más pero paso a contar que cuando conocí al Señor experimenté dos brazos gigantes que me abrazaban y aceptaban... El Espíritu Santo empezó a habitar dentro de mí y me mostraba al Padre. ¿Qué era esto? Un Padre que me aceptaba como yo era, había alguien que me había perdonado todo y había dado su vida por mí y es más, que ya me conocía desde el vientre de mi madre, o sea que también la había escogido a ella como tal... Fueron cosas tan difíciles de digerir que aún hoy sigue el Señor transformándome y mostrándome mi naturaleza carnal para que pueda morir a cada actitud que no da lugar a su gloria. La relación con mis padres, permitida por Dios, afectó positivamente mi relación con Dios ya que la falta de aceptación y cariño de ellos provocó el encuentro con él y el milagro de sentir que puedo ver falencias y debilidades en mí y ser perdonada y darme la capacidad de perdonarme a mí misma y a los demás setenta veces siete. Lo único que deseo es mostrar a Jesús a mi familia y a los hermanos que sufren de tantas heridas y problemas internos y proclamarles que él no sólo salva, sino sana, y sana de verdad.

Creo que otro paso en la sanidad será que pueda resolver la relación actual con mi madre. ¿Hasta dónde debo permitirle avanzar? Ya le perdoné todo lo pasado, pero me gustaría que la relación hoy fuera de otra forma. ¿Depende de mí? ¿Estoy haciendo algo mal? (Rosa, 41 años).

No es necesario que el perfil familiar o individual antes descripto se presente con todas sus características ni en forma grosera para provocar relaciones difíciles entre padres e hijos. Muchas veces la relación se torna difícil cuando el hijo ha crecido, ha tenido posibilidad de contactarse con otras personas y ámbitos más saludables, cuando ha conocido el evangelio de salud y libertad, y toma pasos concretos hacia la diferenciación madura de su familia.

Algunas cosas que pueden ayudar:

- Identificar la situación. Tanto las dificultades que aparezcan en los distintos ámbitos de la vida adulta, como los problemas de relación con otros, son una oportunidad para identificar las marcas que han quedado del trato con las disfuncionalidades familiares. Tener más claridad sobre la dinámica familiar vivida, ya sea por haber conocido la verdad de Dios, por relacionarse con perso-

nas más sanas, por haber accedido a una psicoterapia o por leer buena literatura sobre estos temas, abre la posibilidad al reconocimiento y al cambio, casi nunca fácil o rápido.
- Admitir la ira, explícita o encubierta, dándole un cauce correcto. Es necesario que la persona reconozca que está enojada y que ese enojo es justificado dado el maltrato sufrido en su niñez y adolescencia. Sin embargo, también debe aceptar que el rencor que pueda subyacer a sus vivencias familiares, daña aún más su alma herida. Necesita restauración.
- Perdonar y pedirle a Dios que purifique las intenciones del corazón, con su gracia, dejando ir la amargura. "Procuren estar en paz con todos y llevar una vida santa; pues sin la santidad, nadie podrá ver al Señor. Procuren que a nadie le falte la gracia de Dios, a fin de que ninguno sea como una planta de raíz amarga que hace daño y envenena a la gente" (Heb 12. 14, 15). Es necesario tener una clara perspectiva sobre el perdón, ya que con frecuencia ha sido un recurso mal interpretado y utilizado con mucha ligereza, lo cual suele aumentar la frustración y el desánimo. En el capítulo 1 nos extendimos un poco más sobre lo que es y lo que no es el perdón.
- Ir tratando, uno a uno, los efectos nocivos que aún subsistan en la conducta y corazón. Por ejemplo: inseguridad, ira, codependencia, dificultades en los límites y en los vínculos, etc. Para ser realistas debemos decir que en la mayoría de los casos no se tratará de un desarrollo fácil y sin obstáculos, pero es posible con paciencia y perseverancia. "Tratar" significa abandonar viejas pautas y reemplazarlas por otras más saludables, en consonancia con los parámetros de Dios para nosotros. Es posible que se requiera ayuda externa –pastoral o profesional- para este proceso. Es importante que las personas que ayuden sean confiables, misericordiosas y debidamente entrenadas en estas cuestiones.
- Rodearse de un grupo de oración, apoyo y contención. En el camino de la sanidad será necesaria la oración personal por uno mismo y por los padres, pero también el acompañamiento de la familia de Dios. Como estos patrones de conducta tienden a perpetuarse, el grupo ayudará a tener siempre presente la necesidad

de un cambio y una vez conseguido dará la fuerza necesaria para mantenerlo.[6]
- Definir cómo quiere que sea la relación con sus padres. Acá es necesario ser muy realista y conocer hasta dónde es posible esto. No se trata de la relación que se hubiera deseado tener, sino la que realmente es posible tener en función de la adecuación de los padres conflictivos a las nuevas pautas saludables que el hijo quiera vivir. A veces es necesario poner una distancia protectora para siempre, o al menos por un tiempo, hasta que las heridas cicatricen y se esté en condiciones de tener una relación más equilibrada.
- Confrontar con los padres, si esto es posible y necesario. Esto significa ser muy claro en lo que se desea y en lo que se permitirá, por ejemplo, en términos de control y límites. A veces ayuda escribirles una carta, o aun escribir para uno mismo lo que se va a pedir, a fin de clarificar las ideas y aquietar las emociones. Norman Wright propone lo siguiente: "Esté segura de haber imaginado exactamente cómo quiere que la relación con sus padres sea en el futuro. Sea específica cuando hable con ellos. Afírmelos por lo positivo que existe y luego concéntrese en lo que le gustaría que hicieran diferente y cómo esto la afectará a usted. Algunas mujeres realizan sus confrontaciones en persona, otras prefieren hacerlo por escrito y a menudo más de una vez. Necesitará ser consistente en pedir lo que quiere y después compórtese como si eso fuera a ocurrir. Utilice a una persona amiga para que la apoye, especialmente cuando sienta que no va a funcionar".[7] Es posible que esta comunicación deba repetirse más de una vez para que las cosas resulten claras y no se preste a confusión o dudas. Hay que recordar que en muchas familias el diálogo franco y directo no ha sido la norma, y que este tipo de comunicación no es el habitual entre ellos.
- Admitir los límites de la relación. Muchas veces la explicitación

---

6 Hay distintos programas que se han desarrollado sobre recuperación que las comunidades de fe pueden implementar para este y otros temas que las personas necesitan sanar. Al final de este libro se incluye un capítulo sobre grupos de ayuda mutua.

7 Wright, *op. cit.*, p. 298.

clara de los deseos y necesidades propias, y también el lugar que se espera que el otro ocupe, es suficiente para que algunos padres hagan los ajustes necesarios para continuar la relación bajo los nuevos parámetros propuestos. Otras veces será necesario apartarse o poner una distancia en la relación por un tiempo. Es doloroso pero eficaz. También hay que advertir que ciertas situaciones extremas hacen aconsejable el alejamiento definitivo de aquellas personas que continúan dañando y que no están dispuestas a cambiar, aun cuando hayan sido debidamente confrontadas. Frecuentemente genera sentimientos de culpa en quien deba tomar esta decisión, pero es necesaria para la salud personal y familiar del hijo o hija en cuestión.

> *Ciertamente, ningún castigo es agradable en el momento de recibirlo, sino que duele; pero si uno aprende la lección, el resultado es una vida de paz y rectitud. Así pues, renueven las fuerzas de sus manos cansadas y de sus rodillas debilitadas, y busquen el camino derecho, para que sane el pie que está cojo y no se tuerza más* (Heb 12. 11, 12).

El "lenguaje de acción" en estos casos es más eficaz que el "lenguaje verbal". Es habitual que se gaste mucho tiempo y energía emocional en hablar y hacer largos y repetidos discursos, pero luego las conductas disfuncionales se repiten, de uno y otro lado. Hay que acompañar lo que se dice con las conductas consecuentes. Sólo así no se caerá nuevamente en el doble discurso.

Datos para la prevención

Construyendo fronteras saludables: [8]

¿Qué puede hacer en su matrimonio o familia para fomentar las fronteras saludables para usted y para otros? Aquí hay varios pasos que puede dar:

---

8 Wright, *op. cit.*, pp. 325-326.

1. Fomente la libertad para que tanto usted como otros miembros puedan exponer sus opiniones.

2. Esté seguro de reñir sin temor a la recriminación. Esté dispuesta a reñir.

3. Anime a cada persona en la familia a pensar por sí misma y demuestre que cree en su habilidad para decidir.

4. Ayude a cada persona a descubrir sus talentos y dones espirituales y a desarrollarlos y a utilizarlos al máximo. ¿Cuáles son los suyos?

5. Permita expresar todos los sentimientos, incluyendo el enojo. Exprese los suyos de una forma saludable.

6. Establezca los límites con las consecuencias naturales o lógicas, pero no tema ni se culpe.

7. Permita elegir, y si tiene niños hágalo en forma apropiada a sus edades.

8. Respete a otros cuando dicen que no.

Actividades

Norman Wright propone un test para reconocer en qué grado la familia de origen fue saludable[9].

Califique cada una de las siguientes características de su familia, en una escala de 0 a 10.

1. El clima del hogar fue positivo. Básicamente, la atmósfera no era de juicio.

2. Cada miembro de la familia era apreciado y aceptado por lo que

---
9 Norman Wright, *op. cit.*, 2000, pp. 39-40.

era. Había respeto por las características individuales.

3. A cada persona se le permitía operar dentro de su propio rol. A un niño se le permitía ser niño, y un adulto era un adulto.

4. Los miembros de la familia cuidaban el uno del otro, y expresaban verbalmente su cuidado y afirmación.

5. El proceso de comunicación era sano, abierto y directo, sin mensajes de doble sentido.

6. Los niños eran criados de tal modo que podían madurar y convertirse en personas dentro de sus propios derechos. Se separaban de mamá y papá de una manera sana.

7. La familia gozaba estando juntos. No se reunían meramente por un sentido de obligación, ni tampoco lo hacen ahora.

8. Los miembros de la familia podían reírse juntos y aún gozan de la vida juntos.

9. Los miembros de la familia podían compartir sus esperanzas, sueños, temores y preocupaciones entre ellos y no obstante ser aceptados. Existía un saludable nivel de intimidad dentro del hogar.

En base a los resultados obtenidos:

A. Reconocer los puntos deficientes y los puntos saludables de mi familia de origen.

B. Pensar en qué formas positiva y negativa me han afectado, y me afectan aún, estas pautas.

C. Como adulto responsable de mi vida, ¿qué cambios saludables me propongo encarar?

D. En base a la realidad actual, ¿de qué manera realista y sana puedo relacionarme con mi familia de origen, ahora que soy adulto o adulta?

E. Compartir con el grupo lo que deseo.

F. Orar juntos unos por otros por este tema específico.

Bibliografía sugerida

Cloud, Henry; Townsend, John, *Límites*, Editorial Vida, Editorial Vida. Miami, EEUU, 2000

Cloud, Henry; Townsend, John, *El factor mamá*, Editorial Vida. Miami, EEUU, 2002

Grün, Anselm; Robben, María M., *Límites sanadores*, Editorial Bonum. Buenos Aires, Argentina, 2012

Wright, Norman, *Siempre seré tu niña pequeña*, Editorial Portavoz. Michigan, EEUU, 1991

3
¿Y si no me caso?

"Te haré entender, y te enseñaré el camino en que debes andar; sobre ti fijaré mis ojos" (Sal 32:8).

Objetivo

Que cada persona, mujer o varón, cualquiera sea su estado civil, reconozca su valor al encontrar y realizar en plenitud el propósito amoroso de Dios para su vida.

Lectura de reflexión

Antes de extendernos en la comprensión de lo que el deseo insatisfecho por una pareja que no se concreta produce en muchos varones y mujeres es necesario detenerse un momento para considerar los importantes cambios que se han ido dando en nuestra sociedad sobre este particular en los últimos años. Claramente, el matrimonio ya no se plantea como la aspiración inexorable para hombres y mujeres, dado que se priorizan otras metas que se esperan alcanzar. Lo mismo sucede en relación a trascender a través de tener hijos. A veces estas metas se posponen o no se eligen intencionalmente. Es que la realización personal ya no está necesariamente vinculada a la pareja, y mucho menos al matrimonio tal como lo hemos conocido tradicionalmente. En los tiempos que corren en nuestra sociedad occidental coexiste una heterogeneidad de posibilidades que hacen difícil, si no irrelevante y ociosa, la generalización en el tema que abordamos en este capítulo. La soltería ya no es vista necesariamente como un mal que hay que remediar. Por el contrario, aparece como una opción atractiva en aras de la libertad y a veces una supuesta fantasía de realizarse plenamente como un individuo libre de los obstáculos que una relación comprometida supone. De modo que muchos optan por permanecer solteros o solteras desde el vamos, y otros salen con gusto del matrimonio y ya no desean volver a establecer una relación de pareja que exija compromisos. Así, se sienten libres. No es el objetivo abrir juicios de valor al respecto, sino tener claro que vivimos en una sociedad con muchas opciones posibles. En todo caso, habría que analizar qué es ser libres, de qué y para qué. Pero eso es otro capítulo complejo del devenir humano actual que no podemos abordar acá.

Más allá de estos y otros cambios culturales con respecto al tema que nos ocupa en este capítulo y que no podemos ignorar, un gran porcentaje de los seres humanos de todos los tiempos hemos soñado muchas veces con la posibilidad de casarnos, tener hijos, en fin... formar nuestra propia familia. Sin embargo, la realidad muestra que muchas personas, por diferentes motivos, no han logrado hacerlo y permanecen solteras o solteros, aun después de haber enviudado o haberse divorciado.

Soltera... soltero.... Descripción de un estado civil, soledad, frustración, amargura, elección, libertad, plenitud... la palabra evoca en cada uno de nosotros algo diferente. Consideremos juntos algunos mitos y verdades en torno a esta situación:

1. Soltería y soledad son la misma cosa. La soledad como sentimiento humano penoso o como experiencia de vacío afectivo y añoranza de la presencia y calidez de los otros no está asociada invariablemente a una situación civil determinada (casados, solteros, viudos o divorciados). Pensar que todas las solteras y los solteros viven en soledad, por ejemplo, es tan prejuicioso como creer que toda persona casada ha resuelto

su soledad. La psicoanalista francesa Marie-France Hirigoyen dice: "Al confundir soledad y aislamiento, nuestra sociedad se empecina en querer combatir cualquier soledad y pretende hacerla pasar por una maldición. Ahora bien, la soledad es diferente al aislamiento porque no depende del exterior, sino de un estado de ánimo interior". [1]

2. La persona soltera es incompleta. Esta afirmación es correcta sólo si pensamos en que le falta completar un aspecto de su vida: la pareja. En todo caso, si su deseo profundo es formar una pareja es posible que se sienta incompleto hasta que pueda concretar su anhelo. Pero desde otro punto de vista, todo ser humano es incompleto. A todos nos falta algo que deseamos y esto es lo que nos impulsa a la búsqueda de lo que necesitamos, nos sirve como un motor en la vida. La falta de una pareja habla de un vacío importante, pero de ninguna manera define a la persona total. Se es persona a la imagen de Dios, pero se puede estar soltera o soltero. Corregir este concepto evitará que las personas que no han formado sus propias parejas caigan en la culpa y en la autocompasión, y que aquellos que se han casado eviten las miradas y tonos de desprecio o lástima, que tanto daño hacen. Pablo dice: "Por eso, de sus riquezas maravillosas mi Dios les dará, por medio de Jesucristo, todo lo que les haga falta" (TLA, Fil 4:19)). Y a todas las personas, cualquiera sea su situación, les falta completar diferentes aspectos, dado que la falta de plenitud es inherente al ser humano. Solamente en Cristo podemos sentirnos realizados plenamente (Col 2. 10).

3. La persona soltera es de menor valor. Los seres humanos establecemos, seamos conscientes o no de ello, categorías de lo que es valioso y de lo que no lo es. Una de esas categorías se refiere al estado civil. Es triste admitir que muchas veces en nuestro medio religioso, todavía las personas solteras parecerían tener un estatus inferior al de las casadas. Pero Dios ha borrado las categorías valorativas que separaban a las personas, tal cual lo define

---

1 Marie-France Hirigoyen, *Las nuevas soledades*. Ed. Paidos Ibérica, 2008, p. 19.

el apóstol Pablo: "Así que no importa si son judíos o no lo son, si son esclavos o libres, o si son hombres o mujeres. Si están unidos a Jesucristo, todos son iguales" (TLA Gá 3:28). Esto no significa ignorar las diferencias económicas, de nacionalidad, de estado civil y de roles, pero es una declaración que permite que nadie alegue preferencias a la hora de medir su valor intrínseco ante Dios.

4. Las personas solteras son frustradas o neuróticas. Los seres humanos en general, tengan o no pareja, pueden sentirse frustrados o ser neuróticos. "Si te quedaste soltera o soltero es porque tenés problemas psicológicos", es una frase que escuchamos tanto de parte de los solteros como de los casados. Es cierto que cualquier persona que tiene un deseo no cumplido experimenta una frustración, y desde este punto de vista es claro que la mujer o el hombre que no han logrado formar su propia familia, habiendo deseado hacerlo, pueden sentirse insatisfechos en un área muy importante de su vida. También es cierto que muchas personas no han formado sus parejas o no pudieron mantenerla debido a dificultades personales que les impide relacionarse íntimamente con éxito, y que luego mencionaremos. Pero de ninguna manera esto se puede generalizar y extenderlo a todos los casos. Sostener este mito aumenta la culpa, el dolor y la marginación innecesariamente, ya que coloca un rótulo negativo sobre las personas, las más de las veces falso.

5. Formar una pareja es la solución a todos los problemas. Adjudicar los problemas afectivos, sexuales y temperamentales que tienen personas solteras a que no están casadas es tan prejuicioso como adjudicar ese mismo tipo de problemas que tienen los casados a que no se quedaron solteros. Es verdad que el matrimonio satisfactorio es una fuente de realización y gozo, pero toda situación humana tiene sus posibilidades y sus límites, sus alegrías y frustraciones. Muchas veces se idealiza una situación futura – que tal vez nunca se dé– para evitar solucionar los problemas del hoy: "Cuando me case..."

"Yo quiero casarme... ¿y usted?"

Muchas de las solteras – ¡y solteros también! – quieren casarse, y esto está muy bien. Pero hay personas solteras que no quieren casarse, o al menos no a cualquier precio. Y también está muy bien. Es necesario aprender a respetar las distintas vocaciones y no pretender que todas las personas formen una pareja como sinónimo de realización personal.

Pero también es cierto que muchas solteras padecen el "furor casamenteris" de los buenos intencionados que pretenden casarlas a toda costa y les presentan candidatos, les hacen bromas todo el tiempo y finalmente quitan naturalidad al proceso de conocer e interrelacionarse satisfactoriamente con personas, no necesariamente pretendientes al casamiento. Lo mismo les sucede a los hombres solos, sean solteros, viudos o divorciados. Es verdad que es útil que los pastores u otras personas que tengan un amor y gracia especiales ayuden a los solos y las solas cuando tienen dificultades en la concreción de su deseo de formar una pareja, les sugieran encuentros saludables con otras personas y los animen, pero deben evitar forzar las situaciones.

¿Por qué me quedé solo o sola?

No es una pregunta fácil de contestar ni siquiera para los mismos protagonistas. La mejor de las opciones sería poder contestar: "Porque así lo elegí". Y aunque muchos no lo crean, realmente cada vez hay más personas solas que eligen deliberadamente quedarse solteras o no volver a casarse si han enviudado o se han divorciado, y están satisfechas y en paz con su decisión, y eso es una expresión de su madurez y de su libertad. Es posible que los cambios culturales ocurridos en los últimos años a este respecto contribuyan al bienestar de las personas que no están en pareja, al ser menos estigmatizante decidir quedarse solo o sola. "Quienes han elegido la soledad son más exigentes con la calidad de las relaciones que mantienen con los otros. Frente a un mundo en el que las relaciones humanas tienden a reducirse al trabajo y al sexo, se han desarrollado nuevas formas de sociabilidad, distintos modos de relación más íntimos, de solidaridad, de amistad: relaciones desinteresadas, sólo por el placer de estar juntos. Es una forma de mantenerse aparte de la superficialidad de los encuentros efímeros, para privilegiar las amistades profundas".[2]

Además de los factores sociales mencionados antes, hay otros motivos y pueden ser variados: ven el claro designio de Dios para ellas al respecto; están muy ocupadas en alguna misión especial que sería incompatible con las cargas de una familia; no se sienten capaces de afrontar la responsabilidad de una pareja e hijos; o por distintos motivos no siempre fáciles de entender para el observador externo. En cualquier caso, sean o no explícitas las causas, que tampoco tienen obligación de acreditar, las personas que optan por permanecer solteras merecen ser respetadas en su decisión.

Al respecto de una familia de tres hermanos adultos solteros -Marta, María y Lázaro-, amigos de Jesús, el Dr. Maldonado dice:

> Este hogar de tres atractivos solteros, por lo visto, contaba con una casa grande, puesta al servicio de Jesús y del Reino de Dios. Allí podrían llegar él y sus discípulos para descansar, comer, dormir, conversar. El evangelista Juan dice que "*amaba Jesús a Marta, a su hermana y a Lázaro*" (Jn 11.5) y que la gente lo sabía (Jn 11.36). Este trío de solteros eran sus amigos. Jesús tenía muchos admiradores, y también muchos adversarios; muchos lo seguían por el interés de recibir algún beneficio. Pero sus amigos eran pocos, y Marta, María y Lázaro se contaban entre ellos.

> ¿Por qué estos tres simpáticos personajes se quedaron solteros en medio de una cultura que esperaba que toda persona en edad de reproducción estuviera casada y procreando? En esa sociedad patriarcal, las mujeres en especial estaban bajo la

---

[2] Hirigoyen, *op. cit.*, 2008, p. 197

presión social de casarse y tener hijos... Personas como ellos, atractivos, con buenos recursos económicos, bien relacionados, ¿por qué no se habían casado? Tal vez optaron por la soltería para servir mejor a Jesús o al Reino de Dios sin las ataduras que impone la vida familiar. En ningún momento se los pinta frustrados o amargados por estar solteros. Al parecer, habían entendido adecuadamente que el celibato es una vocación tan válida como el matrimonio, y que a ninguno de los dos estados se debe entrar por tradición, por curiosidad o por inercia. Estos tres atractivos solteros se habían realizado en su capacidad de apoyar el ministerio de Jesús y vivían una vida social, espiritual e intelectual atractiva ...

La familia nuclear no es la única ni necesariamente la más apta para servir a Jesús. Esta familia unigeneracional de tres atractivos solteros glorifica a Dios en la vida y en la muerte. Su calidad de solteros no es un impedimento sino un aval para servir al Maestro.[3]

También hay otras mujeres y otros hombres que hubieran deseado casarse pero no lo hicieron simplemente por falta de oportunidades. Sí, aunque cueste creerlo o entenderlo, hay muchas personas que no se casaron porque no tuvieron la oportunidad o no encontraron al compañero o compañera adecuados para compartir la vida. Esto podría ocurrir especialmente con algunas mujeres, simplemente por una cuestión de proporción en el porcentaje entre hombres y mujeres, sobre todo en nuestros ámbitos religiosos donde suele haber una clara mayoría femenina.

De todos modos, al haber menos presión social al respecto, es posible que en estos tiempos las personas –varones y mujeres- se den la oportunidad de no apurar un casamiento a cualquier precio y se tomen más tiempo para conocer a la persona que consideren apropiada para formalizar un compromiso de esta naturaleza. Algunas personas critican, en forma desacertada, estas libres y sanas deci-

---

[3] Jorge Maldonado, *Aun en las mejores familias*. Libros Desafío. Michigan, EEUU, 1996. Pp. 62, 65-66, 72

siones con frases tales como: "es exigente", "nadie le viene bien", "así nunca se va a casar", etc.

En otros casos, podrían existir algunas dificultades que las solteras y los solteros quieran revisar y tratar:

- Problemas de personalidad, como el retraimiento, la vergüenza, la inhibición social, hacen difícil que algunas personas se relacionen con otros y en especial si son del sexo opuesto. Lo mismo sucede con las personas agresivas o con baja autoestima, que no establecen relaciones personales agradables y fluidas.
- Problemas de identidad sexual u otros traumas sexuales. Cuando se han producido fallas en el desarrollo psicosexual –mala identificación con los padres, situaciones de abuso sexual en la infancia o en la adolescencia, malas experiencias iniciales–, la persona puede encontrar dificultades en la aproximación a las relaciones íntimas que una sana relación de pareja exige. A veces lo intenta pero se frustra cuando fracasa, y en otros casos directamente se evita la angustia que generaría la exposición a situaciones de este tipo que se ven como potencialmente peligrosas.
- Mala resolución de la dependencia-independencia. Para poder iniciar y sostener una relación de pareja es necesario haber madurado lo suficiente como para ser una persona independiente, necesitada de relaciones adultas. Cuando, por ejemplo, la joven o el joven no han podido concretar la sana independencia de sus padres, difícilmente puedan lograr una relación saludable de pareja. Muchos de estos jóvenes se casan, pero los problemas se presentan entonces en la vida matrimonial. En otros casos, y quizás por la fuerte influencia social, la gente hoy tiende a no querer involucrarse en compromisos serios, responsables y a largo plazo, y no quieren ceder su autonomía y libertad. Esto sería válido si quedarse solo/sola fuera una decisión que no genera conflicto interior. Pero si la intención es formar una pareja, hay que considerar que en toda relación de pareja hay que ceder algo de la individualidad para dar lugar al otro y poder formar un "nosotros". Algunos no están dispuestos a hacerlo, y entonces tampoco pue-

den gozar de un sentido de unión y pertenencia en una relación íntima con otra persona.
- Temores variados. El miedo a equivocarse es uno muy frecuente. Se da especialmente en personas muy exigentes que no admiten errores y que permanentemente buscan un ideal difícil, si no imposible, de encontrar. Hay otras que temen repetir el mal modelo de pareja que han visto en sus propios padres, y no se sienten capaces o no tienen esperanza de lograr un modelo diferente y más satisfactorio. También es posible que las personas divorciadas, a partir de las malas experiencias previas vividas en su matrimonio, tengan diversos temores a formar una nueva pareja. Algunos miedos comunes podrían ser: a fracasar, a ser traicionado (en el caso que haya habido infidelidad en la pareja previa), a sufrir una nueva desilusión, etc. Es lógico albergar temores luego de una experiencia negativa pero eso no implica que no puedan ser superados para volver a confiar en que es posible una nueva oportunidad más satisfactoria. La crisis mundial en términos de valores y de economía que estamos viviendo desalienta a muchas personas a comprometerse a armar una familia o a tener hijos, y entonces inhiben su deseo de formar una pareja.

Existen otras barreras y dificultades, pero en cualquiera de los casos queremos dejar un mensaje de esperanza: éstos y otros problemas pueden tratarse a partir de su reconocimiento y de querer un cambio. La motivación no debería ser "para conseguir una pareja", sino para ser una persona más feliz y plena, para experimentar realmente la libertad y el gozo a quienes fuimos llamados en Cristo Jesús.

Soltería y sexualidad

Muchas veces se asocia "religión" con censura, prohibición, culpa y neurosis. Dependiendo de cómo se viva la religión, puede ser cierto. Hablar de sexualidad con frecuencia produce una compleja mezcla de sentimientos: placer, vergüenza, culpa, duda. Nos cuesta todavía integrar sexualidad y fe. A veces la sexualidad se experimenta como una amenaza a la santidad, así que pareciera que hay que mantenerla a raya, controlada, reprimida. En el otro extremo, muchos parecen haberse liberado de todos los tabúes sexuales y no quieren someterse a ninguna clase de límites.

Aunque parezca obvio, es bueno recordar una vez más que Dios mismo nos creó seres sexuales y se mostró expresamente complacido con su creación. *"Y Dios creó al ser humano a su imagen; lo creó a imagen de Dios. Hombre y mujer los creó… Dios miró todo lo que había hecho, y consideró que era muy bueno…"* (Gn 1.27, 31). *"Todo lo que Dios ha creado es bueno…"* (1 Ti 4.4). El evangelio no asocia sexualidad con pecado. En todo caso, tanto el cuerpo como la mente en todas sus expresiones pueden ser instrumentos del pecado que anida en el interior del ser humano. La sexualidad, al igual que todo lo creado por Dios es buena y debemos aceptarla con acción de gracias y expresarla bajo los parámetros divinos saludables. *"Que Dios mismo, el Dios de paz, los santifique por completo, y conserve todo su ser –espíritu, alma y cuerpo- irreprochable para la venida de nuestro Señor Jesucristo"* (1 Ts 5.23).

El impulso sexual con que hemos sido diseñados por nuestro Creador es una realidad y no necesitamos negarlo para tener una actitud correcta con respecto al ejercicio de la sexualidad. También es cierto que las relaciones sexuales dentro del matrimonio constituyen el modo completo en que la tensión sexual puede canalizarse, además de ser la expresión de los componentes emocionales profundos de la sexualidad. Las personas cristianas solteras o solas por diversos motivos como la viudez o el divorcio carecen de la posibilidad de esta vía de expresión, si es que se proponen mantener la integridad sexual. Es posible que sufran por ello, y es razonable que sea así.

Sin embargo, no es cierto que el sexo genital sea una necesidad humana básica; nadie muere o enferma por su ausencia. El amor, en cambio, sí lo es. Se puede enfermar o morir por su ausencia. Y ningún ser humano, varón o mujer, tiene que renunciar al amor, sea soltero, viudo, divorciado, casado, joven o viejo.

El sexo genital no puede crear comunión entre dos personas. No puede sacarnos de nuestra soledad. Y cuando alguien usa sus genitales para escapar a la soledad que hay en su vida, queda expuesto a ser arrastrado a una prisión mucho más profunda de soledad.[4]

La persona cristiana soltera no es menos sexual que la casada porque no esté ejerciendo el aspecto genital de su sexualidad y tampoco debe renunciar a la sexualidad entendida en su sentido amplio.

Ser sensual significa estar presente en cada momento de la vida, sintiéndola, disfrutándola, aprendiendo, explorando, apreciando tanto al mundo que Dios ha creado como a la gente que lo habita.[5]

Podemos celebrar el haber sido diseñados por Dios con impulsos sexuales, agradeciéndole por esto, y desechando culpas falsas y agobiantes. Todas las personas cristianas, cualquiera sea su estado civil, tenemos que entregar nuestra sexualidad a Dios en la búsqueda de su voluntad, como lo hacemos con otras áreas de nuestra vida.

Cuando empiezas a sentirte sobrepasada por tus naturales deseos sexuales, detente y da gracias a Dios por ser humana y normal. Dale las gracias porque estás llena de fuerzas creativas, porque el impulso sexual es parte de las energías básicas que todo ser humano tiene en íntima reserva para que su relación con los demás tenga sentido, para encontrar el propósito de nuestro trabajo diario, para desarrollar las capacidades artísticas propias, para sentirse recompensado por el sentido de la realización propia ... No aísles tus energías sexuales del resto de tus poderes por estar constantemente pensando en el sexo.[6]

Aceptar el límite que Dios establece para las relaciones sexuales,

---

[4] Lewis Smedes, *Sexología para cristianos*, Editorial Caribe, Miami, Florida, EEUU, 1982, p. 113.
[5] Gladys Hunt, *Esa soy yo*, Editorial Caribe. Miami, Florida, EEUU, 1977, p. 128.
[6] Ada Lum, *Soltera y humana*, Editorial Certeza. Buenos Aires, Argentina, 1978, pp. 49, 50.

que idealmente deben darse en el marco del matrimonio, no significa ser condenado a la ansiedad y la frustración sexual. Él quiere que seamos libres a través de Jesucristo, tanto de la represión como de la compulsión sexual y también de la ilusión de creer que el ejercicio de la genitalidad es indispensable y suficiente para llenar el vacío de una persona al creer erróneamente que el sexo tiene poderes para hacernos personas felices y realizadas. Cristo nos hizo libres en el marco que Dios estableció para cada situación. En la limitada experiencia humana no existe la libertad absoluta ni dentro del matrimonio ni fuera de él. La verdadera libertad es tal cuando se respetan los límites protectores y saludables que Dios ha puesto, y adherimos a ellos en forma voluntaria.

> No buscamos una teoría sobre la sexualidad ni un conjunto de reglas sobre el comportamiento sexual; buscamos una mejor comprensión de lo que somos, lo que tendemos a hacer de nosotros mismos y lo que podemos llegar a hacer por la gracia de Dios. Entonces sí podremos encuadrar nuestra sexualidad y nuestro comportamiento sexual dentro del patrón y la perspectiva bíblica.[7]

Datos para la prevención

- Aceptarse en su condición de soltera o soltero, hasta tanto logren concretar su deseo. De ninguna manera esto significa que no anhelen o procuren encontrar una pareja y casarse, si así lo desean. Pero su autoestima, su sentido de dignidad y propósito en la vida no debe depender de casarse o no (1Jn 4:16).
- Desarrollar todos sus dones y capacidades. No es fácil renunciar al deseo de una pareja o de maternidad y paternidad, pero una mujer y un hombre no sólo están capacitados para tales logros. El ser humano ha sido dotado con una enorme reserva de recursos para desarrollarse como una persona útil y completa, y los solteros cuentan con tiempo, libertad y posibilidades que muchas personas casadas desearían. Cuando nos entramos con lo que

---

7 Lewis Smedes, *op. cit.*, 1982, p. 36.

nos falta y no en lo que tenemos, vivimos desperdiciando tiempo y cualidades preciosas en nuestra vida (ver 1C 7:34).

Existe en la soltería una disponibilidad que lleva a hablar con desconocidos y a hacer nuevos encuentros. En pareja, incluso si no es fusional hay la tendencia a replegarse sobre el núcleo familiar, a ver menos a los amigos, mientras que para un soltero la vida afectiva está en el exterior: abre a una vida social más rica, a los amigos, la vida cultural, las asociaciones o el voluntariado. En una época en que, como ya hemos visto, la mayoría solo son réplicas de lo mismo, la vida en solitario permite desarrollar la propia singularidad y consolidar la propia manera de pensar. Permite la libertad y el espíritu crítico [...] Es en el silencio y la soledad asumidos donde todas nuestras capacidades nacen y se desarrollan [...] Para bien o para mal, la soledad nos transforma. Algunos se dirigen hacia la sabiduría y otros hacia la amargura. Puede actuar como una iniciación que nos lleva a concentrar lo mejor de nosotros mismos, pero también puede llevar consigo el rencor, la amargura, y el endurecimiento.[8]

- Tener relaciones amorosas significativas más allá de una pareja. El ser humano puede vivir sano y feliz sin una pareja, pero no puede vivir sin amor. Nadie es autosuficiente en el amor y nadie puede quedarse solo, sea soltero, viudo o casado. Nuestra red de relaciones, cuando es sólida y está bien cuidada, provee de la seguridad necesaria frente a las pruebas y contingencias de la vida. No es casual que en tiempo de crisis uno de los ejes que se toman para evaluar el pronóstico de estabilidad psíquica de una persona sea el de sus relaciones afectivas.

> *"Más valen dos que uno, porque obtienen más fruto de su esfuerzo. Si caen, el uno levanta al otro. ¡Ay del que cae y no tiene quien lo levante! (...) Uno solo puede ser vencido, pero dos pueden resistir. ¡La cuerda de tres hilos no se rompe fácilmente!"* (Ec 4:9-12).

Si miramos el contexto, este pasaje no se refiere únicamente a la fortaleza que se encuentra en el vínculo de pareja, sino a vínculos

---

8 Hirigoyen, *Op. cit.*, 2008. pp. 188-190.

diversos. Somos enriquecidos cuando cultivamos relaciones con diferentes clases de personas. El adulto, soltera o soltero, no es la excepción.

Compañía no sólo significa un esposo sino también todos los amigos que necesitamos y que nos necesitan. Una sola persona humana no puede responder a todas nuestras necesidades. Ni nuestra mejor amiga, ni el "esposo perfecto", o la "esposa ideal". Es por esto que Dios nos brinda toda clase de personas para satisfacer las muchas y complejas necesidades que tenemos los humanos.[9]

Solteras y solteros: busquen vínculos de afecto profundo y significativo. Casadas y casados: sean sensibles a las necesidades de las personas solas, cubriéndolas con delicadeza y sentido de oportunidad. Escucha atenta, tiempo, compañía, calor de familia, entre otras, son expresiones de amor sincero.

Estar en familia, cerca de adultos de su edad es importante, pero también de niños y jóvenes, que proveen la cuota necesaria de alegría y renovación. Un matrimonio afectuoso tiene oportunidades únicas para vigorizar la propia estima y los sentimientos de dignidad de una mujer soltera. Pueden alentarlas en el cultivo de sus dones y de sus posibilidades, de su originalidad, de sus contribuciones a la comunidad, de sus atributos femeninos... Y por otra parte no deben permitir que la fuerte independencia de algunas mujeres solteras los haga abandonar el intento. Algunas de ellas muestran ese aspecto exterior porque son muy vulnerables interiormente.[10]

Conocemos familias que han "adoptado", a través de vínculos de amor, a "tías o tíos del corazón", a los que integran con naturalidad a sus programas familiares. También conocemos a personas solteras cuyas vidas han sido muy enriquecidas por la adopción de "sobrinos del corazón", multiplicando así las

---

9 Ada Lum, *op. cit.*, 1978, p. 41.
10 Ada Lum, *op. cit.*, 1978, p. 65.

posibilidades de dar y recibir afecto. Ambas partes son igualmente bendecidas.

- Ser incluidos en diversos programas de la iglesia. Si bien los solteros y las solteras necesitan reunirse con un grupo afín para conocerse y desarrollar nuevas amistades, no es bueno que los solos siempre formen un grupo aparte o que no puedan integrarse de modo natural a otros grupos de la iglesia, dado que esto refuerza el aislamiento y las barreras innecesarias. Sin desconocer las necesidades específicas de los grupos, sería bueno revisar nuestros programas para ver si tienden a la exclusión o a la inclusión con el fin de hacerlos más integradores y abarcativos. ¡Nadie debe quedar excluido en la familia de Dios!

Actividades

1. Leer y discutir en grupo el siguiente párrafo acerca de uno de los fenómenos sociales actuales sobre la pareja:

    Es interesante considerar el "desencuentro" que se da con frecuencia en la actualidad entre hombres y mujeres para formar pareja. Es una observación en la que coinciden agentes pastorales, psicólogos, sociólogos. Este desencuentro podría atribuirse, por un lado, al cambio de las mujeres que hoy aspiran a mayor independencia de los roles y las tareas tradicionalmente reservadas para ellas y, por otro, al impacto –no procesado aún- que ese cambio produce en los hombres que muchas veces se hallan descolocados con respecto al avance que ellas han experimentado en los últimos años. Marie-France Hirigoyen -en su libro Las nuevas soledades-, titula: la independencia de las mujeres – el desconcierto de los hombres.

2. Leer el siguiente tópico y responder las preguntas al final del mismo, haciendo una reflexión individual y grupal, si así lo desea.

Jesús, un soltero muy humano

A veces tendemos a pensar en Jesús como alguien fuera de la

condición humana. Es cierto, fue completamente divino, pero también fue completamente humano.

Porque no tenemos un sumo sacerdote incapaz de compadecerse de nuestras debilidades, sino uno que ha sido tentado en todo de la misma manera que nosotros, aunque sin pecado (Heb 4:15).

Realmente la humanidad de Jesús es admirable: vitalidad, propósito, actividad, equilibrio entre razón y emoción, trato con todo tipo de personas, diversidad de matices en las relaciones interpersonales... ¡Su vida fue emocionante y rica! Desplegó en su breve trayectoria terrenal todo el proyecto de vida que su Padre había dispuesto para él. Trabajó con intensidad, pero también descansó. Disfrutó, pero también sufrió. Estuvo muy acompañado, pero también muy solo. Fue expuesto a todos los riesgos y a todas las tentaciones humanas, pero salió victorioso de todas ellas.

Desde el punto de vista del estado civil Jesús fue un hombre soltero. No tuvo una relación de pareja. Sin embargo, en medio de tanta riqueza personal, se desdibuja si Jesús era soltero o casado. Realmente Jesús fue la clase de persona normal a la que todos quisiéramos parecernos. Hombres y mujeres, jóvenes o adultos, solos o no solos. Todos podemos y necesitamos sentirnos identificados con él, comprendidos y, más aún, ayudados en nuestras dificultades humanas, cualesquiera que sean.

Así que, acerquémonos confiadamente al trono de la gracia para recibir misericordia y hallar la gracia que nos ayude en el momento que más la necesitemos (Heb 4:16).

- ¿De qué modo me ayuda esta reflexión en mi circunstancia particular?
- ¿Puedo sentir a Jesús cerca de mí, comprendiéndome y sosteniéndome en mi diario vivir?

3. Leer el siguiente testimonio, pensando de qué modo tener "sobrinos del corazón" podría enriquecer la vida de las "tías y tíos" y la de los "sobrinos y sobrinas".

Sobrinos del corazón

"A quien Dios no le da hijos, el diablo le da sobrinos"
Refrán popular

Celia, René y Rubén se llaman mis tíos. Personas muy especiales si las hay. Con ellos aprendí a ser sobrina y tía. De ellos aprendí el amor por las personas, los libros y las historietas. De mi tía Celia recibí el único muñeco que mi memoria registra. Los primeros libros de aventuras y la palabra dibujada en forma de historieta los encontraba siempre en la mesa de luz del tío René. ¡Qué altos me parecían mis tíos! Con ellos fui al cine, me divertí, dedicaron tiempo y afecto a una niña preguntona y muchas veces malcriada que les retrasaba el paso, hacía preguntas comprometedoras y a la que se le ocurría ir al baño en los momentos más inoportunos.

Una de mis mejores aventuras sucedió cuando tenía ocho años y con el tío Rubén viajamos desde Bahía Blanca a Buenos Aires en tren. Viajamos en "Clase única" y hacía mucho calor. Allí disfruté del mejor sándwich de longaniza que comí en mi vida y de la gaseosa más refrescante. Él me contó aventuras y cuentos, jugamos a descubrir objetos por la ventana, y me animó a conversar con otros chicos en el vagón. ¡Cómo me divertí en ese viaje! Con los años supe que las últimas monedas que mi tío tenía las invirtió en un poco de pan, fiambre y una gaseosa: ¡Jugar hasta mitad de camino para luego comer y tomar la bebida tenía que ver con la escasez de dinero y no con la creatividad del tío! Como él, no tuve hijos, y a diferencia de él no me casé.

De mis tíos aprendí que no se necesitan regalos lujosos ni salidas costosas, sino tíos y tías con corazones atrevidos para la aventura y dispuestos para el amor. Tías dispuestas a transformar el caballo de la calesita en un hermoso corcel volador de cielos y montañas. O a cambiar la realización de una torta por una batalla de narices enharinadas y sonrientes.

O a hacer con Florencia, mi sobrina menor de siete meses, un viaje de La Plata a Buenos Aires en tren, con mucho sol y una sola mamadera. Al tren le faltaban los vidrios de las ventanas, pero a nosotras nos sobraba afecto, sonrisas, abrigo: contábamos con la presencia de Dios a quien conozco en Jesucristo, que me recordó que el refrán popular está equivocado. Que es él quien me dio los veintisiete sobrinos del corazón. A ellos les adeudo el *sentirme madre por un rato, y la alegría de ser tía para toda la vida. (Silvia Chaves).*

Bibliografía sugerida

Lum, Ada, *Soltera y humana*, Editorial Certeza, Buenos Aires, Argentina, 1978.

Smedes, Lewis, *Sexología para cristianos*, Editorial Caribe, Miami, Florida, EEUU, 1982.

Hirigoyen, Marie-France, *Las nuevas soledades*, Editorial Paidos, Barcelona, España, 2008.

4
Desilusión en el matrimonio

"Más valen dos que uno, pues mayor provecho obtienen de su trabajo. Y si uno de ellos cae, el otro lo levanta... Uno solo puede ser vencido, pero dos podrán resistir. Y además, la cuerda de tres hilos no se rompe fácilmente" (Ec 4:9-12).

Objetivo

Poder detectar si hay síntomas de desilusión en el matrimonio, aproximarse a las causas, buscar herramientas para recuperar la salud de la vida conyugal, convocando a Dios para su fortalecimiento.

Lectura de reflexión

"Se casaron y fueron felices…" Así concluye la mayoría de los cuentos fantásticos de nuestra infancia. Sin embargo, ¿cuántas veces en la vida real los matrimonios tienen el mismo final? Más bien, el casamiento pareciera ser un comienzo feliz en la mayoría de los casos pero, como se estila ahora, con final abierto… con muchas opciones y finales posibles y muchas veces infelices. El matrimonio como institución parece haber caído en descrédito en nuestros tiempos, de modo que las nuevas generaciones adhieran más bien a la convivencia y a la relación consensuada, sin atender a las formalidades legales. No obstante, el tiempo ha demostrado que estas relaciones son aún más frágiles y más o menos igualmente frustrantes que el matrimonio constituido legalmente.

De un modo u otro, la desilusión en el matrimonio, y también en las uniones acordadas, es una experiencia por demás frecuente. Tanto el esposo como la esposa pueden verse defraudados al darse cuenta de que la realidad de la convivencia y del andar cotidiano no coincide con las expectativas previas a la unión conyugal. Los sueños e ilusiones comienzan a resquebrajar-se. Aparecen entonces las quejas, los reproches, los resentimientos, la interrupción de la comunicación, la amargura y el distanciamiento. ¿Se puede vivir feliz en un matrimonio así? ¿Es la ruptura matrimonial un final anunciado?

Creemos que de ningún modo la desilusión debe mar-car un punto de ruptura. Más bien debe ser una fuerte señal que debe escucharse y atenderse, al mismo tiempo que debe movilizar para la acción.

Causas y problemas frecuentes de las crisis

- Noviazgo superficial. Muchas parejas anhelan que el noviazgo sea un tiempo "color de rosa", ideal, fantástico, donde los problemas no importan, y desean creer que el amor superará todas las dificultades. Si ambos novios son cristianos, entonces suelen suponer, con cierta ingenuidad o idealización, que el éxito matrimonial está garantizado. Es así que los conflictos son esquivados, las luces rojas no tenidas en cuenta, los consejos desoídos y las fuertes emociones juveniles ahogan la razón. Otras veces, la deficiente comunicación en la pareja, la falta de información, la ausencia de consejos oportunos, más la ilusión de que cuando se casen "todo se arreglará", hacen que el nuevo matrimonio se encuentre sin herramientas adecuadas para los nuevos desafíos. Los novios llegan a la vida marital con poca o ninguna experiencia en la resolución de conflictos normales y mucho menos de los no tan normales y, por lo tanto, sin modelos previos que ayuden en los problemas que tarde o temprano aparecerán. La fuerte atracción inicial y la magia del enamoramiento son pasajeras. Sólo el verdadero compromiso en el amor y las destrezas en resolver los conflictos que se vayan presentando mantendrán sana la unión.

- Inmadurez emocional de uno o ambos miembros de la pareja. Toda unión conyugal está formada por dos seres imperfectos, con debilidades y virtudes. Sin embargo, cuando la inmadurez de uno o ambos es muy pronunciada, no se está listo para hacer frente a las exigencias de la convivencia en general y a las complejidades de la vida matrimonial en particular. Algunos ejemplos pueden ser: conflictos con la sexualidad, gran dependencia emocional, excesivo individualismo, exagerada necesidad de aceptación y afirmación, severas restricciones en la posibilidad de comunicarse, confusión sobre su identidad, dificultad en asumir roles adultos, intolerancia a las frustraciones normales de la vida, etc.

- Malos modelos de la familia de origen. Cuando formamos una pareja, el modelo más accesible, aun cuando sea inconsciente o aun rechazado, es el de nuestros propios padres o el de las figuras significativas de la infancia. Cuando el modelo incorporado fue deficiente y no se tuvo la oportunidad de elaborarlo convenientemente, es común que se repitan sus parámetros o se reaccione contra ellos yendo al otro extremo. Es así que vemos con frecuencia patrones disfuncionales de conducta que se repiten de generación a generación, no como una maldición sino como pautas que se perpetúan a través de la tarea de modelado que toda familia ejerce sobre sus miembros.[1] Por eso es tan importante que al llegar a la vida adulta, y antes de formar la propia familia, los novios hagan una evaluación de su propia familia de origen, rechazando lo que no ha sido saludable y llevando a la nueva familia sólo lo que es digno de repetirse. Este debe ser un trabajo deliberado y responsable de ambos miembros de la pareja. Con frecuencia resulta útil y aun necesario hacerlo asesorados por una persona

---

1 En el capítulo 2 de esta obra se han descripto detalladamente las características de las familias disfuncionales y sus efectos sobre los hijos.

entrenada en temas de matrimonio y familia. *"Tú sigue firme en todo aquello que aprendiste, de lo cual estás convencido. Ya sabes quiénes te lo enseñaron. Recuerda que desde niño conoces las sagradas Escrituras (...)"* (2 Ti 3.14,15).

En este caso el apóstol Pablo insta a Timoteo a continuar con el ejemplo recibido de su madre y de su abuela en cuanto a la práctica de la fe, a una espiritualidad viva. En otros casos, si los patrones aprendidos de la familia de origen fueron disfuncionales, deben ser evaluados y reformulados para aprender otros nuevos, más saludables, más cerca del propósito de Dios, en particular en lo que hace a modelos de relación de pareja y de familia.

- Mal corte con la familia de origen. El mandato de Dios en el libro de Génesis es claro y trae bendición cuando es respetado:

> *"Por eso el hombre deja a su padre y a su madre para unirse a su esposa, y los dos llegan a ser como una sola persona"* (Gn 2. 24).

No hay una buena unión si no hay un buen corte. El corte con la familia de origen tampoco es abrupto ni se produce en el día del casamiento. Es un proceso que lleva tiempo y paciencia. Cortar con los padres no significa desconocerlos ni dejar de honrarlos o de relacionarse con ellos, sino que a partir de ahora ocuparán otro lugar. El hijo adulto debe dejar de depender emocionalmente de ellos para crear una interdependencia saludable con la pareja que ha elegido para compartir la vida. En los mejores casos, la familia de origen saludable, aunque no sea perfecta, ayuda mucho al propiciar la autonomía de los hijos adultos, sea que se casen o no. Otras veces, será tarea del hijo adulto fijar los límites razonables al avance materno o paterno resulta inapropiado o excesivo.

Es lamentable que haya recién casados que, además de abandonar a sus padres, tengan que vigilarlos muy de cerca para que no destruyan su matrimonio. Algunos suegros son verdaderas joyas, mientras que otros representan un peligro para el nuevo matrimonio... El mejor regalo que los padres pueden dar a sus hijos son raíces y alas.[2]

---
2 Jaime Fasold, *Tu media naranja*, Editorial Portavoz, Michigan, EEUU, 1998, p. 20.

- Expectativas exageradas. La intensidad de la desilusión por un proyecto que no resulta está siempre relacionada con las expectativas previas. Es normal tener expectativas positivas sobre cualquier proyecto digno de ser vivido. Sin embargo, cuando éstas son irreales y exageradas, es inevitable que se caiga en la frustración. Y la frustración termina en enojo y en desánimo. Al respecto, David Hormachea señala: "Las diferencias que existen entre los cónyuges se ven más grandes y se tornan destructivas cuando uno o ambos tienen exageradas demandas y exageradas expectativas".[3] Es que las expectativas desmedidas terminan siendo exigencias, con respecto a uno mismo y también al otro. Ser cristianos no nos exime de sentirnos desilusionados cuando la realidad no se presenta como la habíamos imaginado. Y a veces creemos erróneamente que ser cristianos implica ser perfectos e incapaces de errar. Así, la expectativa es mayor y la desilusión se multiplica. Una sabia revisión y evaluación de las expectativas sobre uno mismo, sobre el cónyuge e incluso sobre qué esperar de la relación puede ayudar a ubicar con más madurez si la desilusión se justifica y cómo tratarla.
- No saber manejar las diferencias. Algunas parejas tienen ideas equivocadas con respecto a la unidad matrimonial. Creen que la unidad es pensar igual, decidir igual, actuar igual. Para lograrlo, generalmente uno de ellos aplasta al otro, quien se somete en nombre de una mal entendida unidad o sujeción. O puede ser que ambos vivan frustrados al no poder conciliar las diferencias. El propósito de Dios al crear el matrimonio es el compañerismo y la unidad, a partir de la unión de dos personas diferentes. Diferentes en su sexo, en su historia personal, en su carácter, en su manera de ver y resolver conflictos o problemas. Esas diferencias son las que hacen posible que ambos cónyuges se enriquezcan al unirse entre sí. Aprender a respetar las diferencias, y aun a disfrutarlas y sacar el mejor partido de ellas, es un arte que lleva tiempo y requiere de un proceso paciente y continuado. Un elemento muy importante en este aspecto es que ambos cónyuges reconozcan que cada uno posee fortalezas y debilidades, y que hay algo

---

3 David Hormachea, *Para matrimonios, con amor*, Editorial Unilit, 1994, p. 51.

que el otro puede ayudarle a enriquecer o resolver sus propias debilidades. De este modo las diferencias se convierten en una oportunidad para el crecimiento personal y conyugal.
- Problemas de comunicación. El tema de la comunicación es muy amplio, pero aquí sólo diremos que también requiere aprendizaje. Un gran desafío en el matrimonio es conocerse. Es sorprendente ver matrimonios que llevan años de convivencia, y sin embargo, los cónyuges no se conocen en profundidad. A veces puede haber un gran temor a la intimidad, a ser vulnerables o a ser rechazados, basado en experiencias del pasado o en experiencias previas en este mismo matrimonio. Un error muy frecuente es pensar que si ambos cónyuges se aman, no es necesario expresarse y dar a conocer lo que cada uno desea y piensa, ya que esto debiera ser automático. Entonces sobreviene la desilusión y la frustración a partir de una expectativa poco realista.
- No adaptarse a los cambios normales de la evolución familiar. Una característica central en el desarrollo individual y familiar es el cambio constante. Por ende, la flexibilidad para adaptarse al dinamismo propio de los seres vivos y de los sistemas que los conforman es de enorme valor práctico. Por mencionar sólo algunos ejemplos en la vida familiar, la llegada del primer hijo plantea cambios normales que la pareja debe hacer para incluir de manera adecuada al nuevo ser; el crecimiento de los hijos también exige permanentes adaptaciones y cambios; el retiro de las tareas activas por parte de una persona mayor también produce un movimiento normal. Las personas rígidas o inseguras se resisten a los cambios que pueden esperarse en la evolución de la vida familiar, haciéndolos más difíciles de lo necesario, y provocando crisis que no hubieran sido tales si hubieran contado con mayor flexibilidad o adaptabilidad. La buena noticia es que estos rasgos saludables, propios de personalidades maduras, pueden adquirirse o entrenarse si se tiene suficiente motivación y paciencia para que así suceda.
- Prioridades equivocadas. Esta es una fuente muy común de conflictos. A veces, la llegada de los hijos produce en la mujer una concentración de la atención en el recién llegado en desmedro

del esposo. Si bien hay un período donde un bebé es muy demandante con respecto a la mamá, no debe perderse la prioridad de la vida de pareja. También el trabajo puede ocupar un lugar errado en las prioridades del hombre. Otras veces, las necesidades de otras personas fuera de la familia absorben las energías emocionales y físicas de los cónyuges, que descuidan así las demandas familiares. Hasta el servicio que se presta en la iglesia o en la comunidad puede ocupar un lugar equivocado. Incluso en ciertas ocasiones puede suceder que tal desequilibrio sea promovido por el liderazgo de la iglesia, sin ver que las personas descuidan así los roles ineludibles en la familia. Además, tal concepción de servicio puede adjudicarse erróneamente a Dios mismo, cuando en realidad muchas veces tales desvíos parten de nuestras necesidades de satisfacción y aprecio, de la intención de evadir responsabilidades familiares, o simplemente de no advertir el peligro de no invertir suficientemente en la relación de pareja. Hay que reconocer que existen momentos especiales, como puede ser la enfermedad de algún hijo o de otros miembros de la familia, o de coyunturas laborales puntuales que desvían la atención y demandan un tiempo extra. Sin embargo, deben ser excepcionales y temporarias. Si estas situaciones se prolongaran se deben tomar las medidas necesarias para que la pareja no pierda su tiempo propio y exclusivo. Si se equivocan las prioridades, tarde o temprano la relación conyugal sufre y se deteriora.

- Poca resistencia a las situaciones adversas. Cualquier familia se ve hoy en día sometida a fuertes presiones, internas y externas que generan estrés sobre sus miembros. Cuando nuestros recursos físicos, emocionales, espirituales y relacionales son suficientes, podemos afrontar el estrés cotidiano sin sucumbir. Algunos de estos recursos podrían ser: el buen estado de salud física y emocional, comunicación conyugal satisfactoria, capacidad y entrenamiento para dialogar y encontrar juntos las soluciones, optimismo, serenidad, solidez en la relación con Dios, una comunidad de fe que acompañe con eficacia y gracia, red social que contenga (amigos, familia), etc. Sin embargo, cuando los recursos disponibles no alcanzan, la sobrecarga se hace notar.

Entonces pueden aparecer consecuencias físicas de todo tipo, colapsos emocionales, síntomas sobre la espiritualidad, efectos en los vínculos interpersonales. No podemos evitar el estrés cotidiano ni las dificultades especiales por las que todo ser humano atraviesa en algún momento de su vida, pero debemos estar atentos a su incidencia en nuestras vidas personales y familiares; en este caso, en la relación matrimonial en particular. No podemos huir pero sí fortalecernos para el afrontamiento de tales situaciones. No necesariamente las adversidades nos derribarán. Por el contrario, las dificultades enfermedades, pérdida de empleo, problemas de todo tipo, pueden fortalecer un matrimonio que ha trabajado en su vínculo. Serán uno apoyo del otro, y juntos encontrarán la fuerza para superar los obstáculos. Además de las destrezas humanas, la vida de fe en Dios que ambos desarrollen será de un valor in-calculable a la hora de enfrentar dificultades. Por el contrario, cuando las bases de la vida conyugal no son muy sólidas, los vientos y las lluvias pueden desestabilizar el matrimonio.

- Roles confusos o mal delimitados. Una de las dificultades más comunes que afrontan los matrimonios tiene que ver con los papeles o roles asignados y esperados en cada uno de los cónyuges, especialmente si no se ha tratado este punto conveniente-mente durante el noviazgo. Algunos suponen que es innecesario dialogar y ponerse de acuerdo sobre este punto porque dan por sentado que se ocuparán los roles tradicionales, que en realidad cada vez son menos tradicionales en función de los cambios vertiginosos que se están dando en la sociedad. Otros creen, a veces inconscientemente, que en el nuevo hogar se hará como hacían mamá y papá en el hogar de origen, a veces sin siquiera haberlos evaluado críticamente. Sin embargo, los modelos que cada esposo y esposa traen en su haber de experiencias de vida pueden ser muy diferentes. Y diferentes también son las necesidades, expectativas, deseos y aun las posibilidades en los distintos momentos de la vida en la pareja. Aunque haya mucho amor y deseo de entendimiento, se hace imprescindible el diálogo franco sobre este punto. ¿Quién trabajará? ¿Quién cuidará a los chicos? ¿Y la carrera universitaria no concluida? ¿Es tarea de la madre o del padre la educación religiosa? ¿Cómo se toman las decisiones en los diferentes y complejos rubros de una familia? ¿Quién administra el dinero? ¿Cuáles son los parámetros y criterios a seguir? ¿Qué lugar ocupará el servicio que cada uno de los esposos quiera ofrecer a la comunidad o a la iglesia? ¿Qué tipo de relación se mantendrá con los amigos y la familia ampliada, cuánto tiempo se dedicará a ello y bajo qué forma? ¿Qué espera cada uno del otro y de sí mismo? No hay respuestas unívocas a estos planteos. Todo matrimonio debe conversar y ponerse de acuerdo en cada una de estas cuestiones y otras que puedan surgir. Además, sería recomendable hacerlo con cierta regularidad, dado que las necesidades y demandas personales y familiares suelen variar con el tiempo. Dos ingredientes claves: claridad y flexibilidad. La claridad en las definiciones no significa rigidez, sino la explicación franca de las expectativas, deseos y posibilidades. Es saludable que dentro de un marco definido de roles y aspiraciones exista la suficiente flexibilidad para permitir cambios y movimientos que hagan a la riqueza y a la mayor eficacia de la dinámica familiar. Una familia es saludable cuando, a pesar de su imperfección humana, permite y estimula el crecimiento de cada uno de sus miembros en su individualidad y en sus funciones familiares.

"Se dice: "Uno es libre de hacer lo que quiera". Es cierto, pero no todo conviene. Sí, uno es libre de hacer lo que quiera, pero no todo edifica la comunidad. No hay que buscar el bien de uno mismo, sino el bien de los demás" (1Co 10. 23, 24).

- Desgaste y falta de vitalidad de la relación matrimonial. Muchos de los ingredientes que estimulan emocionalmente y que están presentes en la mayoría de los noviazgos –sorpresas, regalos, halagos, gestos que intentan agradar al otro, expresión afectiva en variadas formas, secretos compartidos, búsqueda de situaciones creativas, actitudes de conquista y fascinación, motivaciones e incentivos renovados– pueden perderse en medio de una convivencia rutinaria y aburrida. Aunque no existan problemas graves en el vínculo, evidentemente la rutina junto con la falta de un riego cuidadoso y constante del amor, pueden apagar la relación conyugal o tornarla árida. Todas las cosas valiosas requieren cuidados especiales. Y el amor matrimonial no escapa a la regla. ¡No descuidemos este aspecto tan importante del matrimonio! Podemos pedirle a Dios, que es fuente de creatividad y renovación, la sabiduría necesaria para revitalizar el amor matrimonial. ¡Vale la pena!

- Represión emocional. En muchos matrimonios, ya sea por dificultades de uno o ambos cónyuges, no se expresan las emociones normales y propias de cualquier relación humana.

Un hombre o una mujer pueden haberse criado en una familia donde las emociones se controlaban y se reprimían en lugar de identificarse y expresarse. La represión emocional ha sido llamada la "sentencia de muerte de un matrimonio". El enojo, la tristeza, el gozo y el dolor, emociones que deberían ser expresadas entre los miembros de la familia, son enterradas. Las emociones son una parte muy importante de la vida. Igual que una válvula de presión, ellas nos ayudan a interpretar y responder a los gozos y dolores de la vida. Trabar la válvula al reprimir o negar nuestros sentimientos conduce a problemas físicos tales como úlceras, depresión, alta presión arterial, dolores de cabeza y propensión a dolencias físicas. La represión de los sentimientos en una relación es como un cáncer terminal que va creciendo lentamente.[4]

En algunos casos, tal como alude Wright en la cita mencionada anteriormente, la dificultad para expresar las emociones proviene de un déficit en el aprendizaje de este aspecto en la familia de origen. En otros, las heridas que produce un trato abusivo, indiferente, burlón o áspero por parte del cónyuge, provocan que el corazón y la boca se cierren a la expresión emocional sincera. En cualquier caso, hay que trabajar para desarrollar o recuperar la capacidad para expresarse libremente, creando así el ámbito emocional adecuado y seguro para que tal desarrollo sea posible.

---

[4] Norman Wright, *Las relaciones que funcionan (y las que no)*, Editorial Unilit, Miami, Florida, EEUU, 2000. pp. 44, 45.

- Desajustes sexuales. La vida sexual de la pareja es de gran importancia, no sólo como satisfacción del impulso sexual normal, sino como expresión de la forma más íntima de comunicación y unión emocional. El buen ajuste sexual, como otras formas de comunicación, no se da automáticamente. Es un proceso de aprendizaje al cual ambos cónyuges deben predisponerse, expresando francamente las expectativas y deseos. El significado de la vida sexual es diferente en algunos aspectos para hombres y mujeres. Especialmente para las mujeres, la vida sexual se resiente rápidamente cuando hay otras dificultades en la relación o el clima emocional no es agradable y satisfactorio para los dos miembros de la pareja. Cuando la mujer evade el encuentro sexual, el esposo se siente rechazado en su masculinidad, y esto puede deprimirlo o enojarlo. Así, entre ambos pueden fomentar un círculo vicioso del cual no resulta siempre fácil salir. A pesar de vivir una época altamente sexualizada, es sorprendente comprobar la falta de información y formación sobre la sexualidad normal. Y los supuestos equivocados dan lugar a construcciones equivocadas de los conceptos que tenemos sobre la sexualidad e inciden inevitablemente en su práctica.

Sobre todo en los primeros tiempos del ejercicio de la sexualidad plena al iniciar el matrimonio es necesario trabajar sobre los desajustes o dificultades que pudieran presentarse. Cuando esto ocurre, es muy recomendable recurrir a la asistencia externa especializada que ayude a despejar mitos, tratar con experiencias traumáticas del pasado o identificar problemas en el vínculo que estén obstaculizando el desarrollo normal de la sexualidad matrimonial. Con más frecuencia de lo que se sabe o se admite asistimos a la problemática de "matrimonios blancos" (relaciones sexuales no consumadas o incompletas en su consumación), que provoca dolor, vergüenza, sensación de frustración e impotencia. Cuanto antes se pida ayuda, menores heridas se producirán en un terreno tan delicado como éste.

Otro punto sensible se produce cuando por motivos de haber sido víctima de abuso sexual en la infancia o adolescencia –sumamente frecuente en mujeres y en menor grado en los varones también- la experiencia de la sexualidad en el matrimonio se torna traumática en muchos sentidos. Muchas personas han callado estas vivencias durante años, ya sea por miedo, culpa, temor a no ser creídos o directamente porque se ha reprimido el recuerdo doloroso. Cuando aparecen síntomas compatibles con las consecuencias del abuso (inhibiciones, represión, temor, desconfianza, ira, falta de deseo sexual o exacerbación del mismo, entre otros), es el momento indicado para tratar tal experiencia traumática del pasado. En primer lugar hay que disponerse a hacer frente a la realidad del abuso que se puede haber experimentado, iniciando así el proceso de sanidad. En segundo término, y en un ambiente amoroso de aceptación y de comprensión, estos síntomas disfuncionales pueden ser debidamente tratados y sanados. Este proceso no es sencillo ni rápido, pero es posible y gratificante hacerlo.

- Consumo de pornografía. Se trata de un problema tan frecuente como negado a la vez. Tradicionalmente se consideraba una cuestión de los hombres pero el porcentaje de mujeres que consume pornografía en la actualidad va en aumento. El uso de pornografía para la estimulación sexual suele ser minimizado en sus efectos y se tiene la fantasía de que en cualquier momento puede abandonarse. No siempre se da a conocer que esta práctica puede provocar adicción en personas predispuestas y se transita en una espiral de ansiedad, descarga a través de la masturbación con apoyo de la pornografía, culpa, y nuevamente incremento de la ansiedad y la vergüenza. En general y entre otras cosas, causa un gran empobrecimiento de las relaciones sexuales concretas. La pornografía induce a un conocimiento sexual totalmente distorsionado de la sexualidad saludable y real. Por otro lado, cuando esta práctica es descubierta por la esposa causa una gran crisis en la relación de pareja. Ella suele sentirse menoscabada, traicionada en su confianza y se desencadena una serie de reacciones compatibles con un duelo por infidelidad, que es necesario validar y atender. No obstante, el ser descubierto muchas veces es un gran alivio para el que no pudo confesar y tratar con madurez su problemática con anterioridad, y puede ser el inicio de un camino de sanidad personal y matrimonial.

Con frecuencia, detrás del empleo de pornografía por parte de los hombres también pueden esconderse experiencias de abusos sexuales sufridos en la niñez y adolescencia, inicios traumáticos de la sexualidad, amén de represión sexual y aislamiento (al no haber compartido las dificultades con otras personas capaces de ayudar eficiente y amorosamente). El camino de recuperación a transitar no es fácil ni breve, pero es posible y satisfactorio. Se debe considerar que no solamente la meta será cortar con el círculo adictivo del consumo de pornografía -el síntoma-, sino tratar con los traumas que con frecuencia se arrastran desde la infancia o adolescencia -las causas profundas-. Generalmente se requerirá de ayuda externa especializada a fin de no provocar más heridas. La combinación de acompañamiento pastoral y profesional es de elección. Claramente, el castigo, la prohibición o la censura no son útiles para lograr los fines de sanar en profundidad la problemática.

Finalmente, cuando por diferentes causas la sexualidad de la pareja no funciona satisfactoriamente para ambos, se pierde gran parte de la riqueza que Dios pensó para el hombre y la mujer en su vida matrimonial. Por tal motivo es que vale la pena hacer el esfuerzo de solucionar los obstáculos que pudieran presentarse e invertir para que la sexualidad resulte plena.

> *"Sea bendito tu manantial, y alégrate con la mujer de tu juventud, como cierva amada y graciosa gacela. Sus caricias te satisfagan en todo tiempo, y en su amor recréate siempre"* (Pr 5:18-19).

- Infidelidades. El pacto matrimonial requiere, además del corte con la familia de origen y de la unidad, exclusividad y permanencia en el vínculo. Todas las demás relaciones humanas pueden y deben compartirse para que sean más ricas: amistades, vínculos fraternos, laborales. Sin embargo, el vínculo matrimonial debe ser exclusivo y excluyente no sólo en sus aspectos sexuales sino también en los emocionales. A diferencia de lo que comúnmente se cree, la necesidad humana más grande del ser humano no es el sexo sino el compañerismo. Por eso, muchas infidelidades de carácter sexual comenzaron por un fuerte compromiso emocional con otra persona. Ser escuchado, apreciado, estimulado y valorado ejerce una fuerte atracción sobre la persona que carece de estos suministros en su vida conyugal. Es más, muchas veces no se llega al contacto sexual fuera del matrimonio, pero la vida emocional puede estar atada fuertemente a alguien que no es el esposo o la esposa. Dos situaciones bastante frecuentes que suelen minimizarse o desestimarse como infidelidades son: el consumo de la pornografía que ya hemos mencionado precedentemente y las relaciones virtuales inapropiadas a través de las redes. Tanto una como la otra suelen desarrollarse en secreto y se creen inofensivas, amén de la fantasía de que pueden ser fácil o rápidamente dejadas de lado cuando se decida. El hábito del empleo de pornografía es destructivo, tanto para quien la practica como para el cónyuge traicionado. En el caso de relaciones virtuales inapropiadas con otras personas también se van instalando de a poco, generalmente en forma inofensiva o inocente hasta que se crea una ligazón vincular difícil de romper. En el momento en que se transforman en secretas, borrando mensajes o escondiendo el teléfono, claramente dejan de ser transparentes y limpias. Se requiere honestidad para admitir el error y valentía para enfrentar su tratamiento. De todos modos, cualquiera sea el tipo de infidelidad que se ejerza, constituye un atentado directo a la unión matrimonial. Dios ve esta situación como muy grave, y la compara con la infidelidad espiritual de su pueblo. Solamente el arrepentimiento sincero, el perdón y la vuelta al ser amado pueden repararla. En este punto, no debemos desconocer la fuerte presión de la cultura en la que vivimos, que permite, avala y promueve abiertamente las relaciones extramatrimoniales. Es alarmante ver cómo se ha naturalizado y generalizado esta práctica, de tal modo que ha permeado y distorsionado el valor de la fidelidad matrimonial sostenido tradicionalmente por cristianos y no cristianos. Es necesario que los hijos de Dios reafirmemos los principios que Él ha dado para las relaciones familiares saludables y maduras.

- Falta de respeto por las fronteras individuales y abuso de poder. El matrimonio es una de las oportunidades de privilegio que

Dios nos da para completar nuestro crecimiento y desarrollo como individuos, a través de una verdadera unión que debe ser el reflejo de la unión del creyente con Cristo (ver Ef 5: 31-32). Este es el ideal de Dios, más allá de nuestra limitación humana para cumplirlo cabalmente. El matrimonio, al ser la relación humana de mayor exposición e intimidad, representa un estado de gran vulnerabilidad para sus protagonistas. Es la oportunidad para sentirse amado, aceptado, estimulado al crecimiento; pero del mismo modo la posibilidad de ser herido y dañado es muy alta. Las maneras de lastimar al esposo o a la esposa son muchas: falta de atenciones y estímulo, críticas constantes, exigencias desmedidas, competencia, indiferencia ante las necesidades del otro, manipulación, trato áspero, humillaciones, entre otras. En todos los matrimonios puede haber conductas aisladas de este tipo en algún momento de tensión o de crisis que se superan a través del perdón y la restauración del vínculo. Pero esto no debe nunca transformarse en una pauta reiterada y crónica, ya que producen un gran daño difícil de reparar. Una de las formas más destructivas de herir a la otra persona consiste en no respetar sus fronteras individuales, es decir, no aceptar la personalidad ni la individualidad del cónyuge –sus ideas, decisiones, formas de ser–, intentando controlarlo en todos los aspectos de su vida: su tiempo, sus amistades, el manejo del dinero, ¡hasta sus emociones y pensamientos! A veces este control y avasallamiento es sutil y otras veces es grosero y evidente. En ocasiones la otra parte opone resistencia al intento de dominación, lo cual genera conflictos y peleas, pero el ciclo se repite y tampoco hay una solución efectiva. Las más de las veces, el maltrato se acepta pasivamente como una mal entendida sumisión porque fue la experiencia conocida ya en el hogar de origen para evitar conflictos, por miedo a una ruptura matrimonial, por miedo al desamparo económico, o a la crítica de los demás o a que no les crean, o por el temor por los hijos, o porque la víctima (y tal vez su entorno) suponen equivocadamente que un cristiano debe soportar humillaciones y malos tratos, o por desesperanza de que algo cambie o simplemente porque se ignora cómo afrontar tal situación.

En toda relación humana se maneja una cuota variable de poder. Esto no es malo en sí mismo, pero nuestra naturaleza caída nos predispone a usar mal el poder, en beneficio propio y al costo de invadir terrenos ajenos, transgrediendo límites que no se deben cruzar. Generalmente es más fácil que ocurra en relaciones asimétricas donde una de las partes goza de cierto poder y de los privilegios consecuentes, y la otra parte está en cierta desventaja: hombre-mujer; adultos-niños; ricos-pobres; autoridades-subordinados; patrones-empleados; nativos-extranjeros. Las familias no escapan a esta realidad. Por los fuertes afectos implicados, por su organización jerárquica y por la exposición cotidiana a todo tipo de tensiones (internas y externas), es muy fácil que en una familia se caiga en conductas abusivas sobre los miembros más débiles de la misma, ya sea por su género, edad o grado de de-pendencia. Los niveles en que esta conducta humana se produce en el matrimonio van desde muy leves hasta muy graves, y hasta pueden llevar a la muerte. Excede el objetivo y las posibilidades de este libro tratar este tema en profundidad. Sin embargo, animamos a las personas que se vean en esta situación a que investiguen más sobre el abuso familiar y busquen ayuda en personas sensibles e informadas sobre esta problemática. No es la voluntad de Dios que seamos víctimas del abuso ni que ejerzamos la violencia física, emocional o sexual, ni leve ni grave, dentro del hogar o fuera de él. A lo largo de toda la Biblia, Dios declara explícitamente su condena a todo tipo de violencia y abuso de poder, y llama a sus hijos a imitarle en este sentido, defendiendo siempre al más débil e indefenso, con más razón dentro de la vida familiar, que debe ser un modelo saludable de relación entre las personas.[5]

> La Biblia emplea la relación marital para ilustrar la relación entre Dios y su pueblo. A Israel se le llama la esposa de Jehová en el Antiguo Testamento; en el Nuevo Testamento a la Iglesia se le denomina la Esposa del Cordero. Esas analogías constituyen enseñanzas muy profundas para nuestra vida cristiana y nuestra

---

5 Sugerimos ampliar este tema con la lectura de la obra de la autora, *Rompamos el silencio, prevención y tratamiento de la violencia en la familia*. Ediciones Kairos.

vida matrimonial No se puede uno imaginar que Cristo abusara de su Iglesia ni que le fuera infiel. Ni que la Iglesia rechazara a Cristo o lo acusara. La calidad de nuestra relación humana se eleva con el misterio de la calidad de nuestra relación con el Dios viviente.[6]

Los problemas enumerados no agotan todas las posibilidades de dificultades y desilusiones matrimoniales. Las causas mencionadas no siempre se dan todas juntas y tampoco una por una necesariamente. Es probable que se combinen y potencien, ya que un problema puede complicarse o generar otros.

Matrimonios de familias ensambladas

Un párrafo aparte merecen las problemáticas de los matrimonios que forman una familia ensamblada. Este tipo de familia –cada vez más frecuente en los tiempos actuales– en general se conforma a partir de una pérdida: uno o ambos cónyuges han experimentado una pérdida anterior –divorcio o viudez–, y además conviven con los hijos de uno o ambos esposos, más los que puedan nacer de esta nueva relación. También es posible que uno de los cónyuges haya llegado a este nuevo matrimonio siendo soltero, con o sin hijos.

No es posible abordar en forma amplia las temáticas de este tipo de familias en esta obra. Sólo mencionaremos que además de los desafíos que se presentan habitualmente en un matrimonio original –o de primeras nupcias– han de agregarse complejidades que derivan de formar una familia de las características de las ensambladas. El tiempo normal de adaptación mutua es necesariamente mayor y la cohesión familiar demandará más tiempo y variadas estrategias; la energía debe distribuirse también para atender las demandas de los hijos y no siempre está disponible para las necesidades de la pareja. No se puede soslayar la realidad de que existe una historia previa de cada uno de ellos con sus hijos –de uno o de ambos– que precede a la actual relación matrimonial. Tampoco se puede ignorar que ha habido

---

6 Gladys Hunt, *Esa soy yo*, Editorial Caribe, 1977, p.113.

al menos una pareja anterior en la historia del esposo o de la esposa, con quien es necesario seguir interactuando, en especial cuando los hijos son pequeños o adolescentes. Es frecuente que los miembros de la pareja hallen dificultades a la hora de reservar tiempos y espacios propios necesarios para la intimidad y la consolidación matrimonial en medio de tantas demandas. En este sentido, un cambio cultural que notamos es que algunos matrimonios que forman una familia ensamblada están eligiendo vivir en diferentes casas con sus propios hijos, justamente para evitar la complejidad de este ensamblaje. De cualquier modo, es necesario atender a los requerimientos de la vida matrimonial para evitar que el vínculo se debilite y se quiebre. Si no se admiten con realismo ésta y otras cuestiones, es posible que la incomprensión y la frustración ganen la batalla. La información previa a formar una familia de este tipo, la madurez de cada uno de los miembros de la pareja, más una dosis importante de paciencia y creatividad serán de suma importancia para ir resolviendo cada uno de los desafíos del devenir matrimonial y familiar. Es gratificante experimentar cómo es posible ir superando los problemas en una familia ensamblada y cómo se pueden cosechar afectos y re-cursos a su debido tiempo.

¿Qué podemos hacer?

Independientemente de cuál sea el problema o los problemas existentes en tu matrimonio, hay actitudes que seguramente no ayudarán.

- Evasión, distracción, negación de uno de los miembros de la pareja, o de ambos. Es una respuesta humana muy común frente a los conflictos que no queremos asumir. A veces caemos en estas actitudes por miedos diversos, por naturalizar los trastornos disfuncionales, por evitar el trabajo que implica buscar las soluciones, por el dolor que causa la realidad y también porque los problemas que vivimos son una muestra de la imperfección que no queremos admitir. Puede resultar una posición cómoda por un tiempo, pero es claro que no se puede pasar mucho tiempo evadiendo sin que se compliquen las cosas y los problemas aumenten.

- Excusas o culpas mutuas. Desde Adán y Eva, frente a los problemas los seres humanos seguimos preguntando: "¿De quién es la culpa?". Es otra manera de excusarnos para no resolver nada. No sirven ninguna de las dos opciones extremas: cargar con toda la culpa o echarla sobre el otro. Suelen ser dos caras de la misma moneda, totalmente ineficientes para una acción eficaz. Es útil sí delimitar de manera madura responsabilidades de una y otra parte para que cada uno sepa qué tiene que cambiar para resolver, con menor costo y más rápidamente, los problemas que se presentan, sean sencillos o complejos.

- Peleas constantes sobre los mismos puntos. Es normal que aparezcan conflictos en la evolución normal de una familia, y la consecuente discusión sana sobre los mismos. Pero, cuando por años una pareja discute sobre los mismos problemas y si el malestar sigue creciendo en vez de disminuir, evidentemente sus miembros no han acertado con el método de resolución del conflicto. Es inútil seguir gastando energías y quemar una a una las ilusiones matrimoniales de esta forma. Es necesario buscar ayuda externa para ver otras maneras de afrontar el conflicto, insoluble por los métodos usados hasta ese momento por la pareja.

- Silencio y sometimiento. A diferencia de la forma anteriormente planteada, aquí no hay peleas sino calma y paz aparentes. No hay conflictos porque generalmente una parte domina sobre la otra, que permanece pasiva cediendo a los requerimientos del otro. En toda relación interpersonal significativa, y el matrimonio lo es, se necesita ceder algo de la individualidad para ganar en conjunto. Sin embargo, lo saludable es que todos los participantes de la relación, alternativamente, sean capaces de ceder algo de sí mismos en bien de la relación. Cuando sólo una de las partes lo hace, esto resulta en un aplastamiento de la personalidad que sólo trae angustia, depresión y, tarde o temprano, muerte de la relación.

- Pretensión de que el otro cambie. Siempre nos parece que nuestra felicidad será posible cuando el otro haga, diga y sienta como nosotros consideramos que debe ser. Esta actitud, además de ser infantil y egocéntrica, lleva a la frustración segura porque hace depender nuestro bienestar del otro. Es un intento de controlar a la otra parte pero, por otro lado, implica una falta total de control ya que nadie puede obligar a otro a ser o hacer si no quiere. O si finalmente accede (ganar por cansancio), el precio suele ser muy alto. Por ejemplo, el aplastamiento de la personalidad de quien siempre cede, más una secreta y creciente amargura interior.
- Rencor, falta de perdón. Es normal y hasta saludable enojarse cuando está justificado hacerlo. Sin embargo, cuando las frustraciones se van acumulando llegan a ser un veneno tóxico en nuestro interior. Ya no importa si tenemos razón o no: el veneno nos afectará en primer lugar a nosotros, además de resentir nuestra relación con Dios y ser totalmente ineficaz para la resolución de los problemas. El perdón no significa que excusemos o minimicemos la importancia de las conductas inaceptables, o que no pongamos límites adecuados para protegernos del daño, o que no hagamos los ajustes necesarios para que la relación sea saludable.

  Si se enojan, no pequen; que el enojo no les dure todo el día. No le den oportunidad al diablo (Ef 4: 26, 27).

- Separación emocional. Es otra manera totalmente insalubre de querer solucionar las cosas. Sin embargo, es una realidad muy frecuente en los matrimonios. Ante el fracaso en superar las dificultades de maneras efectivas, el vínculo matrimonial se resiente y los esposos se van distanciando emocionalmente. Siguen juntos, guardan las apariencias, pero no hay satisfacción ni riqueza al estar juntos. Se produce un acostumbramiento y una resignación, que no traen felicidad verdadera. La unión matrimonial se va haciendo cada vez más débil y formal. Esta manera de afrontar un matrimonio infeliz puede darse especialmente entre las personas religiosas que no admiten como válida la posibilidad de un divorcio, sin plantearse que tampoco es la voluntad de Dios vivir de esta manera tan saludable.

- Tentación de la rápida ruptura. Es tan problemática como la actitud del punto anterior. Vivimos en un tiempo donde todo debe solucionarse ya, con el menor esfuerzo y la menor renuncia posibles. Especialmente entre las generaciones más jóvenes –y en absoluta consonancia con la cultura en la que estamos inmersos de vínculos frágiles–, se ha instalado la idea de que no vale la pena luchar ni esforzarse por una mejor relación matrimonial, amén de que el divorcio se ha naturalizado. Entonces la separación aparece como la solución mágica que los sacará de una situación infeliz, aunque se trate de crisis o conflictos contingentes que sólo requieren un poco de atención y voluntad para ser superados. Esta solución falsa va en contra del crecimiento personal y matrimonial, que requiere paciencia y laboriosidad. Se pierde así gran parte del proceso madurativo y de enriquecimiento que Dios pensó para nosotros a través de un proyecto matrimonial duradero y satisfactorio.

De todas maneras, es importante también decir aquí que la separación temporal o definitiva –hasta el divorcio– es una instancia inesperada e indeseada, pero lastimosamente necesaria en ciertos casos. Así como creemos que la permanencia del matrimonio es una opción madura que responde al diseño original de Dios, debe evaluarse este principio en los casos donde hay abusos emocionales, físicos y sexuales reiterados o cíclicos, infidelidades y otras situaciones que pongan en riesgo la salud física y emocional de los miembros de la familia. Es obvio que esto tampoco se ajusta a lo que Dios quiere y planeó para nosotros. En estos casos es imprescindible buscar ayuda pastoral y profesional idónea, ya que el daño puede ser importante, no solamente sobre el cónyuge oprimido –generalmente la mujer–, sino sobre los hijos que no escapan a las consecuencias de este tipo de relaciones abusivas.

Puede haber otras formas erróneas de resolver la desilusión en la vida matrimonial. Cualquiera de ellas, además de ser ineficientes para el fin que se propone, es un mal modelo que se deja a los hijos, generando así la posibilidad de que ellos perpetúen un camino equivocado en sus propias vidas.

El silencio, el peor de mis enemigos

— Esto ocurrió en mi matrimonio, un hogar cristiano. Conocí al que sería mi esposo mientras nos entrenábamos para pastorear alguna iglesia. Teníamos muchas ganas de trabajar y confiábamos en que nada podría movernos o no habría tormenta que pudiera hacer tambalear la casa que íbamos a construir.

No fue así. En lo personal, creí que el sufrimiento, las limitaciones, las prohibiciones a pensar o decidir por mí misma, la soledad, el silencio y una vida de sacrificio, eran marcas distintivas para ser la mejor de las esposas de un pastor. Pensando que estaba haciendo bien, hice del silencio el mejor de mis aliados.

En el primer tiempo de mi matrimonio quería intervenir, participar de la vida pastoral y de la vida de mi esposo, conocer más de él, hablar, opinar, dar ideas o sugerencias, preguntar. En definitiva, ir sabiendo y viviendo eso de ser una sola carne que, por un lado me parecía una cosa, pero sentía que me pasaba otra.

La forma de ser de mi marido no permitía que estas cosas ocurrieran. Solía decirme que no dependiera de él, ya que iba a perder mi mirada y mi confianza en quien correspondía, es decir, en Dios. Pero, a su vez, sí controlaba todo de mí. Y yo callaba, creyendo que así debía ser. Veía cosas que me parecían no estar bien, pero no las podía decir. "No debía molestar a otros con mis dudas o flaquezas espirituales", solía decirme. Recuerdo haberlo necesitado, o tener ganas de llorar –pero a él le hacía mucho mal y me pedía que no le hablara al estar así– o tan sólo tener un tiempo para nosotros. Recuerdo también pedirle que me confiara sus cosas, pero le resultaba más fácil hablarlas desde el púlpito que compartirlas conmigo.

Todo esto que no hablábamos hizo que, a pesar de que viviéramos juntos, fuéramos construyendo dos mundos muy distintos uno del otro. Yo me sentía aislada y mi silencio ayudaba en esto. En medio de todo empecé a sentirme sola, con miedos, inseguridades, enojos y angustias que iba guardando en mi corazón y me alejaban de la persona que había amado al casarme y que, a su vez, me separaban de él.

Por miedo a que alguien se diera cuenta de nuestra situación ya que a mi esposo le molestaba mucho que alguien le comentara algo de mí si no me veía bien, fui la mejor de las esposas: idónea, incondicional, la mejor mamá... sin darme cuenta de que este pacto de silencio nos iba destruyendo a los dos. También empecé a buscar mis alegrías haciendo cosas que me gustaban a mí y que no requiriera estar cerca suyo para trabajar en la iglesia.

No teníamos planes, ni objetivos juntos. Negábamos con el silencio la realidad que vivíamos y nos abocábamos a "servir" y ser los mejores modelos. ¡Cuánta mentira y oscuridad! Pasaron muchos años así; llovió, el agua subió y la casa finalmente se cayó.

¡Gracias a Dios pude romper el silencio! Fue muy bueno para mí, aunque no tanto para los que no podían aceptar y creer lo que yo decía. Muchos se sintieron desilusionados al saber la verdad de nuestra situación. Pero encontré ayuda en algunas personas de la iglesia y un lugar de total confianza en mi terapia psicológica. Entre otras cosas, me di cuenta de que no estaba sola, ni enferma, ni mal espiritualmente, ni loca. Pude ver luz.

No ha sido ni es un proceso corto o fácil; tuve muchas subidas y bajadas. Pero aprendí a respetarme y tratar de que lo hagan conmigo. Entendí que Dios me ama, me respeta y me ha dado un valor único. También encontré que tengo derechos, ¡aunque me cueste creerlo!, y que el que creía que era mi aliado, fue el peor de mis enemigos: el silencio. No es que hablo todo el tiempo; soy bastante callada y a veces me cuesta encarar o seguir una conversación, pero he aprendido a expresarme y a decir la verdad. También el Señor me dio paz y libertad, aunque a veces lucho con culpas, pero estoy en proceso.

En cuanto a mi matrimonio, creo que se derrumbó; me parece que sé hacia dónde voy; sólo deseo no volver atrás, y hacia adelante anhelo alcanzar los planes buenos que Dios tiene para conmigo.

Han pasado poco más de cinco años desde que todo esto comenzó a salir en mi vida; finalmente llegó el divorcio, una de las cosas más duras de enfrentar; fue muy triste y doloroso hablar con los hijos, muy duro el cambio, la mudanza, los amigos que ya no fueron incondicionales muchos de ellos, la iglesia, tener que dejar de hacer tantas cosas, la soledad, las miradas, las preguntas, los cuestionamientos...

Hoy sé que he crecido, gracias a Dios; aun he aprendido que puedo trabajar en cosas para las que no me había preparado y ¡resulté buena!; pero *cuántas marcas quedan, cuántas veces la culpa vuelve a apoderarse de mis sentimientos, cuánta soledad se siente por momentos, pareciera que pierdo el enfoque hasta que la luz de Dios vuelve y puedo ver el camino nuevamente. Qué necesario se hace el encontrar redes de contención, buenos amigos, pocos y nuevos algunos, encontrar una iglesia donde sentirse amada, experimentar la gracia de Dios, volver a encontrarle sentido a la vida y creer que todavía puedo proyectarme y planear y volver a soñar y querer construir sobre nuevos cimientos... (Is 61. 4).*

Respuestas que pueden ayudar

"Si quieres caminar, aprende a remover las piedras del camino".

- Enfrentar el problema. A diferencia del mecanismo de evasión, admitir que hay problemas es el comienzo de la solución. Si bien hay que ser realista, es bueno evitar el perfeccionismo y el negativismo. Esto tiene que ver con las expectativas tan altas que no pueden cumplir, ni uno mismo ni el otro. Lo ideal es enemigo de lo posible. Por eso, en cualquier evaluación más o menos objetiva también hay que incluir los ingredientes positivos de la relación, que seguramente los hay pero están opacados por las nubes de los conflictos no resueltos. Cuando estamos muy desilusionados esto puede resultar difícil. Sin embargo, esta actitud ayuda a evitar el desaliento al ver que hay elementos positivos sobre los cuales apoyarse para intentar los cambios necesarios.

- Dialogar abiertamente, y expresar claramente cuáles son los deseos y las necesidades, propias y del matrimonio, evitando las acusaciones personales. Cuando el planteo del problema es confuso, es difícil buscar las soluciones pertinentes. A veces resulta útil pedir ayuda externa en este sentido. Desde afuera, y lejos de las emociones intensas de los protagonistas, se ve con mayor claridad. Un dato que puede ayudar: no todo lo que sentimos se corresponde con una realidad. Por ejemplo, "siento que él (o ella, según el caso) hace tal o cual cosa para perjudicarme". Si bien es cierto que no tenemos que descartar lo que sentimos, resulta saludable buscar las evidencias que apoyan tal sentimiento y estar dispuestos a examinar otros puntos más aproximados a la realidad. Además hay que tener en cuenta que pueden existir distintas miradas y perspectivas complementarias de una misma cuestión. Una vez que definimos para nosotros mismos cuál es el deseo de nuestro corazón, debemos ponerlo bajo el escrutinio de la Palabra de Dios. ¿Lo que pido es justo? ¿Redundará en mayor sanidad personal, conyugal y familiar? ¿Es algo que Dios desea para nuestro matrimonio? ¿Está encuadrado dentro de su voluntad? ¿Qué parte de la solución estoy dispuesto a poner yo? La actitud firme pero humilde ante el Señor favorece la manera de plantear los problemas y hallar las soluciones.

- Buscar información y ayuda externa. Hoy se dispone de muchos recursos valiosos para matrimonios. Retiros, charlas de información en la Iglesia y fuera de ella, buenos libros, profesionales e instituciones especializadas en temáticas familiares, pueden ser de mucha utilidad en este sentido. Es necesario tener la apertura suficiente para no quedarse aislado y encerrado en el problema. Lo ideal es que ambos cónyuges busquen ayuda. Pero con frecuencia ambos no coinciden en esto. Entonces, el esposo o esposa que ve la necesidad es quien debe tomar la iniciativa, y aun empezar el proceso de búsqueda de soluciones a nivel individual. Es mucho más útil que detenerse "porque el otro no quiere". El cambio en el sistema conyugal y familiar muchas veces comienza por el cambio de uno de los miembros.

- Definir con claridad los cambios que deben hacerse y cómo se harán. Cuando un matrimonio entra en crisis, aconsejo que la pareja empiece por cambiar su modo de ver las cosas, esto es, tener expectativas más realistas con respecto al matrimonio y despedirse de la ilusión de que el matrimonio debe ser perfecto. Recomiendo que cada uno haga algo para sí y vean luego si los caminos pueden volver a confluir.[7]

En este tema es muy importante mencionar el concepto de proceso, es decir, de dar un paso por vez dentro de etapas que se

---

[7] Anselm Grün, Magdalena Bogner, *La aventura de la vida*, Editorial San Pablo, 2008, p. 171.

sucederán, al alcance de ambos miembros del matrimonio. Hay que descomponer la meta final en metas más pequeñas y posibles de alcanzar en el tiempo. Caso contrario, la supuesta solución ideal termina siendo una nueva fuente de desilusión y desengaño. En este proceso es importante estar dispuesto a retirar las etiquetas que se han puesto sobre el otro y sobre uno mismo. Poner etiquetas para desvalorizar es una práctica muy común entre los seres humanos. En vez de categorizar las conductas como buenas o malas, positivas o negativas, ponemos una etiqueta sobre la totalidad de la persona. De ese modo, hacemos muy difícil el cambio. Toda dinámica de cambio supone dar un nuevo voto de confianza, dar una nueva oportunidad, tal como Dios hace con cada uno de nosotros cada día, renovando la confianza en nosotros. Es un aspecto clave si queremos avanzar en el crecimiento personal y conyugal. También debemos agregar un ingrediente fundamental: la paciencia, tolerando los avances y retrocesos normales en cualquier proceso de aprendizaje de lo nuevo. Dejar atrás pautas disfuncionales y reemplazarlas por otras más sanas no es tarea fácil. Pero tampoco es imposible.

- Ver las diferencias como posibilidades de enriquecerse y no para rivalizar. Las similitudes con el otro nos hacen sentir afines, cómodos. Pero, por lo general, son las diferencias con el otro lo que quizás más nos atrajo en el noviazgo, porque responden a aspectos que uno mismo no tiene o en lo que uno no es tan hábil. Unirse a alguien diferente da respuesta a la necesidad de complementación que enriquece la relación. Pero puede suceder que al transcurrir la vida matrimonial las diferencias ya no nos parezcan tan atractivas. También puede ser que no nos hubiéramos percatado de tal magnitud de diferencias, o simplemente que éstas hayan surgido después. De cualquier modo, que haya diferencias por sí mismo no debe ser algo negativo. Debemos ser sabios en capitalizar tales diferencias, aceptando al otro como es, diferente a nosotros. En todo caso, hay que ponerse de acuerdo para que no se transformen en un obstáculo y en fuente de amargura. Resulta edificante pensar: "¿En qué me puede ayudar esta diferencia con que mi esposo o esposa encara las cosas?"

(...) buscamos a alguien diferente porque esto enriquece nuestra existencia. El propósito de Dios para la pareja ha sido crearla con la necesidad de que se unan dos seres diferentes (...) ¿Cómo podemos manejar nuestras diferencias? En primer lugar reconociendo que somos distintos. Reconocer nuestras diferencias nos da la posibilidad de aceptarnos como somos (...) También debemos tomar en cuenta que las personas perciben el mismo hecho de distintas maneras. Nadie es dueño de la verdad, a excepción del Señor (...) Es necesario dar espacio a la otra persona, admitir el hecho de que no tiene la misma percepción que uno. A veces es necesario ponerse de acuerdo en que no se está de acuerdo y en que es posible que en ese asunto nunca se pongan de acuerdo.[8]

- Desarrollar la intimidad integral de la pareja. Fuimos diseñados por Dios para la intimidad emocional con nuestros semejantes. Es parte de la imagen divina que llevamos impresa. El objetivo inicial de Dios para la pareja era la compañía mutua, la satisfacción de las carencias humanas profundas, también la procreación y la autoridad sobre todo lo creado. El matrimonio debería cubrir gran parte de la soledad y de la necesidad de proximidad que todos tenemos. Si bien la entrada del pecado arruinó el diseño original, el propósito de Dios es restaurar su creación a partir de Jesucristo. En el caso del matrimonio –como en ninguna otra relación–, la intimidad supone una comunión total: entrega del cuerpo, del alma y también el involucramiento del espíritu si los cónyuges son cristianos. La palabra intimidad proviene del latín *"intus"*, que significa "dentro". A diferencia de lo exterior y público, la intimidad alude al aspecto interior o profundo de las personas. Comprende sentimientos, vivencias, pensamientos, etc. Entre otras cosas, la intimidad supone conocimiento mutuo y confianza. En el tiempo del apuro y de la superficialidad, desarrollar los distintos aspectos que hacen a la intimidad es todo un desafío. Lograr una comunicación significativa requiere tiempo y determinación.

---

8 René C. Padilla, Carmen Pérez de Camargo (compiladores), *Hacer el amor en todo lo que se hace*, Editorial Fraternidad Teológica Latinoamericana, 1996, pp. 61, 66.

John Gottman, psicólogo estadounidense que se ha dedicado a profundizar la investigación en relaciones de pareja durante muchos años, recomienda "actualizar los mapas del amor", que no es ni más ni menos que la comunicación fluida y constante –sobre gustos, necesidades, anhelos, objetivos, y también frustraciones y dolores– destinada a que los miembros de una pareja se conozcan profundamente. Estos "mapas" deben ser renovados en forma continua o periódica, dado que las personas vamos cambiando a medida que transcurren nuestras experiencias vitales. Es frustrante para los cónyuges haberse quedado con viejos conceptos sobre el otro, cuando ambos han evolucionado con el paso del tiempo. En este caso, las respuestas a las necesidades mutuas serían inciertas y no darían en el blanco. En cambio, los matrimonios que cuentan con actualizados "mapas del amor" están más capacitados para lograr una profunda intimidad que produce el sentimiento de ser conocido y tenido en cuenta por la pareja, equivalente a sentirse amados. Además, esta unidad que se va forjando también permite estar mejor equipados para enfrentar juntos las dificultades y conflictos de la vida.[9]

Paul Tournier lo expresa de esta manera:

> El matrimonio, así, se convierte en una gran aventura, en un continuo descubrimiento, de uno mismo y del cónyuge, en una ocasión cotidiana para ensanchar el horizonte, para aprender algo nuevo de la vida, del hombre, de Dios. Es por eso que Dios dice, en las primeras páginas de la Biblia: "No es bueno que el hombre esté solo". El hombre, aquí significa el ser humano. El ser humano tiene necesidad de comunión, tiene necesidad de un compañero, de un verdadero encuentro; tiene necesidad de comprender a otro y de sentirse comprendido por otro. Esta es la intención del mismo Dios al instituir el matrimonio, como lo dice la Biblia.[10]

---

9 Para ampliar, recomendamos leer *Siete reglas de oro para vivir en pareja*, de John M. Gottman y Nan Silver. Ed. Debolsillo, Buenos Aires, Argentina, 2006.
10 Tournier Paul, *La armonía conyugal*. Ediciones La Aurora, Buenos Aires, Argentina, 1980. Pág. 31, 32

La intimidad requiere de un ámbito de genuina aceptación, confidencialidad y confianza. La confianza se construye lentamente con el tiempo y se destruye con mucha facilidad cuando se recibe indiferencia, crítica, sarcasmo, burla, rechazo, agresividad en el trato o traición. La confianza perdida tarda mucho tiempo en reconstruirse. Por eso, debe ser protegida como un bien preciado.

Dirá luego Tournier que la intimidad "no es un estado logrado, sino más bien un movimiento que se desarrolla sin cesar". En otras palabras, es una desafiante pero bella tarea matrimonial a largo plazo. Un vínculo tan exclusivo y trascendente merece la inversión de profundizar en este aspecto de la intimidad que Dios pensó para el bien de sus criaturas.

Entonces el diálogo conyugal toma un sentido de confesión… Y luego puede haber reciprocidad: a menudo una valiente confesión de uno de los esposos provoca la del otro. Y el gozo inmenso que entonces los inunda es un reflejo de la inmensa gracia de Dios.[11]

- Recuperarse de la desilusión renovando la esperanza. La desilusión es el primer paso en el proceso de la pérdida del amor; por eso es necesario atenderla y tratarla. Es posible desilusionarse a partir de haberse hecho añicos los sueños e ideales que teníamos sobre el matrimonio. Las relaciones interpersonales íntimas son las que pueden darnos las mayores satisfacciones, pero también causarnos las mayores heridas.

    "No me ha ofendido un enemigo, lo cual yo podría soportar; ni se ha alzado contra mí el que me odia, de quien yo podría esconderme. ¡Has sido tú, mi propio camarada, mi más íntimo amigo, con quien me reunía en el templo de Dios para conversar amigablemente, con quien caminaba entre la multitud!" (Sal 55. 12-14).

    Pero ni la autocompasión ni los reclamos al otro permitirán

---

11 Paul Tournier, *Op. cit.*, Pág. 57.

encarar un cambio en uno mismo y en el matrimonio. Sólo cuando hay esperanza se hacen esfuerzos por cambiar. La verdadera esperanza no es una ilusión basada en nuestros propios esfuerzos y conocimientos, sino en la fuente de esperanza que es Dios mismo, de quien provendrán la sabiduría, la fuerza y el ánimo necesarios. También la disposición al perdón y a la restauración, ya que él lo hizo con nosotros primero, son elementos clave en la salud de la relación. El resentimiento y el enojo también son piedras que hay que remover si queremos avanzar. Los Salmos y otros libros de la Biblia desbordan en expresiones humanas de enojo, angustia, desesperación, abatimiento... Pero también nos muestran el camino de salida a tales situaciones: elevar los ojos a Dios, renovar la esperanza y ponerse en marcha otra vez. Recordemos que el matrimonio es un proyecto de Dios. ¡Él está con nosotros para ayudarnos!

- Trabajar en la reedificación

> *"Ayúdense entre sí a soportar las cargas, y de esa manera cumplirán la ley de Cristo"* (Gá 6.2).

El matrimonio es un lugar de servicio, porque el amor es servicio y entrega.

La unión que Dios contempla es un compromiso por parte de los cónyuges de ayudarse mutuamente a recuperar aquella totalidad y plenitud que el ser humano tenía antes de la caída. Poco a poco los cónyuges se conforman a la imagen de Cristo. Cada cónyuge retiene su propia identidad y personalidad. No son ahogados ni absorbidos por un nuevo ente, sino que su nueva relación les ayuda a llegar a ser mucho más de lo que eran antes. Juntos los esposos derrumbarán poco a poco las barreras que el pecado ha construido, y a través de su amor y apoyo mutuo adquirirán una plenitud espiritual, psicológica, mental, emocional y física que no tenían antes. "El matrimonio bíblico en su aspecto más profundo, es la búsqueda de aquel estado original de humanidad cuando el hombre y la mujer no se explotaban el uno al otro, sino que se ayudaban mutuamente". La persona que se compromete en esta clase de unión, no pierde su personalidad o individualidad, que es distinto al individualismo, sino que recupera su verdadera personalidad... Al conformarse a la imagen de Cristo mediante la ayuda de su pareja, cada cónyuge empieza a vivir más plenamente.[12]

¡Que así sea!

Datos para la prevención

1. Formar en los más jóvenes conceptos que los guiarán a elegir sus compañeros de vida. Ayudarlos a desarrollar los aspectos aún inmaduros de su personalidad, que pueden traerles problemas en su futuro matrimonio: baja autoestima, celos excesivos, relaciones posesivas, dificultades en la identidad sexual, malos o inexistentes modelos de resolución de conflictos, carencia de destrezas básicas de la comunicación, entre otros.

2. Ayudar a los futuros contrayentes, mediante literatura, retiros para novios, charlas de orientación, a mantener un noviazgo saludable y eficiente al encarar los temas que seguramente enfrentarán en su matrimonio.

3. Las comunidades de fe deben estar más atentas en el acompañamiento a matrimonios y familias en su desarrollo. Generalmente se actúa en la emergencia, pero es mucho más fructífero invertir en la prevención y en el acompañamiento eficaz a fin de evitar desgastes intensos y dolorosos, difíciles de remontar. En este sentido, algunas herramientas podrían ser la organización de programas de enriquecimiento matrimonial y servicios de orientación para resolver conflictos y otros problemas comunes.[13]

---

12 Fasold, *op. cit.*, 1998, pp. 14, 15.
13 Eirene-Armonía Plena es un ministerio que nació de la mano de la Fundación Kairós, transformada más tarde en una Asociación Civil. Su objetivo es promover el propósito de Dios para las familias. Entre otras cosas, se dedica a capacitar a personas que quieren trabajar en sus comunidades como orientadores familiares, a través de programas oficiales y no oficiales. También desarrolla proyectos de enriquecimiento matrimonial y retiros para novios, y brinda talleres a iglesias y comunidades que lo solicitan. Instituciones de este tipo y otras similares pueden ser de gran ayuda en la prevención y en la asistencia a parejas de novios, matrimonios y

Actividades

1. Identificar si hay síntomas de desilusión en tu matrimonio.
2. Observar en "Causas y problemas más frecuentes", cuál o cuáles pueden ser las causas de la desilusión.
3. Revisar si estás utilizando alguna respuesta equivocada para enfrentar el problema.
4. Compartir con el grupo cuál podría ser una respuesta apropiada.
5. Orar juntos por los matrimonios de las personas que forman el grupo, y por las que lo harán en el futuro.

Bibliografía sugerida

Augsburger, David, *El amor que nos sostiene*, Editorial Betania, Miami, Florida, EEUU, 1994.

Connor, Pat, *Con quién no casarte*, Ediciones B, Barcelona, 2010

Fasold, Jaime, *Tu media naranja*, Editorial Portavoz. Michigan, EEUU, 1998.

Mamarian, María Elena, *Rompamos el silencio, prevención y tratamiento de la violencia en la familia*, Ediciones Kairos. Buenos Aires. 3ª ed., 2017.

Padilla, C. René y Pérez de Camargo, Carmen (compiladores), *Hacer el amor en todo lo que se hace*, Ediciones Kairos, Buenos Aires. 2ª. ed., 2013.

Norman, Wright, *Las relaciones que funcionan (y las que no)*, Editorial Unilit, Miami, Florida, EEUU, 2000.

familias. Más información en www.eireneargentina.com.ar y en www.isfi.edu.ar

5
Esposos que no comparten la misma fe

"Yo les he dicho estas cosas para que en mí hallen paz. En este mundo afrontarán aflicciones, pero ¡anímense! Yo he vencido al mundo" (Jn 16:33).

Objetivo

Continuar la reflexión iniciada en el capítulo anterior sobre causas de desilusión en el matrimonio. En este caso, profundizaremos en la realidad de muchos cristianos –mujeres y hombres– cuyos esposos y esposas no comparten su fe. Animarlos a cumplir con el propósito que Dios tiene para ellos y sus matrimonios, sabiendo que cuentan con su gracia y bendición.

Lectura de reflexión

Son muchas las razones por las que las expectativas mutuas no se cumplen dentro del matrimonio. Uno de los motivos que hace infelices a muchas personas es que su cónyuge no sea cristiano o no profese la fe de la manera que ellas lo hacen. Se sienten incompletas al no poder compartir la fe con sus esposos o esposas, y esta realidad les produce una gran frustración y vivencias de soledad.

Este no es un problema nuevo, sino que se presentó apenas surgido el cristianismo como tal. Por eso, tanto el apóstol Pablo como el apóstol Pedro enseñaron sobre el tema (1Co 7. 10-15 y 1 P 3. 1, 2, respectivamente).

> *"Si algún hermano tiene una esposa que no es creyente, y ella consiente en vivir con él, que no se divorcie de ella. Y, si una mujer tiene un esposo que no es creyente, y él consiente en vivir con ella, que no se divorcie de él… Sin embargo, si el cónyuge no creyente decide separarse, no se lo impidan. En tales circunstancias, el cónyuge creyente queda sin obligación; Dios nos ha llamado a vivir en paz"* (1Co 7: 10-15).

En general, ambos coinciden en que un matrimonio mixto –formado por un cónyuge cristiano y el otro no– no debe disolverse a instancias del cristiano, ya que a través suyo la unión es santificada por Dios, al igual que los hijos nacidos de ese vínculo. Además, es la mejor posibilidad para la conversión del miembro que aún no conoce el evangelio.

Los motivos que pueden llevar a no compartir la fe son variados:

- Ninguno de los dos conocía a Cristo y luego uno de ellos se convierte.
- Ambos son creyentes, pero uno se aparta de la fe o se muestra indiferente a ella.
- Personas cristianas que se casan con quienes no comparten su fe en Cristo (2Co 6. 14-16).
- En cuanto a desilusiones se refiere, también podría ser extensivo a matrimonios donde ambos cónyuges, a pesar de ser cristianos, no comparten los mismos intereses espirituales o hay importantes diferencias en el modo de vivir su cristianismo, y esto resulte conflictivo para alguno de ellos o para ambos.

Es bueno aclarar que "compartir la fe" no se refiere a ir o no ir a la iglesia —aunque esta práctica sea una expresión de la fe—, sino a haber aceptado a Cristo como Salvador personal. Hacemos esta salvedad porque muchos confunden la asistencia a la iglesia con la identidad cristiana, cuando –por otra parte– en la actualidad son muchos los cristianos que por diversos motivos han dejado de congregarse o experimentan conflictos con su fe, pero no por eso la han perdido o la rechazan.

Algunas dificultades que enfrentan las personas cuyos cónyuges no comparten su fe podrían ser:

- Oposición pasiva del esposo o la esposa que no profesa la fe cristiana o no la expresa de la misma manera. En este caso, es posible que no se oponga pero tampoco acompañe.

- Oposición activa del esposo o esposa: ni acompaña al miembro cristiano en su fe ni permite ejercerla con la libertad y plenitud que el cristiano desearía.

- Programas familiares de la iglesia que las excluyen de maneras explícitas o más sutiles.

- No contar con líderes o pastores que puedan brindar acompañamiento y consejo sabios, contextualizados y adaptados a cada realidad particular.

- Sufrir la discriminación dentro de su propio grupo en la iglesia y sentirse acusadas o culpables por no tener una conducta ejemplar que motive a sus esposos a convertirse, en el caso de ser mujeres cristianas.

- Experimentar resentimiento, disminución de la autoestima o enojo, al compararse con otros creyentes que sí tienen esposos y esposas creyentes. En casos extremos pueden sentirse víctimas o mártires de su propia situación.

- Sentirse incompletas o solas, debido a que no pueden compartir con sus cónyuges temas, vivencias y prácticas que hacen a la expresión de su espiritualidad.

Algunos peligros a tener en cuenta:

- Pensar que la situación es causal de divorcio o disolución del matrimonio.

  "Y si una mujer tiene marido que no sea creyente, y él consiente en vivir con ella, no lo abandone" (Ver v. 13 en 1Co 7:12-16).

  Tales matrimonios (los mixtos) son los únicos que no ligan por completo a los cristianos (v. 15). Sin embargo, únicamente el cónyuge no cristiano puede darle fin (vv. 15, 12, 13). El cónyuge bautizado no tiene este derecho, a pesar de las dificultades conyugales en que le ha colocado su conversión.[1]

  La meta principal del cristiano no debería ser ganar al marido o a la esposa, lo cual podría acarrear una gran frustración si el resultado esperado no se produce, sino vivir de la manera que a Dios le agrada. Con esto, estará haciendo su parte para que su cónyuge conozca a Cristo con la asistencia del Espíritu Santo. De esta manera el matrimonio resulta en un espacio privilegiado de amor y misión.

- El peligro de idealizar. Generalmente idealizamos lo que no tenemos. En este caso, sobrestimar la situación de las mujeres y los hombres casados con compañeros cristianos, comparando con la propia realidad, podría generar resentimiento, insatisfacción y sentimientos de minusvalía. Al idealizar, dejamos de ver parte de la realidad, y la realidad es que tampoco todo es perfecto en la vida de los matrimonios que comparten la fe. Por otra parte, con esta actitud también se corre el riesgo de adjudicar todos los problemas matrimoniales a esa diferencia de fe. Los conflictos son propios de todas las relaciones humanas, sean o no entre cristianos. Será más útil, entonces, concentrarse en las virtudes y en los valores del cónyuge, que a veces pueden ser más notables que los de un esposo o una esposa cristianos, y no en lo que le falta, tal como nos exhorta el apóstol Pablo en Filipenses 4. 8: "Consideren bien todo lo verdadero, todo lo respetable, todo lo justo,

---

[1] Jorge Maldonado, *Fundamentos bíblico-teológicos del matrimonio y la familia*, Editorial Nueva Creación, Michigan, EEUU, 1995, p. 120.

todo lo puro, todo lo amable, todo lo digno de admiración, en fin, todo lo que sea excelente o merezca elogio".
- Adjudicar todas las diferencias que pueda haber entre los cónyuges a que no comparten la fe. Las personas somos diferentes para complementarnos y enriquecernos mutuamente, no para rivalizar o destruir. Somos particulares en la personalidad y modo de hacer las cosas; también en las ideas, creencias, tradiciones familiares, estilos, etc. Ocurre en todas nuestras relaciones interpersonales en general y en el matrimonio en particular, aun en los conformados por dos creyentes en Cristo Jesús.
- La distribución de las culpas. Muchas veces hombres y mujeres en esta situación oscilan entre echarse todas las culpas a sí mismos –por haberse casado con un inconverso o por no haber logrado que el cónyuge se convierta– y otras veces dejan caer toda la culpa sobre el otro, a quien se responsabiliza por la propia infelicidad, adoptando así el papel de víctimas o mártires. No todas las dificultades provienen de un matrimonio desigual en la fe, tal como hemos visto en el capítulo anterior. En ésta y en otras cuestiones, la culpa no lleva a ningún lugar constructivo. Sólo causa dolor y distancia innecesaria.
- Excusarse del deber de la sujeción mutua alegando que el esposo o la esposa no es cristiano/a. El consejo de Dios debe ser tenido en cuenta igualmente, si pretendemos que la relación matrimonial funcione bien. La sujeción mutua no implica superioridad ni inferioridad, sino respeto y consideración mutuas. ¿El límite? Mientras no implique violar un principio divino, y esto vale aun cuando el esposo sea creyente. Si la sujeción implica contradecir un mandato de Dios, en ese caso entraríamos a un conflicto entre la autoridad de Dios y la humana; entonces sabemos por cuál debemos optar.
- El peligro de provocar a celos al cónyuge, o hacerlo sentir en competencia con la práctica religiosa. En este caso el tercero en discordia podría estar representado por las actividades de la iglesia, las amistades exclusivamente con personas cristianas, la sobrevaloración de las opiniones de los creyentes en desmedro de las del mismo cónyuge, etc. La prioridad –expresada en tiempos

compartidos o en la valoración, por ejemplo– siempre debe ser la persona del esposo o la esposa, lo cual no significa que deba abandonarse la congregación o el servicio que se presta en la iglesia.

- Ser presa del orgullo espiritual. A veces existe la tentación de echar la culpa al miembro inconverso de todo lo malo que sucede en la familia. Se expresa en frases tales como "Dios no nos bendice por tu culpa" o "Dios te quiere hablar". Otras veces es posible sentir superioridad por ser creyente, ¡como si fuera un mérito propio! Se trasluce en las conversaciones y actitudes. Por ejemplo, crítica y comparación con otros hombres o mujeres cristianos, o simplemente en un sentir interior que se filtrará inevitablemente en distintas expresiones de la interacción entre esposos. Se debe tomar conciencia de que ambos son pecadores. La diferencia es que uno ha alcanzado la salvación por la gracia de Dios –aunque el proceso de redención continúa– y el otro aún no entró en el mismo camino. El mayor privilegio –en este caso, ser hijo o hija de Dios– también implica mayor responsabilidad en cuanto a ejemplo, valores cristianos, recursos disponibles y posibilidades de comprender al compañero o compañera.

- Presionar o vengarse del otro al negar o condicionar las relaciones sexuales. La unión matrimonial es santificada por Dios, aun cuando no se comparta la fe (1Co 7. 14). Valerse de este golpe bajo, como es negarse a las relaciones sexuales –como así también a cualquier otro deseo o solicitud del esposo o esposa–, sólo provocará mayor distancia emocional y profundizará la brecha existente entre los esposos. Sería útil poder identificar la frustración que se experimenta y ver cómo canalizar la misma de un modo saludable sin atentar contra el vínculo conyugal.

- Intentar ser el Espíritu Santo para el compañero que aún no conoce a Cristo. No se puede esperar que alguien se conduzca como un cristiano si no lo es. Por lo tanto vivir cotidianamente exhortando, predicando, aconsejando, es una actitud molesta y necia que genera más resistencia aún al sentirse no aceptado. El creyente en Jesucristo cuyo esposo o esposa no comparte la fe debe ser un promotor de la paz, no de conflictos, y descansar en Dios, recordando que "todo tiene su tiempo, y todo lo que se quiere debajo del sol tiene su hora" (Ec 3;1).

- Un peligro que vemos con cierta frecuencia es que las esposas cristianas soporten maltratos de parte de sus esposos, que no deben soportar, en este caso en nombre de dar un buen testimonio al esposo que no comparte su fe. Como se mencionó en otro lugar de esta obra, una persona cristiana no debe someterse a situaciones inaceptables bajo ninguna circunstancia. Nos referimos en particular al maltrato en la pareja. Muchas mujeres cristianas toleran distintos tipos de violencia –física, emocional, sexual– por parte del esposo, en nombre de una mal entendida sujeción, aun cuando también existan múltiples y reiteradas infidelidades como parte del abuso. Lamentablemente, en algunos casos el maltrato dentro de la familia tiene el aval de los líderes religiosos, sumándose así la violencia espiritual sobre la vida de la víctima. Este no es el tipo de sufrimiento que Dios pretende de sus hijos. Todo lo contrario, El es un Dios de justicia y de paz, y a ello ha llamado a sus hijos. Si alguien está padeciendo este tipo de violencia sobre su persona y aun sobre los hijos –niñas, niños o adolescentes– debe pedir ayuda especializada a fin de salir del círculo de la violencia.[2]

Actitudes sabias

- Mantener claramente las prioridades. Aun cuando el esposo o la esposa no sean cristianos, deberían estar antes que los hijos y que el servicio cristiano en el orden de prioridades. Esto puede expresarse prácticamente, por ejemplo, al fomentar la amistad en la pareja, darse espacios exclusivos de compañerismo, resaltar las coincidencias más que las diferencias, y otras actitudes que hagan sentir importante al cónyuge. Esto resulta muy atractivo para los miembros de una pareja, sean o no cristianos.

---

[2] Para seguir leyendo: Alianza Evangélica Española, *Guía de acción pastoral contra la violencia de género* (se puede descargar en: http://www.aeesp.net/wp-content/uploads/2017/08/GuiaAccionPastoralContraVG.pdf)

- Valorar, apoyar y respetar al cónyuge. Animar al crecimiento espiritual del compañero o compañera de modos creativos y no construyendo muros de separación. La verdadera espiritualidad no consiste en ir a la iglesia, o hacer devocionales o hablar una jerga evangélica vacía o incomprensible para muchos. Dar tiempo a la conversión del otro o a su crecimiento espiritual es una forma de respeto y de amor incondicional. Dios prolonga su misericordia y su paciencia, para con sus hijos y también para los que no lo son aún. Él no pone un tiempo a la persona. Nosotros tampoco debemos hacerlo.

    "El Señor no tarda en cumplir su promesa, según entienden algunos la tardanza. Más bien, él tiene paciencia con ustedes, porque no quiere que nadie perezca, sino que todos se arrepientan, sino que es paciente para con nosotros, no queriendo que ninguno perezca" (2P 3. 9). *"Tengan presente que la paciencia de nuestro Señor significa salvación, tal como les escribió también nuestro querido hermano Pablo, con la sabiduría que Dios le dio"* (v. 15).

- Menos palabras y más conducta

    "Asimismo, esposas, sométanse a sus esposos, de modo que, si algunos de ellos no creen en la palabra, puedan ser ganados más por el comportamiento [amor de Dios reflejado] de ustedes que por sus palabras, al observar su conducta íntegra y respetuosa" (1P 3:1-2).

    "Porque ésta es la voluntad de Dios: que practicando el bien, hagan callar la ignorancia de los hombres insensatos" (1 P 2. 15).

    El consejo es claro. De todos modos, hay que cuidar de no caer en el extremo de querer ser perfecto, intachable, con el fin de que el esposo o la esposa no tengan nada que reprochar. En ocasiones, algunas personas que no son cristianas pueden manipular a los creyentes induciéndolos a sentir culpabilidad por cualquier error que cometan o a obedecer caprichos sin sentido, pudiendo generarse así un terreno propicio para el abuso emocional, que de ningún modo es la voluntad de Dios. La mejor forma de transmitir el evangelio es a través de la conducta cotidiana que debe ser coherente con lo que decimos creer, pero no implica una perfección que no existe en el plano humano.

- Amar al esposo o esposa con la cualidad del amor de Dios: incondicionalidad. "Te amo a pesar de..." Pocas personas pueden ser insensibles a este tipo de amor no egoísta, que mantiene el aprecio a pesar de no cumplir con un deseo ferviente del que ama. Este tipo de amor sólo proviene de lo alto, del Padre celestial que ha derramado su amor en nosotros, y sólo así estaremos capacitados para brindarlo. Condicionar la expresión amplia del amor a que el otro se convierta, termina por constituirse en una pared o en un condicionamiento, en vez de un puente a Dios.

- Oración intercesora, desde la aceptación y la valoración, y no desde el desprecio.

> *"Su esposo confía plenamente en ella y no necesita de ganancias mal habidas. Ella le es fuente de bien, no de mal, todos los días de su vida"* (Pr 31. 11, 12).

El primer bien que un esposo o esposa cristianos pueden dar a sus compañeros es la oración a su favor. Es orar, con seguridad, de acuerdo a la voluntad de Dios.

> *"Así que recomiendo, ante todo, que se hagan plegarias, oraciones, súplicas y acciones de gracias por todos (...) Esto es bueno y agradable a Dios nuestro Salvador, pues él quiere que todos sean salvos y lleguen a conocer la verdad"* (1 Ti 2. 1-4).

Es importante la intercesión amorosa y sostenida, por ejemplo, en compañía de otros creyentes. Delante del cónyuge, si él o ella lo permiten, es bueno orar alabando y agradeciendo a Dios por él o por ella, pidiendo por sus necesidades y por la bendición de Dios sobre su vida. En forma simple, con palabras sencillas, no para manipular al otro ni para situarlo en una posición de inferioridad, pero sí como una expresión genuina de amor. Sabemos que la oración es un recurso poderoso, es la herramienta que Jesús nos enseñó no sólo para transformar las circunstancias, sino para transformar nuestras propias actitudes y perspectiva de las cosas que vivimos. Asimismo en la oración se encontrará el sostén fundamental para la persona cristiana necesitada de comprensión, aliento, sabiduría y gracia para sí misma y para compartir con el esposo o esposa.

- Mejorar la propia vida espiritual y no centrarse en lo que al otro le falta. En realidad este principio es válido para todas las relaciones interpersonales. Dios nos hace responsables por nuestras propias decisiones y no por las de los demás.

  > *"Por eso, queridos hermanos, mientras esperan estas cosas, hagan todo lo posible para que Dios los encuentre en paz, sin mancha ni culpa"* (2 P 3:14).

  Para pensar… esta dificultad, ¿me acerca más al Señor o me amarga y desilusiona de Dios? ¿Me permite madurar o me detiene en mi crecimiento espiritual?

- Si hay hijos, tomar a cargo el liderazgo espiritual. Cuando el liderazgo espiritual queda vacante –porque el matrimonio es mixto o entre creyentes donde uno de los esposos no asume la responsabilidad–, el padre o la madre, indistintamente, deben tomar a cargo la enseñanza espiritual de los hijos, sin resentimientos ni complejos de inferioridad. Es bastante frecuente en matrimonios mixtos que el esposo acuerde en que los hijos sean instruidos en la fe cristiana de la esposa y asistan a la iglesia con sus mamás porque lo consideran algo bueno o valioso, aunque ellos mismos no lo hagan. Sólo hay que cuidar, nuevamente, que la iglesia no compita con el lugar que el padre debe ocupar en cuanto a estima y valoración. Sin embargo, muchas mujeres viven amargadas porque sus esposos no se responsabilizan por la conducción espiritual de la familia y porque enfatizan que no se cumple con la cuestión del hombre como "sacerdote del hogar". Es bueno que recordemos el consejo del apóstol Pablo al joven Timoteo: *"… traigo a la memoria tu fe sincera, la cual animó primero a tu abuela Loida y a tu madre Eunice, y ahora te anima a ti. De eso estoy convencido"* (2Ti 1:5).

Datos para la prevención

Reforzar el trabajo con adolescentes y jóvenes cristianos, ayudándolos a crear conciencia sobre la importancia de noviazgos y matrimonios en el Señor, es decir, donde ambos sean cristianos. Tener un proyecto de vida compartido –donde se incluya la vivencia de la fe– es de vital importancia para el futuro matrimonio.

Actividades

A. Que el grupo opine sobre los siguientes puntos que hacen a la pastoral de las personas cristianas cuyos cónyuges no comparten su fe:

1. Tener un cuidado especial sobre las personas que no cuentan con esposos y esposas (o padres y madres en el caso de hijos) que compartan su fe. Es posible que se sientan solos o solas en algunos aspectos, y que necesiten de una asistencia más personal y comprensiva por parte de los hermanos y hermanas en la fe. Dios nos provee su propia familia, la familia de la fe, para cubrir nuestras necesidades y áreas débiles. Además, la familia de Dios debe proveer aliento, consuelo, sostén y esperanza frente a situaciones difíciles de sus miembros, tema que será ampliado en el penúltimo capítulo de esta obra. "Por eso, anímense los unos a los otros, y ayúdense a fortalecer su vida cristiana, como ya lo están haciendo" (1Ts 5:11).

2. En la pastoral sobre este asunto se debería ampliar el concepto de "parejas que no comparten la fe", dado que tradicionalmente lo hemos asimilado a concurrir o no a una misma iglesia o ser "evangélicos". Hay muchas maneras diferentes de concebir y practicar la fe. De igual modo, existen muchas opciones a la hora de congregarse, en un tiempo donde las instituciones –incluidas las religiosas– han caído en cierto descrédito y donde las posiciones se polarizan sin sentido. Es posible que las nuevas generaciones –y las de los mayores también– estén buscando formas más frescas, espontáneas y sinceras de reunirse, muchas veces en búsqueda de las fuentes (me refiero a volver a la persona de Jesús y a los primeros tiempos de la iglesia). La asistencia pastoral debería contemplar estos cambios significativos y profundos en las personas sinceras que buscan a Dios.

B. Que el grupo piense diferentes formas en que podría acompañar a las familias donde hay cristianos (sean esposas, esposos o hijos) conviviendo con miembros que aún no conocen a Cristo.
C. Comprometerse a orar y apoyar a estas familias.
D. Recomendar la lectura en pareja de Hacer el amor en todo lo que se hace (ver bibliografía) y conversar sobre los temas sugeridos para el diálogo.

Bibliografía sugerida

Bilezikian, Gilbert, *El lugar de la mujer en la iglesia y la familia*, Editorial Nueva Creación, Buenos Aires, Argentina, 1995.

Maldonado, Jorge, *Fundamentos bíblico-teológicos del matrimonio y la familia*, Libros Desafío, Michigan, EEUU, 2006.

Padilla, C. René y Carmen Pérez Camargo (eds.), *Hacer el amor en todo lo que se hace: Cómo cultivar relaciones conyugales permanentes*, Ediciones Kairós, 2da. ed., Buenos Aires, 2013.

Wright, Norman, *Preguntas que las mujeres hacen en privado*, Editorial UNILIT. Miami, Florida, EEUU, 1994.

6
El divorcio, ruptura del vínculo conyugal

"... he aprendido a contentarme con lo que tengo (...) he aprendido a hacer frente a cualquier situación (...) a todo puedo hacerle frente, gracias a Cristo que me fortalece" (Fil 4:11-13).

Objetivo

Brindar una mayor comprensión sobre la problemática, y que las personas que atraviesan por esta situación puedan recibir algunas herramientas útiles, además del necesario consuelo y aliento para continuar.

Lectura de reflexión

El objetivo de este capítulo no es presentar un debate teológico sobre el divorcio haciendo una exégesis bíblica, sino reflexionar a partir de una realidad frecuente, pero no por eso menos dolorosa, que ocurre en las familias. Si bien pertenecemos a una época en la cual los valores tradicionales están fuertemente cuestionados y ya el matrimonio no representa para muchos un pacto significativo entre dos personas que se comprometen a vivir juntos "hasta que la muerte los separe", pensamos que el diseño original de Dios para el matrimonio es la permanencia.

Cuando se presentan problemas en el matrimonio –y siempre se presentarán si se trata de un matrimonio terrenal– lo deseable sería que la resolución de los conflictos produjera madurez, crecimiento a través de las dificultades, reconciliación y restauración del vínculo. Sin embargo, la realidad humana muestra que por diversos motivos en muchas ocasiones no se encuentran los caminos para tales transformaciones. La desilusión y el sufrimiento que siempre ocasiona la ruptura matrimonial –tanto en los cónyuges como en los hijos, como también en los allegados– corroboran que el divorcio no formaba parte del plan original de Dios, sino que fue admitido y permitido por él mismo frente a la realidad del fracaso humano para vivir a la altura de las normas divinas y aun de las propias expectativas del hombre y de la mujer.

Independientemente de los motivos que lleven a una ruptura definitiva del vínculo matrimonial, esta separación produce una interrupción en el proceso evolutivo de la familia. Es cierto que según sean las causas que han llevado al divorcio, algunas características de la crisis que produce pueden ser diferentes a las de otro divorcio. La ruptura puede desencadenarse por infidelidad de él o de ella, por abuso físico o emocional sobre el miembro más débil, por incapacidad para resolver los conflictos normales en la vida conyugal, por severos desajustes en la relación, por adicciones no recuperadas, por crisis personal de alguno de los cónyuges, etc. Sin embargo, por lo general, las pérdidas que deben asumirse, los sentimientos implicados, las consecuencias prácticas y las etapas en el proceso de recuperación, son similares.

Norman Wright señala que existen varios estadios en un proceso de divorcio:[1]

- Divorcio emocional. Se refiere a la distancia emocional que con frecuencia sucede entre los esposos. Suele ser gradual y no necesariamente implica que haya una tercera persona, pero finalmente crea una separación afectiva dolorosa. No siempre

---
[1] Norman Wright, *Respuesta al divorcio*. Serie Respuestas, Editorial Clie, 1982, pp. 17-27.

culminará en un divorcio efectivo, sino que muchas veces ambos cónyuges pueden decidir seguir viviendo de este modo por diversos motivos. Alegan que es por los hijos, por no afrontar un divorcio en los hechos, por temor a la censura, por culpa, entre otras razones.

- Divorcio legal. Se pone en marcha cuando de común acuerdo, o no, se inician las acciones legales pertinentes para la disolución del vínculo matrimonial.
- Divorcio económico. Tiene que ver con la separación de bienes, cuando los hay, pero sobre todo con la reestructuración financiera a partir de la nueva situación. Este aspecto no es menor ya que puede implicar cambios en los roles y situación laboral. Además suele traer aparejado grandes conflictos, resentimientos y situaciones enojosas, que complican la vida emocional y práctica.
- El divorcio y los hijos. De acuerdo a la edad que tengan los hijos, los conflictos a este nivel son diferentes. Poder diferenciar que la separación es entre los padres y no con respecto a los hijos es una tarea muchas veces ardua para todas las partes implicadas. Los aspectos emocionales y también prácticos no se resuelven de un día al otro, ni siquiera con el divorcio legal. Si los padres son maduros y pueden privilegiar el bienestar de los hijos, muchas aristas difíciles pueden suavizarse a favor de los menores, inocentes y ajenos a los conflictos matrimoniales. A veces la ayuda profesional puede ser útil para transitar un camino menos doloroso para los hijos.
- El divorcio y la comunidad. Aun cuando el divorcio se ha generalizado y en algunos ámbitos de la sociedad también naturalizado, asumirse como divorciado frente a otros es una tarea no siempre fácil, ni para uno ni para otros. Muchas veces la brecha matrimonial no es evidente para el de afuera, por lo tanto el divorcio puede no entenderse o no admitirse. Presentarse ante la comunidad –familia ampliada, iglesia, otros ámbitos de inserción social– con una nueva identidad generada a partir del nuevo estado civil –separado o divorciado– es parte también del doloroso proceso de divorcio.

- Divorcio psíquico. Se refiere a todas las tareas, emocionales y prácticas, que cada uno de los cónyuges debe afrontar en el proceso de lograr nuevamente la autonomía personal.

La separación es la inversión de un movimiento. Uno se casa para estar más próximo del otro, tener una intimidad mayor, estar juntos más tiempo. La separación invierte ese movimiento: se produce un alejamiento, un distanciamiento del otro, una pérdida de la intimidad. De la misma manera que llevó tiempo y esfuerzo forjar la intimidad, se precisa tiempo y esfuerzo para perderla.[2]

Nuevamente, la ruptura matrimonial nos pone frente a otra pérdida: la ilusión del matrimonio soñado. Al igual que en otras situaciones de pérdida, hay un duelo a elaborar en todas sus etapas. Un duelo con tareas parecidas a otros duelos, pero también con matices propios.

- Shock por la separación: Sea que el divorcio fue iniciado por uno mismo o por el otro, o por ambos, se haya deseado o no, se observa que en el momento de la noticia o en el momento de hacerlo efectivo, se produce un shock emocional. Sus características son: no poder creerlo, sentirse extraño en la casa y en la asunción de los nuevos roles, sentir una inmensa alegría si es que el divorcio fue esperado, aunque esto último durará poco y dará luego lugar a sentimientos penosos.

- Sensación de fracaso personal: Independientemente del grado de responsabilidad en la ruptura matrimonial –imposible de medir objetivamente–, el sentimiento de fracaso aparece casi siempre. El matrimonio suele ser uno de los sueños más importantes en la vida de una persona y su ruptura siempre produce un gran dolor.

- Culpa: Está muy ligada al sentimiento de fracaso, especialmente si alguien ha sido rechazado y abandonado por el esposo o la esposa o por la pareja que tenía. La persona rechazada suele sentir

---

2 Esly Regina Carvalho, *Cuando se rompe el vínculo*, Ediciones Kairos, Argentina, 2001, p.25.

que quizás no ha actuado de tal modo que pudiera haber retenido al cónyuge, como parece que logran otras personas. También el que decidió el divorcio, aunque tenga causas más que justificadas, suele sentirse muy culpable. En muchas relaciones disfuncionales, enfermizas, el miembro más sano suele ser el que toma la decisión del divorcio o la separación. Ocurre así, por ejemplo, en los casos de divorcio debido a la violencia que se experimentó en la pareja; generalmente el divorcio lo decide la víctima. Puede sentirse culpable, aun cuando haya agotado todas las instancias de reparación del vínculo o por excesivo sentido de responsabilidad (excesivo en el sentido de pretender ser gestor de los cambios de la otra persona). La incomprensión del medio, y aun su juicio, puede aumentar este sentimiento. Con las mejores intenciones, en los ámbitos religiosos se puede cargar de responsabilidad con argumentos de "poca fe", o de "no querer caminar otra milla", etc. Además, la culpa también se experimenta con respecto a los hijos, por haberlos privado de la experiencia de tener a sus dos papás juntos, y también muchos hijos adultos se sienten culpables de provocar un disgusto o defraudar a sus propios padres o a otros seres queridos, quienes también sufren por la separación.

- Sentimientos de desvalorización y rechazo a su propia persona, por los mismos motivos enunciados en el punto precedente.

- Temor, al enfrentarse a una nueva situación. La persona que se divorcia puede experimentar ansiedad e inseguridad al pensar en afrontar la vida con sus demandas en forma efectiva. Es normal el temor frente a un futuro que se desconoce y se intuye difícil.

- Pena y preocupación por los hijos. Aunque cada vez más las responsabilidades de la paternidad/maternidad tienden a compartirse, de todos modos quedarse con los hijos –ocupación que casi siempre recae en la madre, sobre todo cuando son pequeños– implica hacerse cargo de la mayoría de sus necesidades, sobre todo afectivas y de orden práctico. Esto puede generar una dosis extra de preocupación en medio de la realidad del divorcio.

- Autocompasión. Es un sentimiento frecuente y peligroso, que puede aparecer en cualquier ser humano que atraviesa una situación difícil. La autocompasión no es útil y, por el contrario, acentúa el sentimiento de debilidad e incapacidad. De no combatirse rápidamente, junto con la culpa y el autorreproche, pueden llevar a la depresión. También la autocompasión puede traducirse inconscientemente en diversas maniobras para atraer la atención y la ayuda de los demás de un modo no muy saludable (manipulación).

• Soledad. Se siente no sólo por la ausencia física sino emocional del cónyuge, especialmente padecida por el miembro que no deseó o no decidió el divorcio. Por un lado, puede experimentarse cierta liberación si la relación matrimonial no era feliz, pero por otro lado, se siente la soledad. Aunque parezcan sentimientos contradictorios, se los encuentra juntos con mucha frecuencia. Quizás resulte útil mencionar que muchas mujeres y hombres también pueden sentirse solas y solos dentro del matrimonio si tienen a un cónyuge presente físicamente pero ausente emocionalmente.

• Sentimientos de desilusión con respecto a Dios, a quien se le adjudica la responsabilidad última por lo ocurrido. Esto suele provocar distancia y enojo, no siempre reconocidos, con quien más puede ayudar y consolar.

Por encima de todo, estaba muy ambivalente en relación con Dios. Realmente, no conseguía comprender cómo un Dios de amor, armonía y reconciliación podía permitir que terminara mi matrimonio. Creía que era responsabilidad de Dios mantener mi unión. Estuve confundida respecto a Dios un buen tiempo, no obstante necesitar tanto de su Espíritu Santo. Necesitaba su consuelo, sabiduría, fortaleza y esperanza. Dios era todo para mí, y en sus brazos lloré muchas veces hasta caer dormida.[3]

---

3 Carvalho, *op. cit.*, pp. 14, 15.

Pérdidas y más pérdidas

La separación o el divorcio implican una gran cantidad de pérdidas efectivas y reales.

- Pérdida de la convivencia. El no vivir más con el cónyuge puede producir un gran alivio, sobre todo cuando las condiciones de convivencia resultaban intolerables. Sin embargo, su ausencia va acompañada de un extrañamiento. Es un cambio que exige un proceso de adaptación a la nueva situación; en ocasiones resulta ser largo y difícil.
- Pérdida del proyecto matrimonial. Es posible que en un futuro la mujer o el hombre se replanteen la posibilidad, o no, de volver a casarse, pero en el momento de la separación el proyecto matrimonial con todas sus ilusiones queda trunco.
- Pérdida de la organización familiar. Por lo general, en la vida en pareja con otro, los roles y las cargas se comparten. De este modo, la vida cotidiana resulta más económica, operativa y fácil de llevar. Con la separación o el divorcio, se requerirá implementar una nueva organización familiar que cubra las necesidades de todo tipo, tanto de los adultos como de los hijos. Las más de las veces, esto implica una sobrecarga sobre cada uno de los separados.
- Pérdida de la vida sexual activa. Es muy probable que si la relación matrimonial había sufrido un gran deterioro, la vida sexual de la pareja se hubiera extinguido mucho antes del divorcio o haya sido muy insatisfactoria. Muchas personas, mujeres y hombres, divorciadas o separadas experimentan presiones sexuales normales y pueden sufrir la ausencia de vida sexual regular dentro del matrimonio. De igual modo, puede experimentarse añoranza de la intimidad emocional implicada en la sexualidad matrimonial. También sucede que al hacerse pública su condición de divorciadas, las personas pueden verse más expuestas. Es bueno reconocer y no negar estas vivencias normales, a fin de canalizarlas adecuadamente. Dios no ignora nuestras dificultades y necesidades –también las sexuales y emocionales profundas–, y está dispuesto a ayudarnos a enfrentarlas.

"Jesús, nuestro Sumo Sacerdote puede compadecerse de nuestra debilidad, porque él también estuvo sometido a las mismas pruebas que nosotros; sólo que él jamás pecó. Acerquémonos, pues, con confianza al trono de nuestro Dios amoroso, para que él tenga misericordia de nosotros y en su bondad nos ayude en la hora de necesidad" (Heb 4. 15, 16).

- Pérdida del estatus social, o del lugar que se ocupaba en la comunidad o en los grupos de pertenencia, como casados. Si bien la sociedad en la que vivimos relajó mucho sus normas respecto a un matrimonio permanente y el divorcio se transformó en una práctica frecuente –dentro y fuera de la iglesia–, todavía en algunos ámbitos religiosos es muy fuerte la censura al respecto, expresada en el aislamiento al que se somete al divorciado o a la divorciada, la exclusión de determinados servicios, las miradas de desdén, la indiferencia, o simplemente al no proveer adecuados espacios que sirvan de continente efectivo en este tipo de situaciones.

  En efecto, existe un preconcepto muy sutil operando en las iglesias: los solteros y los divorciados son menos valiosos que los demás. Los solteros tienen menos prestigio porque no han "conseguido" poner de su parte a alguien con quien casarse; los divorciados, porque no han sido lo suficientemente hábiles para mantener el matrimonio.[4]

- Pérdida de amigos que se tenían en común. No siempre los amigos pueden resolver satisfactoriamente el conflicto de lealtades que se les presenta al tener que elegir entre uno u otro, o a conciliar esta nueva situación. Al no poder solucionarlo, muchas veces se alejan de uno o ambos miembros de la pareja ya divorciada, con lo que la vivencia de soledad aumenta.

El divorcio también afecta a los hijos

Por mejor que se resuelva el divorcio entre los esposos, los hijos tam-

---
4 Carvalho, *op. cit.*, p. 74.

bién sufren. Para ellos también la separación de los padres es una situación de cambios y pérdidas. Pueden seguir relacionándose con ambos padres por separado, pero hay una pérdida irreversible: ya no podrán tenerlos juntos.

Cuando los padres se divorcian, los hijos, cualquiera sea su edad, también deben atravesar un duelo con todas las emociones implicadas: tristeza, ira, culpa, desesperanza. La depresión en los niños puede adquirir la forma de cambios en el comportamiento, trastornos de conducta, problemas en el aprendizaje, enfermedades. Los adolescentes pueden mostrarse irritables, desobedientes, rebeldes, y también apáticos y tristes.

Con frecuencia se les genera un conflicto de lealtades. Los hijos sienten que molestan o entristecen a uno de los padres cuando están con el otro, y este pensamiento puede ocasionarles culpa. En este sentido, la sabia actitud de ambos padres ayuda a disminuir este sentimiento conflictivo. Los padres maduros, a pesar de sus conflictos conyugales no resueltos, evitan hablar mal de uno u otro y, por el contrario, ayudan a los hijos a respetar y amar al otro padre.

También los hijos son afectados por los cambios en el estilo de vida, y esto no siempre resulta fácil. La reducción económica, las mudanzas, los cambios de casa, adoptar costumbres diferentes según estén en la casa del padre o de la madre, adaptarse a la nueva organización familiar, obedecer a diferentes criterios, son sólo algunos de los nuevos desafíos.

Los hijos de padres que tienen serios conflictos de pareja, o se divorcian, son propensos a ocupar un lugar equivocado en cuanto a su rol. Muchas veces son inducidos por los adultos –en especial los hijos o hijas mayores– a ocupar el lugar del padre o madre ausente o disfuncional (por adicción, violencia, trastorno mental severo, etc.). Es así que se encargan de los hermanos como un progenitor y no como pares, tanto en la esfera emocional como práctica. Sobre todo los hijos pueden cargar de un modo inadecuado con la responsabilidad de ser el apoyo de una madre inestable emocionalmente o de un padre con características inmaduras. Todo esto puede ocasionar dificultades en el desarrollo infantil y adolescente. Están tempranamente ocupando roles que no les corresponden, al postergar o cancelar sus propias necesidades emocionales de sostén y apoyo.[5]

Al llegar a la vida adulta, suelen presentar inseguridades respecto de su propia capacidad para formar una pareja saludable y un matrimonio estable. Algunos avanzan con dificultades en esta área y otros quedan detenidos y no se atreven a encarar una relación de pareja comprometida.

> — *Mis padres están divorciados. Ellos se separaron cuando yo tenía cinco años y mi hermano tres. Siempre tuvieron una buena relación y se respetaron, así que no tuvimos que sufrir en ese aspecto y nunca nos sentimos tironeados de un lado o de otro. Pero ahora que estoy de novia y nuestra relación avanzó, me doy cuenta de que tengo muchos miedos. A pesar de que los dos somos cristianos, tengo miedo a que Francisco no sea la persona para mí, miedo a que yo no sea capaz de amarlo, o que de alguna manera u otra fracasemos. Esto me impide disfrutar de este tiempo y avanzar. (Silvana, 25 años).*

Al llegar a esta instancia crítica de su vida, Silvana pidió ayuda en su comunidad de fe y luego recibió asistencia profesional. De este modo, adquirió recursos valiosos para superar sus temores y encarar con mayor libertad y seguridad su propia vida matrimonial.

Es útil aclarar en este punto que hay algunas circunstancias excepcionales cuando la separación o el divorcio del matrimonio, tiene un efecto benéfico sobre los hijos. Esto ocurre en los casos donde la convivencia familiar se hace insostenible por motivos de maltrato entre los cónyuges o hacia los hijos, alcoholismo, otras adicciones u otras situaciones tan graves y de carácter crónico como éstas. Entonces, la pérdida por el divorcio se ve atenuada por el hecho de que los hijos seguramente desearon por mucho tiempo que los padres se separaran para terminar con un sufrimiento que no tiene arreglo.

---

5 Este tópico fue abordado más extensamente en el capítulo 2 de esta obra donde se desarrolló el tema de disfuncionalidades familiares.

Aunque el sentimiento de pérdida esté siempre presente, en las circunstancias mencionadas se producirán, junto con el dolor, un gran alivio y una mejoría sustancial en la calidad de vida de los hijos y del progenitor que haya decidido poner punto final a un calvario que nadie merece. Por el contrario, sostener una relación de pareja en tales situaciones termina por aumentar el sufrimiento y la hostilidad de los hijos dañándolos aun más que la separación matrimonial.

Importancia de la familia ampliada en situaciones de divorcio. Los padres y otros familiares de los cónyuges que se separan también sufren el divorcio dado que generalmente han establecido vínculos afectivos con cada uno de ellos. No forman parte del vínculo matrimonial pero son afectados por las decisiones de los cónyuges. Por un lado, deben atravesar su propio duelo por las pérdidas que los alcanzan, experimentando sentimientos de frustración, dolor, ira, tristeza, etc. Los abuelos –en menor medida los tíos y otros familiares– suelen ser convocados para ayudar en aspectos prácticos respecto a los hijos de los divorciados –sus nietos o sobrinos–, además de contenerlos emocionalmente en el proceso de separación de sus padres. Una actitud sana de la familia ampliada contribuirá en mucho al bienestar de los chicos en cuestión. Deben evitarse por todos los medios la crítica hacia cualquiera de los padres, las opiniones que no han sido pedidas, etc. Por el contrario, aun cuando no las compartan deben contribuir a respetar las decisiones de los cónyuges que se han separado y a fortalecer su autoridad como padres. Si hay mensajes o consejos sabios para dar, hay que hacerlo con prudencia y tratando siempre con los adultos y no a través de los niños o adolescentes que no deben transformarse en intermediarios o emisarios.

Qué hacer

Es evidente el poder destructor del divorcio. Sin embargo, no es necesario quedar caído para siempre. Hay algunas cosas prácticas que pueden ayudar.

- Atravesar el dolor y no evitarlo. Hacerlo un día a la vez. El duelo no es eterno.

Evitar sentir dolor es la peor actitud. En primer lugar, es imposible, porque si la persona no experimenta los sentimientos negativos, éstos se manifestarán de otras formas mucho menos saludables. Hay un período en que es preciso hundirse en el dolor, llorar las pérdidas, permitirse un tiempo de luto. Es importante que las personas que rodean a quienes sufren tales situaciones también perciban esa necesidad y permitan que ellos lloren sus pérdidas... Duele por un tiempo, pero un día deja de doler... Un día, al amanecer, ya no todo estará gris. Llegará el día en que la mañana volverá a tener colores.[6]

- Perdonar y perdonarse.

En el momento que estamos deseosos de reconocer nuestro fracaso, Dios está deseoso de perdonar nuestros pecados (...). El primer paso, entonces, en desarrollar su relación con Dios es confesar todo pecado conocido (...). La experiencia del perdón nos libera de la culpa que nos tiene cargados. Sin la confesión no puede haber perdón. Sin el perdón estamos en la esclavitud de la culpa.[7]

Ninguna reconstrucción sana es posible si todavía quedan cargas innecesarias sobre las espaldas.

> *"Por eso nosotros, teniendo a nuestro alrededor tantas personas que han demostrado su fe, dejemos a un lado todo lo que nos estorba y el pecado que nos enreda, y corramos con fortaleza la carrera que tenemos por delante"* (Heb 12. 1).

Pedir perdón por los errores de verdad cometidos y deshacerse de la carga de culpa que no proviene de Dios, sino de Satanás nuestro acusador y de otras fuentes equivocadas, son los requisitos para correr con menos peso el camino que se abre por delante. Del mismo modo, extender el perdón y la misericordia hacia el ex esposo o

---

6 Carvalho, *op. cit.*, pp. 32, 33, 39.
7 Gary Chapman, *Esperanza para los separados*, Editorial Portavoz, 2007, p. 58.

hacia la ex esposa tiene el mismo efecto liberador. Es bueno recordar que el perdón es un proceso, y no siempre puede lograrse en forma automática e inmediata. Requiere tomar la decisión en un momento dado, pero el proceso emocional de la cicatrización de la herida lleva tiempo.

- Recobrar –y aun construir– el sentido de autonomía, identidad y valor personal. Aunque en la actualidad las mujeres suelen ser más independientes y desarrollan otros roles además de dedicarse a la familia, a partir del divorcio –o de la viudez– muchas comienzan a ocuparse de tareas para las que no se creían capaces, o simplemente no habían tenido la oportunidad de hacerlas antes. Realizar trámites bancarios, vender una propiedad, conseguir un empleo, comenzar o reanudar una carrera, retomar viejos proyectos postergados, salir con amigas, conducir un automóvil, cumplir servicios en la comunidad. Del mismo modo, los hombres divorciados o viudos también deben asumir una cantidad de roles que quizás no ejercían antes. Muchos deben ocuparse de los hijos pequeños y capacitarse en aspectos que antes no habían desarrollado. Es notable y alentador ver cómo los papás de las nuevas generaciones –estén o no divorciados– se encargan con mucha mayor naturalidad de las distintas necesidades de sus hijos: llevarlos al médico, hacerles la comida, ocuparse de la escolaridad, hasta disfrutar de la recreación con ellos. Con paciencia y empeño se puede lograr, enriqueciendo la propia vida y la de los hijos.

- Comenzar un proceso de reconstrucción personal y familiar, recobrando la esperanza.

    Tomé algunas gratas decisiones, muy significativas, que tuvieron consecuencias hasta el día de hoy. Decidí que yo y Raquel seríamos una familia: reorganizada, no tradicional, pero familia al fin. Tendríamos un hogar, no meramente una casa. Dios sería la cabeza de la casa, el padre y el marido. Leí Proverbios 31 hasta que conseguí recitarlo de memoria. ¿Quién dijo que sólo las mujeres casadas son "mujeres virtuosas"? En efecto, yo no creía que la virtud se derivara de mi estado civil

(…) La vida comenzó a ser interesante y a traer cada día nuevos desafíos, y no simplemente un nuevo capítulo de sobrevivencia en el manual de la vida. Experimenté que había vida después del divorcio.[8]

- Hacer nuevos proyectos en el Señor. El proyecto matrimonial es muy importante, pero no es el único en la vida de una persona. La vida no se acaba con el matrimonio trunco. Es cierto que hay cosas que ya no se podrán hacer, pero hay muchas otras que sí. En Cristo estamos llamados a seguir creciendo siempre, superando los obstáculos y los límites de nuestra propia humanidad.

    "No quiero decir que ya lo haya conseguido todo, ni que ya sea perfecto; pero sigo adelante con la esperanza de alcanzarlo, puesto que Cristo Jesús me alcanzó primero. Hermanos, no digo que yo mismo ya lo haya alcanzado; lo que sí hago es olvidarme de lo que queda atrás y esforzarme por alcanzar lo que está delante, para llegar a la meta y ganar el premio celestial que Dios nos llama a recibir por medio de Cristo Jesús" (Fil 3. 12-14).

- Extender la sanidad a los hijos, ayudándolos a tener, en cuanto sea posible, una buena relación con el padre o con la madre. No usarlos como rehenes, ni incentivarlos a que opinen o juzguen. Mantenerlos todo lo posible fuera del conflicto matrimonial. En caso de que el trato con el otro progenitor sea nocivo –si hay adicciones, abusos de cualquier tipo u otras situaciones graves– pedir ayuda profesional y legal.

- Reinsertarse social y espiritualmente. Combatir el aislamiento y el mantenerse al margen de la comunión con los otros cristianos. Es importante contar con un grupo de apoyo y oración, y los hijos de Dios deben cubrir esa función.

    De todas las instituciones de nuestra nación, no hay una organización mejor equipada para el cuidado de las necesidades de los solitarios que la iglesia. La iglesia ofrece no sólo un sistema de ayuda social, sino además ayuda espiritual. Estar

---

8 Carvalho, *op. cit.*, p. 16.

correctamente relacionado con Dios y afectuosamente relacionado con sus criaturas es la mejor medicina disponible para la soledad (...) así es la soledad, sólo un corredor, un pasillo, no una sala de estar. En uno de los extremos del pasillo está la depresión, la inmovilidad, el dolor y la oscuridad pero en el otro está la vida, el amor y el significado. Usted está en medio del pasillo. Quizás se encuentre yaciendo en el piso llorando. Pero finalmente comenzará a caminar (quizá gateando al principio) hacia la puerta de la esperanza. Justo a través de esa puerta hay algunas personas afectuosas que lo aceptarán como usted está y lo ayudarán a convertirse en lo que usted quiere ser. ¡La soledad no es para siempre![9]

Cómo ayudar

En este punto quizás sea útil leer con atención el testimonio de personas que atravesaron la experiencia del divorcio.

Miriam, 48 años

— *Me casé con todas las ilusiones que una chica de 20 años puede tener. Ambos éramos cristianos –al menos eso pensaba yo–, así que la felicidad estaría garantizada. El sueño duró poco. Mi esposo me dejó cuando mi hija tenía cinco meses. Mejor dicho, nos dejó. A mí que era su esposa y a su hija. A partir de ahí empezó una pesadilla de la cual no podía despertar... porque era realidad... A la culpa, el desconcierto, la vergüenza, la confusión y mil otros sentimientos propios, se agregaron otros detalles penosos. Mi familia y la iglesia no tuvieron mejor idea que castigarme ya que "algo habría hecho" para que mi esposo nos dejara. Me vi sola desde todo punto de vista y, lo que es peor, sin comprender muy bien qué había pasado y por qué la fuga de mi esposo significaba que yo debía quedarme sola también de familia e iglesia. Claro, tiempo después comprendí que para ellos era una vergüenza lo que había sucedido, "manchando el honor de una familia e iglesia tan prestigiosas". No me asustaba trabajar porque siempre lo había hecho, de modo que durante más de 20 años y hasta hoy fui el sostén*

---
9 Chapman, *op. cit.*, pp. 115, 117.

de mi hogar. Sufrí muchas penurias, sobre todo de tipo afectivo, porque materialmente nunca me faltó nada ya que incluso mi familia también colaboró en este sentido. Pero perdí el círculo que siempre frecuentaba, ya que era un caso raro en ese entonces. No era viuda, pero lo parecía. No era soltera pero tampoco tenía la libertad de una mujer que no tiene hijos. Me enfermé emocionalmente y fue muy difícil transitar ese camino. Necesité ayuda profesional. Sin embargo, nunca perdí la capacidad de preocuparme por mi hija y aun en los momentos más difíciles clamaba a Dios por su ayuda. Muchas veces me sentía culpable, aunque no sabía exactamente por qué, de que mi hija se criara sin padre. Nunca la vino a visitar, nunca le hizo un regalo, nunca preguntó por ella, nunca intervino en su educación, nunca dio un centavo para su crianza. Parecía que había muerto, aunque yo sabía que no era así porque tenía noticias de que había formado otra familia. Supongo que hubiera podido iniciar acciones legales, pero no tenía energías para eso, sólo para sobrevivir. Lo más difícil fue tener que afrontar el cómo hablar con mi hija sobre su papá, de modo que se criara en la verdad pero sin guardar resentimientos. Siempre me preocupé porque ella creciera sana emocionalmente a pesar de la ausencia de su papá, y frecuentemente me sentía culpable porque pensaba que yo no lo estaba haciendo bien. Una parte de la familia de Dios me había rechazado –ahora entiendo que por prejuicios y miedos–, pero el Padre celestial me condujo con amor a conocer a otra parte de su familia y yo no me resistí. Me dispuse a recibir lo que Dios tenía preparado para nosotras y él lo hizo en abundancia. En esa nueva iglesia recibimos amor expresado en oraciones intercesoras, en compañía, en consejo, en sostén emocional, en pastores y líderes de jóvenes que hicieron de papá de mi hija. Ella no tuvo papá biológico que la criara pero Dios proveyó de varios hombres espirituales que suplieron en abundancia lo que le faltaba. El tiempo fue pasando. Tuve la alegría de ver a mi hija formar un hogar cristiano, acontecimiento donde tampoco nos dejaron solas. Toda la familia de Dios colaboró para que fuera un casamiento precioso e inolvidable. Por momentos siento miedos sobre cómo van a ser los años que vienen. ¿Podré sola? Después de todo, mi hija y yo formamos una familia durante mucho tiempo y ahora debo acostumbrarme a esta nueva situación. No quiero sobrecargar a mi hija y estoy aprendiendo también a asumir con madurez mi nuevo rol. Pero una cosa sé con seguridad: que Dios no me abandonará y me seguirá sosteniendo de su mano como hasta ahora. "Padre de huérfanos y defensor de viudas es Dios en su santa morada. Dios hace habitar en familia a los desamparados" (Sal 68:5-6).

Esly Carvalho:

— También sentía ambivalencia en relación con mis amigos y con mi iglesia. Yo sabía que necesitaba mucho de ellos, pero también me daba cuenta de que tendría que arriesgarme a recibir su rechazo para poder ganar su apoyo. Fui bendecida por personas muy especiales en ese tiempo. Una señora cristiana oró conmigo todos los días durante las semanas difíciles que enfrenté después de todo esto. Tengo una eterna gratitud hacia ella porque me oyó y oró por mí. Tengo la seguridad de que debe haberse aburrido muchas veces al oír mi discurso, pero aguantó firme y me apoyó mucho durante el período que yo necesité de ella. Hubo otros que me ayudaron. Un pastor me llamaba cada dos semanas y me dejaba un mensaje en el contestador electrónico. Sólo quería que yo supiese que él estaba pensando en mí y que yo podía llamarlo si lo necesitaba. Recuerdo esto con gratitud hasta hoy. También hubo una pequeña iglesia que me aceptó sin hacerme preguntas indiscretas. Yo sabía que podía contar con los hermanos y que ellos oraban por mí. El divorcio no cambió nada entre nosotros. Ahora me doy cuenta de que fue otra bendición.[10]

Carvalho recomienda a quienes quieren ayudar:

1. Escuche. Cuando haya terminado de escuchar, escuche otro poco. Es muy importante oír.

2. Escuche sin hacer juicios de valor. No busque descubrir quién está acertado o equivocado. Toda separación tiene dos lados. No entre en la cuestión. No intente resolver si la separación debería efectuarse o no. Este es un problema de la pareja. Quien está sufriendo necesita más un hombro amigo que un consejo.

3. Recuerde que a veces las personas que están en estas situaciones

---

10 Carvalho, *op. cit.*, pp. 13, 14.

de separación se tornan pesadas. Sólo saben hablar sobre el divorcio. Intente distraer a la persona en la medida de lo posible. Invítela a su casa. Adóptela como amiga. No invada a la persona ni vaya más allá de lo que ella quiere. Salga con sus hijos y déjela sola. A lo mejor esto es lo que la persona quiere. Llámela para el almuerzo del domingo. Invítela a pasar la Navidad u otras fechas significativas. Permita que le diga "no", pero que se sienta bienvenida. Todo esto da mucho trabajo, pero es el precio de la segunda milla.[11]

Datos para la prevención

1. Trabajar con la población más joven, ayudándola a formar sanos conceptos sobre el matrimonio y la familia. Quizás muchos de ellos deban sanar todas las heridas que pudieran haber quedado como producto del divorcio de sus padres, antes de encarar su propia pareja.

2. Implementar programas especiales para novios, que los ayuden a evaluar la salud de su noviazgo y a prepararse para los desafíos de la vida matrimonial.

3. Ayudar a los matrimonios en la resolución de conflictos normales.

4. Crear conciencia de la realidad de la imperfección matrimonial y de la necesidad de recurrir a la comunidad de fe, y a veces a profesionales, en busca de la ayuda necesaria para superar desentendimientos y obstáculos de la vida familiar.

Actividades

1. Del tópico "Datos para la prevención", ¿cuál le parece más útil para prevenir la disolución de los matrimonios? ¿Por qué?

2. ¿Qué otras acciones preventivas debería realizar la comunidad de fe para que haya menos divorcios?

---

[11] Carvalho, *op. cit.*, p. 34, 35.

3. Si usted ha pasado por una crisis de divorcio, ¿cuáles fueron las actitudes de otros que más la o lo ayudaron? Puede compartir también de qué manera superó los sentimientos penosos y cómo se siente ahora.

4. Si usted está pasando por una situación de divorcio o separación, ¿cuáles son las mayores dificultades? ¿De qué manera puede el grupo ayudarla/lo?

5. Si el tema expuesto en este capítulo no es su problema personal, ¿qué ha aprendido sobre el proceso de divorcio? ¿Cómo le parece que puede ayudar a alguien que está pasando por la situación?

6. Lea los siguientes párrafos, y discuta con el grupo sus implicancias en la vida de su comunidad.

La iglesia está llamada a iluminar el mundo, incluyendo a los divorciados. Está llamada a proclamar la actitud de Dios para con las personas. Se trata de una actitud redentora, de rescate del pecado, de misericordia, perdón y reconciliación. En fin, la iglesia debe tener una función terapéutica, sanadora. No somos llamados a juzgar. El juicio es una prerrogativa de Dios. Jesús afirma que seremos juzgados con la misma medida con que nosotros juzgamos a los demás (...) El juicio cura muy poco, mientras que el amor cubre multitud de pecados.[12]

Los descasados viven una gran soledad, depresión, sufrimiento, responsabilidad de criar a los hijos sin el cónyuge, sentimientos de culpa, angustia, y se impone la pregunta: ¿Y la iglesia no tiene ningún mensaje de alivio para ofrecer? Estoy absolutamente convencida de que sí. Agradezco públicamente a la iglesia que me acogió sin hacerme preguntas indecorosas. ¡Quizás sea el resultado de ese proceder el hecho de encontrarme en la iglesia hasta hoy! Recuerdo lo especial que era para mí sentarme a la mesa de una familia amiga repleta de niños, oír al hombre de la casa orar, conversar con los amigos. ¡Qué bueno era formar parte de otra familia, aunque sea por apenas unas horas! Esas fami-

---

12 Carvalho, *op. cit.*, pp. 73, 74.

lias me consolaron, me aceptaron, restauraron en mí la confianza en Dios y en la iglesia. No me olvido de las familias amigas que cuidaron de mi hija, cuyos hombres derramaron afecto y cariño sobre ella cuando ella sentía la falta de su padre. Lamento oír de hermanos y hermanas que ellos no siempre tuvieron la misma experiencia respecto a la iglesia. Mi esperanza es que al descubrir la vida de los divorciados, el cuerpo de Cristo recupere su misión de consuelo y solidaridad con los que sufren. Una de las familias que más necesita recibir a los divorciados es la familia de la fe. Solamente así podremos caminar en dirección a la unidad a la que Jesús nos convocó. [13]

Bibliografía sugerida

Clinebell, Howard, *Asesoramiento y cuidado pastoral*, Nueva Creación, Nashville, EEUU,1995.

Getz, Gene A., *Edificándoos los unos a los otros*, Editorial CLIE, Barcelona, España, 1980.

Zandrino, Ricardo, *Sanar es también tarea de la iglesia*, ABAP, Buenos Aires, 1987.

---

13 Carvalho, *op. cit.*, p. 77.

7
Familias monoparentales

"Al día siguiente, muy temprano, Abraham tomó pan y se lo dio a Agar. También tomó una bolsa de cuero con agua, se la puso a ella en el hombro, y la despidió junto con el niño. Agar se fue en dirección al desierto de Beerseba y allí se perdió. Cuando se le acabó el agua, acostó al niño bajo un arbusto. Como no quería verlo morir, se apartó de él y fue a sentarse, no muy lejos de allí. Mientras estaba sentada, se echó a llorar. Dios oyó los gritos del niño, y llamó a Agar desde el cielo y le dijo: -"¿Qué te pasa, Agar? No tengas miedo, ya escuché los gritos del niño. Anda, levántalo y tómalo de la mano. No morirá, pues sus descendientes llegarán a ser una gran nación". En ese momento Dios permitió que Agar viera un pozo de agua. Ella corrió a llenar la bolsa, y le dio de beber al niño. Cuando el niño creció, se quedó a vivir en el desierto de Parán. Allí aprendió a manejar bien el arco y las flechas, y Dios siempre le brindó su ayuda" (Gn 21:14-20).

Objetivo

Comprender un poco más la realidad de muchas familias en que mujeres solas, y menos frecuentemente hombres solos, crían a sus hijos sin pareja que los acompañe. Aportar algunas herramientas que contribuyan a un mejor afrontamiento de sus desafíos. A la vez, movilizar recursos comunitarios para brindar asistencia y protección en los casos donde se requiera la ayuda externa.

Lectura de reflexión

Tal como estamos mencionando en otros capítulos de esta obra, también en esta cuestión se han producido cambios culturales muy profundos y acelerados en nuestra sociedad que debemos tratar de conocer y comprender si esperamos ser pertinentes a la hora de afrontarlos en lo personal o acompañar a otros.

Aunque la familia nuclear completa (papá, mamá e hijos solteros) sigue siendo la forma más usual de vivir en familia, cada vez con mayor frecuencia vamos notando la aparición de otras formas de ser familia. Por un lado y por variados motivos, personas que están sin pareja deciden tener hijos y criarlos solos. Hombres y mujeres lo logran a través de la adopción o de la donación de esperma de dadores anónimos en el caso de las mujeres, o de la gestación subrogada ("alquiler de vientre") en el caso de los hombres.

Por otro lado, muchos embarazos se producen sin haberlos planeado deliberadamente. Los sentimientos implicados pueden ser de lo más variados. En muchos casos pueden causar alegría, dulce expectación, admiración, sorpresa, sabor a sueño cumplido… pero también decepción, tristeza, culpa, desesperación, soledad. Es increíble cómo la misma noticia puede despertar sentimientos tan contradictorios en una mujer y en una familia. Claro, no es lo mismo el embarazo de una adolescente, producto de sus primeras experiencias sexuales, o peor aún, por haber sido víctima de una violación, que el de una novia cristiana próxima al casamiento, que el de una esposa que junto a su esposo ven concretado un deseo largamente acariciado.

También aumenta el número de familias que se desarrollan con un solo adulto a cargo. La mayoría de las veces se trata de madres que crían solas a sus hijos, debido al abandono, al divorcio o la muerte del esposo; o por un embarazo no deseado, o por lo menos inesperado –como mencionamos anteriormente– y muchas veces en contextos sociales y económicos desfavorables. La figura de "jefas de hogar" es cada vez más común.

No desconocemos que con cierta frecuencia los padres varones también quedan a cargo de sus hijos por diversos motivos: divorcio, huida de la esposa y madre, viudez. Del mismo modo, en muchas ocasiones los hijos de madres o padres solteros, viudos o divorciados terminan siendo criados por alguna abuela o tía de las criaturas.

La heterogeneidad de las familias donde hay un solo progenitor (o figura que cumple el rol) en la crianza de uno o varios niños y adolescentes, también complica dar una definición clara de este tipo de familias. Se solía llamarlas familias incompletas, familias rotas, familias sin padre, etc., lo cual conlleva un tinte de familia incompleta y aun de cierta descalificación. En cambio, "familia monoparental" es más bien descriptiva, sin emitir juicios de valor.

Esta nueva forma, no tan nueva, de ser familia hoy es cada vez más frecuente y presenta desafíos particulares a sus protagonistas como también a la tarea pastoral. Hay muchas variantes en cuanto a cómo se arman estas familias. Sin embargo, tomando en cuenta la mayor regularidad con que sucede la crianza de los hijos por parte de madres solas aunque hubieran deseado hacerlo en compañía de esposos que protegieran y compartieran la tarea con ellas, en este capítulo concentramos nuestra atención en ellas.

La dramática realidad del embarazo adolescente

Lo que hace apenas dos o tres décadas era una excepción hoy está convirtiéndose en una regla: el embarazo prematuro, la maternidad precoz, o como quiera llamarse. Esto ya no sólo representa un problema, sino una realidad pavorosa, máxime si se tiene en cuenta que los porcentajes ascienden proporcionalmente a los niveles de pobreza. Lo que sorprende no es sólo el alza de esta tendencia, sino un cambio de actitud respecto al problema. Mientras que años atrás generaba sentimientos de culpa, vergüenza e indignidad, hoy son pocos los que piensan en ocultamientos.[1]

Cada día, el embarazo adolescente está cobrando mayor notoriedad. Según UNFPA Argentina (Fondo de Población de las Naciones Unidas), "Latinoamérica y el Caribe es la segunda región mundial con mayor proporción de nacimientos de madres adolescentes. En la Argentina hay 700 mil nacimientos por año. El 16% proviene de madres adolescentes de entre 15 y 19 años (en algunas provincias equivale al 25%) y más de 3000 son de niñas de 10 a 13 años. El 69% de esas mujeres adolescentes no planearon ese embarazo".[2]

Efectivamente, aunque para algunas chicas adolescentes, especialmente en situaciones de precariedad económica y afectiva, tener un hijo puede ser un proyecto elegido que le dé sentido y pertenencia, muchas adolescentes se ven en medio de la realidad de un embarazo no planificado con pocos o ningún recurso para enfrentarlo. El informe mencionado señala que el 53% de las adolescentes que quedaron embarazadas manifestaron no buscarlo. En muchos casos estos embarazos se producen por falta de educación sexual adecuada que ayude a prevenirlos. De hecho, el 65.5% de las adolescentes quedaron embarazadas por no utilizar un método anticonceptivo. 4 de cada 10 madres adolescentes se quedaron embarazadas en su iniciación sexual (primera vez). Las chicas se ven abandonadas por sus parejas, tan adolescentes e inmaduros como ellas. El consejo más frecuente, y en apariencia la solución más fácil, apunta a "sacarse el problema de encima", es decir, abortar, con todas las consecuencias inmediatas y mediatas que eso involucra. Las inmediatas tienen que ver con el riesgo de vida para ellas por abortos clandestinos reali-

---

1 Jorge Galli, "¡Mi hija adolescente está embarazada!", El Expositor Bautista, Buenos Aires, enero-febrero de 2003.

2 http://www.unfpa.org.ar/sitio/index.php?option=com_content&view=article&id=202&Itemid=56

zados en condiciones deplorables (particularmente en los casos de niñas/adolescentes pobres o aisladas), o con las dificultades ulteriores para lograr nuevos embarazos por abortos mal practicados. Las mediatas se vinculan con la culpa y el dolor, muchas veces secretos, que llevan a cuestas por años.

Al abordar este tema no podemos ni debemos desconocer una tremenda problemática que existió en todos los tiempos y que llega tristemente hasta nuestros días: el trauma que significa el embarazo en el contexto de las violaciones a las que son sometidas las niñas y adolescentes, o también las mujeres adultas, dentro de sus entornos familiares o cercanos, perpetradas por padres, padrastros, abuelos, tíos, hermanos mayores, amigos o personas de confianza de la familia, etc. Aunque en algunos ámbitos todavía las violaciones se ocultan, se aceptan, se naturalizan o se minimizan, en los últimos tiempos, poco a poco, esta triste realidad va saliendo a la luz y es reconocida debidamente como una vulneración grave a los derechos humanos más básicos, en este caso de las mujeres. Aunque estos delitos están penados por la ley, como sociedad todavía estamos muy lejos de dar con las respuestas adecuadas para frenarlos o prevenirlos. Como cristianos y cristianas debemos pronunciarnos clara y decididamente en contra de cualquier abuso de poder de los hombres sobre las mujeres —sean éstas niñas, adolescentes o adultas—, alineándonos con la mirada de Dios sobre estas cuestiones. Debemos reconocer que para la niña o adolescente que ha sido ultrajada y violada, sostener y llevar a término un embarazo que no deseó ni pudo elegir, constituye una situación tremendamente difícil para su cuerpo y su psiquismo. Por eso la ley, al menos en nuestro país, no pena el aborto en estos y otros casos aberrantes. En cualquier caso, constituye un trauma para la adolescente como también para su familia.

Por otra parte, vivimos en una sociedad que tiende cada vez más a naturalizar e incluso a imponer la idea de que las mujeres tienen el derecho a decidir sobre sus propios cuerpos, considerando al feto como un objeto del cual pueden disponer y desprenderse a voluntad. El fuerte debate está instalado. Como cristianos creemos que se trata de una criatura en formación al que también le asisten derechos humanos inherentes y que la práctica del aborto es contraria al deseo de Dios. Como tal, provoca también daños morales y psicológicos a quienes toman esa determinación.

No somos quiénes para juzgar y menos para condenar a las personas que, por los motivos que fueren, llegan a abortar a sus hijos, dado que con frecuencia se trata de situaciones límites, difíciles muchas veces de imaginar para el que no es el protagonista directo y mira la situación desde un lugar de comodidad debido a sus circunstancias de vida. Es factible que en su desesperación, las adolescentes –y también las jóvenes– recurran al aborto por no contar con el apoyo familiar más próximo o por miedo a la culpabilización y aun al castigo. Tampoco la sociedad –y lo que es aún más triste, la iglesia– ayudan en este tema, ya que suelen mantenerse indiferentes al drama de la joven y su familia, o sólo tienen una actitud de juicio y condena sobre los hechos consumados.

Es así que, en la mayoría de los casos, la niña/adolescente se encuentra sola a la hora de tomar una decisión importante y tremendamente difícil sobre la cuestión, que tendrá implicancias a futuro también.

— *Quedé embarazada a los 14 años. Con mi novio, algunos años mayor que yo, buscamos la plata para abortar ese embarazo. El no quería saber nada con tener un bebé y yo tenía tanto miedo que le hice caso. A pesar de que cuando conocí al Señor pude realmente sentirme perdonada y libre de ese pecado, hoy que estoy embarazada dentro de un matrimonio cristiano y feliz, no puedo evitar pensar en ese bebé, cuántos años tendría ahora, cómo pude cometer semejante crimen, y todo eso impide que disfrute plenamente este momento. Me hubiera gustado poder contárselo a mis padres en ese tiempo; quizás las cosas hubieran sido distintas y me hubieran apoyado, no sé... (Margarita, 32 años).*

Puede que seas una mujer, no importa de qué edad actualmente, que aún lleves en tu conciencia la carga del remordimiento de uno o más abortos, cometido en algún momento de tu vida. No importa que lo hayas hecho por tu propia voluntad o inducida y hasta obligada por otras personas o circunstancias. El peso del acto realizado quizás todavía te perturba y no puedes dejar de pensar en ello. Los siguientes versículos fueron leídos a Myriam, una mujer de 73 años que había cometido dos o tres abortos ¡hacía más de 50 años y que todavía cargaba con la culpa y el remordimiento!

"Si decimos que no tenemos pecado, nos engañamos a nosotros mismos y la verdad no está en nosotros. Si confesamos nuestros pecados, él es fiel y justo para perdonar nuestros pecados, y limpiarnos de toda maldad" (1Jn 1.7, 8).

Ella pudo creer en su corazón estas palabras, pidió perdón con toda sinceridad y recibió la liberación completa de parte de Dios en ese mismo instante. Myriam no se cansaba de alabar a Dios por darle perdón y entonces tener la posibilidad de perdonarse a sí misma y vivir en paz.

También es de mucho consuelo saber que ese bebé abortado ha tomado "un atajo a la eternidad", en las palabras de Jack Hayford en su libro Más allá del sufrimiento. "Mi embrión vieron tus ojos", dice el Salmo 139; y continúa diciendo que la vida prenatal no escapa al conocimiento del Creador. Hay evidencias claras en otros pasajes bíblicos de que los bebés no nacidos por abortos inducidos o espontáneos están en la presencia de Dios.

Este conocimiento ayudará mucho en la tarea de la elaboración de un duelo por el hijo abortado. Generalmente el aborto es silenciado, ocultado y enterrado. Entonces el duelo que debería hacerse por tal pérdida no se completa y queda congelado o detenido en el psiquismo, provocando toda clase de síntomas: depresión, angustia, culpa, sueños perturbadores. La tristeza, la pena, la rabia y luego la aceptación por la pérdida de un hijo bajo tales circunstancias, son fases de un duelo normal que debe ser atravesado en algún momento de la vida.

Recuerdo a Florencia en sus 18 años. Estaba de novia y quedó embarazada. Al principio, la noticia la llenó de temor y de culpa y la posibilidad del aborto apareció en su mente. Sin embargo, sentía que no podía realizarlo. Transcurrió sus primeros tres meses de embarazo sola, debatiéndose entre el miedo, la desesperación, la soledad, la incertidumbre, las dudas.

Finalmente, decidió confiarlo a su familia. Ellos ingresaron también a una espiral de emociones confusas y vertiginosas. Pero poco a poco regresó la calma junto con la aceptación. El bebé sería recibido y criado. Ambas familias estaban dispuestas a ayudar a la joven pareja. Comenzaron a tejerse sueños y anhelos sobre ese niño por venir. Todos estaban contentos. No era la situación ideal que todos habían soñado, pero ahí estaba... la realidad se imponía y fue aceptada y encarada con valentía.

De repente, a los 6 meses de embarazo, Florencia comenzó a tener pérdidas intensas de sangre. Cuando recurrió al médico, ya era tarde. El bebé había muerto y debía ser retirado del seno materno. Fue todo tan rápido que Florencia no entendía qué era lo que estaba viviendo. Poco a poco fue cayendo a la realidad de que el bebé al que ya amaba con intensidad, ahora no estaba. Sólo fue una ilusión que duró muy poco tiempo. Ni siquiera había visto al bebé abortado. Se llenó de culpas, de amargura y de una tristeza profunda. Pero, más que nada, la confusión la invadía.

¿Por qué habían sucedido las cosas así? ¿Por qué no habían sido responsables con su sexualidad? ¿Por qué el bebé ahora moría, cuando ellos habían decidido asumir la responsabilidad de recibirlo? ¿Qué había pasado realmente con ese niño? ¿Cómo era ese bebé? ¿A quién se parecía? ¿Y qué hubiera pasado si hubiera nacido? Un sinfín de preguntas que no tenían respuestas satisfactorias y que sólo aumentaban su pena y su vacío profundos que la atormentaban. Por consejo de su terapeuta, Florencia volvió al hospital donde le habían hecho la intervención. Fue a ver a la médica que la atendió y le preguntó si ella había visto al bebé y si podía describirlo. ¡Cuál fue su sorpresa al saber que el bebé había sido conservado para ser estudiado! La médica, compasiva y sabia, condujo a Florencia al lugar donde lo tenían guardado. Le permitió verlo y la abrazó mientras la joven lloraba con amargura pero a la vez con tranquilidad. Lentamente, ella y su novio pudieron hacer el duelo por ese hijo perdido pero recuperado en el cielo. Esto fue un motivo para que ella volviera a los caminos de Dios y encauzara de un modo más maduro y responsable su relación de pareja y su sexualidad.

El duelo por el bebé abortado debe hacerse en algún momento, no importa cuánto tiempo haya transcurrido desde esa situación, y aunque se hayan tenido después otros hijos. Aconsejamos de todo corazón y con amor que toda persona, varón o mujer, que haya pasado por esta experiencia y no la haya sanado profundamente, se acerque a alguien que, con sensibilidad, sabiduría y gracia, pueda guiarlo o guiarla en el camino de la recuperación del duelo por un niño abortado.

Decidir tener el bebé, también tiene sus consecuencias, y tanto la joven como su familia deberán afrontarlas. Ocasionalmente, el papá también asume la responsabilidad. Ya nada será igual. Cambia el ritmo de estudio de la joven −cuando no se abandona−, se alteran los roles familiares, hay que aprender a abrir un espacio para alguien que no era originalmente esperado, hay un costo económico que afrontar, además de hacerse cargo de todos los sentimientos involucrados: rabia, culpa, angustia. Cuando esto sucede en una familia cristiana, hay otras implicancias que no podemos soslayar: el así llamado "buen testimonio", las responsabilidades de los padres y eventualmente de la joven en la iglesia, soportar las críticas y los juicios que lamentablemente nunca faltan en las iglesias, los autorreproches por los supuestos errores cometidos por los padres, la culpabilización mutua.

Creemos que no hay respuestas unívocas para todos los casos. Cada situación debe analizarse en su contexto particular: quién cuidará del bebé, evaluar la conveniencia de apurar un matrimonio de dos jóvenes no preparados, o la formalización de una pareja no muy confiable.

Lo que nunca debe faltar es el apoyo, la compasión y la disposición a la restauración tanto de parte de la familia como de la iglesia. Hace poco tiempo tuve la oportunidad de ser testigo de una intervención pastoral que considero llena de gracia y amor. Unos meses atrás una abuela compartía en un culto que el año había transcurrido con muchos matices, algunos gratos y otros no tanto. Relató la sorpresa que había causado en la familia el embarazo de su nieta adolescente y los sentimientos de desilusión y desconcierto iniciales. Posteriormente, la familia –con la abuela incluida– fue aceptando la realidad de un niño por nacer y la alegría experimentada cuando ese bebé finalmente llegó al mundo. Fue recibido con mucho amor, como todo niño merece. Unos meses más tarde, la criatura fue presentada a la iglesia por la joven mamá, sus papás y ¡la abuela! El pastor manifestó la gracia de Dios al hablar de la inocencia del niño que dormía plácidamente, sin enterarse de lo que estaba sucediendo a su alrededor. También le habló con amor a la madre sobre su responsabilidad en el cuidado e instrucción del hijo. La familia y la iglesia se comprometieron a apoyar y orar por la familia ahora constituida por la mamá y su niño.

En el caso particular de maternidades vulnerables –y las de las adolescentes siempre lo son, especialmente si están en situación de pobreza– no debe olvidarse la protección y el amor que ese bebé inocente merece como criatura de Dios, y el sostén que esa mamá necesitará para que pueda criar al hijo lo mejor que pueda.

Un ejemplo de apoyo en medio de esta realidad, lo constituye la experiencia que nos comparte Lorena Izzi, Coordinadora del ministerio **Juntas en el camino**, acompañamiento a mujeres en situación de vulnerabilidad:

> Es un espacio que funciona dentro de la Asociación Civil "Semillas de Esperanza", perteneciente a la congregación Buenas Nuevas, en un barrio de la ciudad de Buenos Aires.
>
> Este proyecto comenzó a gestarse en mi corazón en el año 2016, mucho antes de que en nuestro país –Argentina– se empezara a debatir sobre la ley de interrupción del embarazo, durante el

año 2018.

Sin embargo, creo que el dolor de aquella mujer que enfrenta un embarazo no esperado estuvo presente en mi historia familiar desde siempre. Las experiencias de mi abuela materna, teniendo en su haber cinco abortos, y mi madre uno –antes de mi nacimiento– hacen inevitable las marcas causadas por el aborto. Esto instaló en mí un llamado concreto, el de "estar presente y acompañando" a mujeres que sufren el desamparo cuando se enfrentan a esta decisión.

Con este marco interno es como dimos los primeros pasos en la creación de Juntas en el camino. Nuestra visión no fue solo estar acompañando a aquella mujer que tiene un embarazo no planificado, ya que analizamos que eso recortaría la situación problemática. El abordaje es interdisciplinario e integral: el encuentro de la mirada y la escucha de diversas disciplinas permite ayudar de una forma abarcativa a la mujer y su entorno.

Pasamos muchos meses analizando nuestro campo de acción. Esto implicó observar, capacitarnos y entrevistar a aquellos que ya hace un tiempo vienen transitando el camino del acompañamiento.

Fue así como dividimos el trabajo en tres ejes:

1. Prevención-educación: Consiste en acompañar a la mujer en el fortalecimiento de una sana autonomía, para que la toma de decisiones sobre su salud sexual y reproductiva sea de manera libre, consciente e informada. Trabajamos a través de talleres y charlas, creando un vínculo de confianza.

2. Acompañamiento a la embarazada: Tratamos de brindar sostén emocional y material, dado que somos conscientes de que muchas adolescentes y jóvenes no cuentan con este apoyo. Aquel que tal vez sostenía, frente a esta situación, les suelta la mano. También, acompañamos brindando asesoramiento en adopción, si esa fuera su intención.

3. Restauración emocional y espiritual en el síndrome post

aborto. Sabemos que es posible que muchas mujeres, por diversas circunstancias, finalmente optarán por este camino, y en algunos casos sufren tremendamente en silencio y soledad el proceso. Desde Juntas en el camino hemos asumido el compromiso de acompañar, cualquiera sea la decisión de la mujer. Creemos en la libertad y responsabilidad, previo abanico de opciones. Dios no nos ha llamado a juzgar y dirigir a las personas, sino todo lo contrario, él nos ha llamado a amar siempre y en esa sintonía nos movemos.

Contamos con un amplio equipo de profesionales integrado por Médica, Psicóloga, Orientadora familiar, Counselor y Lic. en Ciencias para la familia, lo cual nos habilita para el desempeño en red.

En la actualidad brindamos talleres dirigidos a adolescentes y jóvenes en un barrio cercano –donde se viven muchísimas situaciones de desamparo y vulnerabilidad social– en el área de Fútbol femenino, y en una escuela secundaria damos charlas para mujeres y padres de los distintos centros de primera infancia que nuclea la zona circundante a la iglesia.[3]

Estamos agradecidas a Dios y a la iglesia local por este espacio de servicio que nos da la posibilidad de alcanzar con amor y gracia la vida de las mujeres que, muchas veces en silencio y precariedad, atraviesan esta difícil experiencia de vida.[4]

Familias monoparentales

Una madre se ha quedado sola en la crianza de cinco hijos en escolaridad primaria porque un asesinato absurdo se llevó a su esposo; otra mamá joven, soltera, se hace cargo de su hija, con un

---

[3] Centros de Primera infancia (CPI): Se trata de un Programa del Gobierno de la Ciudad de Buenos Aires cuyo objetivo es crear espacios para garantizar el crecimiento y desarrollo saludable de los niños de 45 días a 3 años de edad en situación de vulnerabilidad social. Muchas iglesias evangélicas están comprometidas en este Programa aprovechando los espacios físicos y recursos humanos de los que disponen para este involucramiento social.

[4] Contacto: juntasenelcamno@gmail.com / Instagram@juntasenelcaminook

papá que nunca fue tal en su función; otra fue abandonada por su esposo, y queda con dos niños pequeños a quienes cuidar, educar, sanar.

Una mujer más que, al divorciarse del marido que la maltrataba reiteradamente, queda desamparada, con su salud psíquica precaria y con un hijo que criar sola, sin ayuda financiera ni emocional alguna.

Para ser realistas, también deberíamos incluir en esta lista de posibilidades a una madre que, aun viviendo físicamente con el padre de sus hijos, no cuenta con su presencia emocional y responsabilidad económica por diversos motivos: adicciones, enfermedades mentales graves, inmadurez severa que lo inhabilita para cumplir el rol. Desde afuera, puede semejar a una familia completa, pero en la realidad se encuentra sola en la tarea de la maternidad. Y peor aún, haciéndose cargo del cónyuge que, lejos de aportar, obstaculiza y entorpece la tarea de la crianza.

También hay factores socio-económicos implicados en estas configuraciones familiares. "… muchas veces son las circunstancias económicas de las familias y la búsqueda de nuevas alternativas laborales las que provocan la ausencia prolongada del padre o de la madre en un sinnúmero de hogares".[5] Muchos hombres migran –en forma permanente o por temporadas– en busca de trabajo a lugares distantes de sus hogares. Es frecuente que los hombres rehagan sus vidas afectivas en otro lugar mientras que las mujeres quedan solas a cargo de los hijos.

Los casos reales se multiplican a nuestro alrededor, si uno se atreve a ver la realidad tal cual es. Mientras algunos –lamentablemente cada vez menos– disfrutan de hogares armoniosos, con papá y mamá cumpliendo adecuadamente sus roles, e hijos felices cuyas necesidades físicas y psíquicas están cubiertas, otros –cada vez más– transitan la vida en condiciones desventajosas, ya sea por la falta de un esposo o de un padre que proteja, cuide, brinde seguridad

---

5 S. Tapia C., *Mujeres jefas de familia*. Editorial Certeza, Buenos Aires, 2015, pp. 19, 20.

económica y afectiva.

Como habíamos mencionado, también es posible que estas situaciones se den a la inversa, es decir, que sea el padre quien queda a cargo de los hijos. Pero en una gran mayoría de los casos, es la mujer la que queda sola cuidando a los hijos.

Aunque en un análisis rápido y superficial pueda parecer una cuestión menor, uno de los dilemas que se plantean las mujeres que están al frente de los hijos es, justamente: ¿somos una familia? Pueden sentir que al faltar el compañero la misma está incompleta y que –en realidad– ella y sus hijos conforman una subcategoría de familia. A veces, el medio social y religioso puede contribuir a la estigmatización de estas familias, que indica ignorancia por parte de los que emiten juicios descalificatorios, amén de una falta de comprensión y misericordia. Sin desconocer las necesidades y los desafíos que enfrentan diariamente, es bueno aclarar que una familia no se define tanto por la estructura, por quiénes la componen, como por las funciones que cumple. Las familias –cualquiera sea su conformación– deben cubrir funciones nutritivas (abrigo, alimento, afecto, sostén emocional) como funciones normativas (básicamente, incorporación de normas estructuradoras de la personalidad y la convivencia). Aunque con mayor carga de trabajo y responsabilidad que las familias nucleares completas y suficientemente sanas, las familias monoparentales también pueden cumplir con estas funciones en forma satisfactoria. Y, de hecho, lo hacen día a día. Es bueno que tanto los miembros de la propia familia monoparental como los que los rodean, así lo perciban.

¿Qué experimenta la mujer que afronta sola la crianza de sus hijos?

No cabe duda de que los hijos son un especial tesoro: "*Los hijos que nos nacen son ricas bendiciones del Señor*" (Sal 127: 3). Ser madre o padre puede ser la experiencia más hermosa y desafiante de la vida. Es hermosa porque brinda satisfacciones, alegría, sentido de realización y propósito. También es desafiante: estira nuestros límites, contribuye al propio crecimiento, propone dificultades a través de las cuales maduramos. Y a veces puede hacernos exclamar: ¡SOS! ¡Estoy criando sola a mi hijo!

Las mujeres –también los hombres– que están al frente de una familia monoparental se enfrentan con algunos temas particulares:

- Transitar el duelo propio y ayudar a los hijos a transitar el suyo en los casos donde se ha producido un divorcio y posterior abandono de los hijos, o la muerte del esposo o esposa, papá o mamá de esos hijos. Si se trata del caso que haya sido rechazada y abandonada por su marido o por la pareja que tenía, es posible que pueda experimentar culpa por lo que le sucede. Podría sentir que tal vez no haya actuado de tal modo que pudiera haber retenido al hombre, como parece que logran otras mujeres. Aunque estas atribuciones sean erradas, son por demás comunes, sobre todo al principio del duelo. Frente a la sensación de desprotección y desamparo es posible que también sienta culpa y carga con respecto a los hijos, supuestamente por haberlos privado de un padre. Juntamente con la culpa y los reproches, y por los mismos motivos, puede sentirse desvalorizada y rechazarse a sí misma. Esto la puede llevar a comenzar a experimentar temores al sentirse insegura de afrontar la vida con sus demandas en forma efectiva.

- Asumir la desorganización inicial que supone la desaparición del padre o madre si es que antes estaba en caso de divorcio o viudez. Ej. Luego de cuatro años de enfermedad de la esposa/madre, un hombre queda a cargo de tres hijos varones adolescentes y una hija pequeña de seis años.

- Hacerse preguntas que surgen con tono de preocupación: ¿Cómo suplir el rol femenino o masculino ausente? ¿Cómo afecta en la identidad de niños y adolescentes cuando papá o mamá no están? "¿Es normal que mi hijo de cuatro años llame papá a tíos y amigos varones?", pregunta una viuda joven con dos hijos pequeños. "¿Cómo mi hija va a formar una pareja sana el día de mañana si no tiene a su papá"?, pregunta otra mamá.

- La sobrecarga de tareas. Cuando falta la pareja que acompañe la labor de crianza, ¿con quién compartir las dudas, las dificultades, las contingencias normales que supone la instrucción y el crecimiento de los hijos? ¿Quién ayuda a tomar decisiones sobre la puesta de límites y cuidados que los y las adolescentes requieren, cuando no hay papá? Tampoco falta la preocupación por las situaciones de enfermedad propia o de los chicos, los problemas de escolaridad, el ser receptora de los dolores y frustraciones de los hijos, el hacerse cargo también de sus propios sentimientos y vivencias sin poder compartirlas con un compañero. La vida se hace cuesta arriba. Entonces puede aparecer la sensación de "hacer agua" en alguno de los frentes, con la culpa y el estrés consiguientes. También es posible que sienta pena y preocupación por sus hijos, pensando que están en desventaja con respecto a otros hijos que sí tienen a sus papás. Quizás crea –sea real o no– que tanto ella como sus hijos quedan desamparados y sin recursos. Por momentos, la vivencia de soledad se hace aguda y penosa, aunque haya personas a su alrededor.

- La dificultad para desenvolver algunos aspectos de la vida propia de una mujer adulta, además del trabajo: relaciones sociales, recreación, desarrollo personal y aun el servicio en la iglesia, no encuentran el espacio y el tiempo necesario. ¿Es posible tener una mirada esperanzadora?

- Otro aspecto en ocasiones preocupante tiene que ver con la realidad económica. En el caso de divorcios, es factible que haya dificultades para hacer cumplir la ley a los hombres que no se hacen cargo del sostén económico de los hijos. Muchas mujeres –solteras, viudas o divorciadas– deben multiplicar sus esfuerzos físicos y anímicos para poder brindar alimentación, salud y educación a sus hijos, hasta el límite de sus fuerzas. Es común que hagan sacrificios de todo tipo, también postergando una cantidad de proyectos y sueños propios que no pueden desarrollar, abrumadas por el esfuerzo de sacar adelante su familia.

- Asimismo, si es cristiana puede abrigar sentimientos de desilusión con respecto a Dios, a quien suele adjudicársele la responsabilidad última por lo ocurrido, aunque no siempre este sentimiento es reconocido en forma concientes por lo conflictivo que pueda resultar. Aunque sea comprensible que experimente temporalmente estas emociones y pensamientos, es posible que los que están alrededor la censuren, con lo que la mujer puede vivenciar mayor soledad aún, sintiéndose una vil pecadora por abrigar sentimientos semejantes, por otra parte totalmente normales en el tiempo de dolor. Podemos recordar el sufrimiento de Job aumentado por la actitud dura y crítica de los amigos que supuestamente se acercaron a consolarlo (Job 16. 1-5).

¿Y los hijos?

Algunas cosas son parecidas a las que les pasan a sus mamás, y otras les son propias.

También los hijos podrían sentir culpa por la ausencia del padre, ya sea porque hayan vivido muchas discusiones entre sus padres cuando aún estaban juntos –si es que hubo matrimonio o pareja previa–, o porque sientan que su nacimiento no fue deseado –si la madre soltera fue abandonada por la pareja– , o peor aún que fueron la causa de la separación entre sus padres, o eventualmente de la muerte del padre. Todo abandono y ausencia suelen ser interpretados como rechazo, aunque no sea así en la realidad. Y, por lo tanto, son generadores de baja autoestima y valoración.

A medida que los hijos van creciendo pueden pensar que se espera de ellos que cubran la función del padre ausente –ya sea física o emocional–, por lo cual tienden a ocupar lugares y asumir responsabilidades que no les pertenecen por su edad y rol. Especialmente puede ocurrir con los hijos mayores. Están lanzados a crecer prematuramente, acelerando y salteando etapas que son necesarias vivir a su tiempo para alcanzar una buena maduración de la personalidad.

Si la función paterna no es adecuadamente suplida, ya sea por un familiar cercano o un líder de la iglesia, por ejemplo, ese hijo o hija puede tener dificultades para configurar en su mundo interno la imagen de lo que es un hombre, un esposo, un padre. Esto podría dificultar la formación de la identidad sexual, el modelo para armar una pareja sana cuando corresponda, como así también su propio rol paterno en el futuro. En el caso de una hija mujer, la ausencia del padre puede provocar inseguridad y temor a que en el futuro ella también sea una mamá sola.

También pueden crecer con resentimientos, pensando que están menos dotados que sus pares que cuentan con la figura paterna como sostén y apoyo en su crecimiento –sentimientos y creencias a veces inducidas en forma inconsciente por las propias madres–. Esto puede dar lugar a vivencias de inseguridad y desamparo para afrontar las dificultades normales de la vida.

Es bastante común que en su relación con Dios tiendan a replicar la imagen paterna interna, sintiéndolo como un Padre lejano, distante, ausente, y hasta cruel, que no satisface las necesidades de sus hijos. Por lo tanto, estos chicos, jóvenes y adolescentes, tienen dificultades en acercarse a él para recibir su ayuda, consuelo y protección. Esto puede intensificarse cuando en la familia ampliada o en la comunidad de fe no hay hombres que se ofrezcan como modelos válidos y como sostén de los chicos que se crían sin papás.

¿Qué hacer?

No deseamos dar respuestas facilistas para una realidad compleja; más bien compartiremos algunas ideas que puedan ayudar a transitar los aspectos delicados de esta forma de ser familia.

- Aceptar la realidad, que a veces dista bastante de lo que soñamos o planeamos. Es un punto crucial para construir sobre una base realista la familia que queremos llevar adelante. La aceptación es el momento donde un duelo comienza a resolverse. No significa desconocer las dificultades, sino adaptarse a ellas con una actitud de paz y esperanza. Esto es válido para toda ilusión que no se cumple en relación a la familia que soñamos, independientemente del tipo de familia de que se trate.

- Asumir que una familia monoparental es tan familia como cualquier otra. Tan valiosa como cualquier otra. Con sus dificultades y también sus logros. Recuerdo haberme quedado gratamente sorprendida cuando, al llamar a la casa de Patricia y su pequeña hija en ese momento, escuché el siguiente mensaje en el contestador telefónico: "Te comunicaste con la familia de Patricia y Virginia. Si querés, dejá tu mensaje..." Ellas sí tenían claro que formaban una familia. ¡Una preciosa familia!

- Permitir que los hijos estén en contacto con otras personas que suplan el modelo de identificación faltante, además de la cobertura de otras necesidades –físicas, emocionales, relacionales–. En este sentido, maestros de escuela dominical, líderes juveniles, tíos y tías, abuelos y abuelas, amigos y amigas son recursos valiosos que hay a disposición para tal fin.

- Hay que cuidar de no sobrecargar a los hijos con roles que no les corresponden. Por ejemplo, ser el sostén emocional de padre o madre. Esto puede ocurrir en cualquier tipo de familia, pero en las monoparentales podría haber un riesgo mayor.

Cuando abrumamos a nuestros hijos con los problemas de los adultos, les causamos un estrés innecesario. Debemos comprender que los niños tienen su propio estrés acorde a su etapa de vida y debemos cuidar estos preciosos momentos en su desarrollo. No dañemos sus mentes de niño con el estrés y el sufrimiento que son propios de la vida adulta. Dejemos que sean ellos los que marquen el ritmo de su desarrollo. No permitamos que los desafíos de nuestra vida apresuren a nuestros hijos a hacerse cargo de una función o responsabilidad para la cual aún no están preparados.[6]

Es importante no quedarse sola. Es útil contar con una red de apoyo confiable porque a veces será necesario pedir ayuda a otros

---

6 Jakes, T. D., *¡Ayúdenme! Estoy criando a mis hijos sola*, Editorial Casa Creación, EEUU, 2002.

adultos que acompañen en el escuchar, aconsejar, sostener. "*Los pensamientos con el consejo se ordenan*" (Pr 20:18). Es útil dar a conocer las necesidades concretas y específicas de la familia, ya que es posible que haya personas dispuestas a ayudar pero no sepan de qué manera y en qué momento hacerlo.

- Cuidar de no caer en la sobreprotección a los hijos como manera de "compensar lo que les falta" (papá o mamá). Además de perturbar el desarrollo autónomo de los hijos a futuro, el riesgo es el mensaje de victimización o autocompasión que no les ayudará.

- Si bien las demandas sobre la persona a cargo de esta familia son muchas en verdad, se debe cuidar de no caer en la autoexigencia desmedida. Es necesario tratar de mantener un espacio privado –aunque parezca breve o insuficiente– para suplir las necesidades de recreación, estudio, servicio, vida social, y las propias necesidades. Recibir suministros afectivos, sociales, espirituales, además de adecuado descanso físico es vital para mantenerse saludable. No es un lujo, es una necesidad; por lo tanto, no debe inducir a culpa.

- ¿Me puedo volver a enamorar? Volver a formar otra pareja es una posibilidad. Algunas mujeres optan por quedarse solas criando a sus hijos y otras vuelven a establecer nueva pareja y entonces es posible armar una familia ensamblada.

Una palabra de esperanza

En mi experiencia en el trabajo con individuos y familias a través del tiempo pude tomar conciencia de las dificultades y luchas que enfrentan las familias monoparentales. Pero también comprobé con satisfacción cómo salían adelante. Algunas de las características notables que se reiteran:

Los miembros de estas familias suelen lograr una gran cohesión. Los vínculos se estrechan, tanto de los hijos con el padre o madre que los cría como entre los hermanos entre sí; tanto cuando viven juntos desde pequeños o adolescentes, como cuando ya son adultos.

Tienen un alto sentido de unidad y pertenencia, sobre todo si así fue inspirado por la madre/padre a cargo.

Asimismo, estos hijos al crecer y ser conscientes de lo que han vivido, suelen manifestar amor, gratitud y una gran lealtad hacia su padre o madre –también tíos o abuelos que los hayan criado- en respuesta al amor abnegado y sacrificial recibidos.

Es maravilloso ver cómo estas familias logran no sólo superar las adversidades y dificultades, sino salir fortalecidas de ellas. Hoy diríamos, desarrollan factores resilientes.

Las familias resilientes, entonces, son aquellas que logran mantener una coherencia como grupo familiar a pesar de las crisis que sobrevengan. Este tipo de familia logra entender y comprender los sucesos de la vida, por muy adversos que sean, como parte de un proceso continuo, constructivo y de consolidación. Esta mirada de la vida facilita que los integrantes de la familia puedan crecer y proyectarse hacia sueños futuros, a pesar de los acontecimientos.[7]

La familia de Marcos es un ejemplo de resiliencia. Fue criado por su papá, junto a sus cuatro hermanos, en situaciones muy desventajosas. Se mudaron de domicilio varias veces, y también de escuelas. Un papá que hizo malabares para mantenerlos junto a él. Por períodos de tiempo, podían faltar la comida, los juguetes, las comodidades. Lo que nunca faltó es el amor y el sentido de familia. Hoy Marcos es un joven adulto. El y sus hermanos son personas de bien, han formado sus propias familias, y han podido progresar sobreponiéndose a las adversidades. Es impactante ver en la actualidad la unidad entre ellos y el amor y la gratitud hacia este padre que dio lo mejor de su vida por lo más valioso: sus hijos. Su amor abnegado tuvo recompensa.

No es fácil la vida para una madre o un padre que debe criar solo a sus hijos. Sin embargo, estas personas a menudo se superan a

---

7 S. Tapia C., *op. cit.*, 2015, p. 105.

sí mismas. Desarrollan capacidades que antes desconocían y se transforman en una bendición para sus hijos. Y una familia así, aunque incompleta, permite que los hijos crezcan y maduren sin inconvenientes.[8]

Es posible salir adelante con una familia monoparental. De hecho, muchísimas personas con vidas plenas son producto de una familia monoparental. Su ejemplo inspira y anima.

Coincidimos con el Lic. Gustavo Valiño, amigo y colega, en que es necesaria la "construcción de una esperanza transformadora".

- Incorporar para nuestra propia vida cotidiana y en nuestra experiencia personal una fe comprometida en Cristo, que nos transmita la paz de su perdón, la serenidad de su cuidado y su control sobre nuestras circunstancias.
- Apocalipsis 1.17-18: en medio de una crisis dolorosa, Jesús le aseguró tres cosas a Juan:

- "No temas".

- "Yo estoy vivo".

- "Yo tengo el control".

Los cristianos no tenemos inmunidad ante la realidad, pero sí tenemos recursos espirituales para enfrentar las adversidades, tal como los hermanos de los primeros tiempos tuvieron, aún frente a la muerte.[9]

Algunas personas que han vivido esta experiencia de vivir en familia con esperanza transformadora compartirán sus historias a continuación.

Patricia, 35 años

— *¡Hola! Soy mamá soltera y cristiana. Estas tres palabras son maravillosas, pero cuando deben reunirse en una misma persona al mismo tiempo hay problemas. La primera dificultad fue tratar de reconciliar mi situación de*

---

8 Anselm Grün, Magdalena Bogner, *La aventura de la vida*, Editorial San Pablo, 2008, p. 182.
9 Gustavo Valiño: *Familias monoparentales*. Ponencia desarrollada en el Congreso de Familias. Iglesia Buenas Nuevas. 2016.

madre soltera con mi vocación cristiana, lo cual significó una ineludible humillación ante el trono del Padre. Pero una vez allanada, la alabanza se la lleva él, porque magnificó su misericordia sobre mí. Hacia mis 30 años yo venía viviendo una vida apartada de Dios. Hacía unos seis años que me había convertido a Jesucristo, pero por distintos motivos –especialmente la hostilidad de mi entorno familiar– había dejado de asistir a la iglesia. Me hallaba como una brasita extinguiéndose lejos del fuego del cuerpo de Cristo. Y en medio del frío de un mundo ateo y secular intentaba resolver por mis propios medios mis conflictos y necesidades.

Así, no tardé en enredarme en una relación inconveniente con un muchacho muy conflictivo cuando finalmente me encontré con la realidad de mi embarazo. Eso fue como una gran luz roja encendida en mi camino que decía: "¡Detente! ¿hacia dónde estás yendo?" Entonces reconocí que debía deshacer camino y volver a Dios, al punto de encrucijada en el que los caminos se bifurcaron y había escogido la dirección errada. Ya no podía dejar de congregarme, ya no podía vivir disimulando no conocer a Dios.

Las oraciones y el amor de una amiga cristiana – ¿Y Cristo mismo no había intercedido ante el Padre por mí, según leemos en Lucas 22. 31, 32? – trajeron luz y un nuevo discernimiento. Con dificultad y dolor me iba dando cuenta de que la relación con el padre de mi hija no podría convertirse jamás en una relación de amor que diera cobijo a una nueva vida. Más bien estaba tan infectada de autodestrucción y de un placer morboso por el dolor y la muerte, que seguramente nos conduciría a los tres al abismo. Y el creciente sentido de responsabilidad por la vida que Dios estaba entretejiendo en la profundidad de mis entrañas me preparó para tomar la difícil decisión de la ruptura.

Colateralmente, enfrenté una segunda dificultad al sufrir el rechazo y la condena de mi propia familia. En realidad era un viejo problema que se reactualizó y recrudeció en medio del conflicto. Un día mi padre me citó para expresarme firmemente que no contara con él, y que no pensaba darme su apoyo. Al volver a casa estaba tan deshecha, tan sola... Mi angustia era un clamor que elevaba a Dios rogándole que fuera mi madre, mi padre y mi esposo. Y él fue fiel en cubrir mis necesidades.

Con todo esto comprendía con nueva claridad que yo, y especialmente mi hija, necesitábamos vitalmente de la familia de la fe. Sabía lo tenebrosa que había sido mi juventud antes de conocer al Señor, buscando identificación en mis pares ateos y proclamando tantas filosofías huecas. Quería desde ese mismo momento proveer a mi hija relaciones que en el futuro pudieran ser amistades significativas en Cristo.

Me presenté con mi vientre bullendo de vida y acompañada de mi amiga en la casa del pastor y expuse mi situación. ¡Cuántas lágrimas! La humillación de sentirme tan arrepentida era difícil y dolía. Pero ellos me recibieron con amor. Fui limpiando mi vida y reafirmando mis decisiones de fe. Sentía cómo la misericordia y la bendición de Dios iban cubriendo cada herida, proveyendo para cada necesidad y cambiando mis sequedades en manantiales.

La tercera y última dificultad fue tener que asumir la tarea de criar a un hijo sola. Lo sentí de una manera emblemática al dejar el hospital con mi niña recién nacida en brazos. Sentí como una desprotección, una desnudez, un despojo, porque me presentaba al mundo con mi hijita sin estar rodeada del vigor de unos brazos varoniles, sin ojos llenos de tierna admiración por la esposa-madre.

Y luego el quehacer cotidiano. No hay más que un par de brazos cansados. No hay interlocutor alguno. Sólo el pequeño que llora y demanda y ese llanto que parece llenarlo todo. Y tener que alimentar, consolar, alentar, estimular, en fin: amar, sin ser amada y sin alimento emocional de ningún tipo. Pero cada día mi Dios me fue sosteniendo y proveyendo de fortaleza física, anímica, psíquica y me dio de su amor constante. El Salmo 34. 5 fue verdaderamente mi experiencia: "Los que miraron a él fueron alumbrados, y sus rostros no fueron avergonzados". ¡Gracias, Señor!

Patricia hoy tiene 48 años y su hija 18. Ambas son la prueba viviente de lo que Dios puede hacer cuando le entregamos nuestras vidas hechas pedazos. ¡Las dos son vidas preciosas!

Jimena, 30 años

— Mis padres se separaron cuando mis hermanos y yo éramos muy pequeños. Nos quedamos viviendo con mamá, y mi papá "se borró". Crecí añorando su presencia y tal vez idealizándolo. Hasta culpaba secretamente a mi mamá por este hecho. Pero a medida que fui creciendo comprendí los reales motivos de su ausencia. Era inmaduro y no podía ni quería responsabilizarse de sus hijos; sólo estaba capacitado para pedir y recibir. La verdad, hasta hubiera preferido que su ausencia fuera porque se murió y no porque no se quiso hacer cargo de nosotros.

Esta realidad resultaba muy dolorosa y en cada uno de los hijos produjo distintas consecuencias: depresión, baja autoestima, dificultades al formar las propias parejas, inseguridad, bronca, rebelión. Cuando fui adolescente transité momentos muy duros y angustiosos, donde me planteé el sentido de la vida y consideré la opción del suicidio.

Pero fue en esa época de mi vida tuve la gracia de conocer al Señor. Pude comprobar el amor de Dios y supe que él quería ser para mí un Padre amoroso, incondicional, seguro. Al ingresar a la familia de Dios también me enriquecí con el afecto, el sostén y la ayuda de muchas personas. Pocos años después Dios me dio un compañero creyente con quien formé un hogar precioso con dos hijos.

Quedaron atrás los dolores, el llanto, la desilusión y el sentimiento de desamparo. Todo esto no fue mágico ni instantáneo; fue un proceso que llevó tiempo, lágrimas y esfuerzo. Pero mi experiencia también me sirvió para poder comprender a otros hijos en situaciones parecidas y consolarlos como yo fui consolada.

> "Bendito sea el Dios y Padre de nuestro Señor Jesucristo, Padre de misericordias y Dios de toda consolación, el cual nos consuela en todas nuestras tribulaciones, para que podamos también nosotros consolar a los que están en cualquier tribulación..." (2Co 1. 3-5).

La familia de Dios como factor de apoyo

"*Dios hace habitar en familia a los desamparados*" (Sal 68. 6)

Dios da un hogar a los desamparados. (NVI)

La familia monoparental no necesariamente está "desamparada". Pero es cierto que puede atravesar por situaciones de mayor vulnerabilidad que una familia que cuenta con mamá y papá juntos cumpliendo sus tareas de crianza. Dios cubre su necesidad, también a través de su pueblo.

En relación a este punto, el Lic. Gustavo Valiño recomienda lo siguiente:

> La comunidad de fe puede ayudar cubriendo algunos aspectos de la vida cotidiana de esas familias: cuidado de los niños en ciertos horarios, tareas escolares, acompañamiento espiritual, soporte emocional.
>
> También puede brindar apoyatura para afirmar valores, límites y autoridad sobre los hijos, especialmente en la adolescencia.
>
> Para ello es importante un compromiso de pertenencia con la iglesia local para ir generando estrategias en la medida que van surgiendo las necesidades.[10]

Datos para la prevención

1. Evaluar qué se está haciendo en materia de educación sexual en nuestras familias e iglesias. Los adolescentes y jóvenes necesitan orientación en un mundo que rinde culto al dios del sexo, pero que los deja sin herramientas para manejarse sanamente con su sexualidad.

2. Pedir ayuda en relación a la información y a la formación, para que los embarazos se produzcan en el contexto de amor seguro que Dios ha previsto en el matrimonio.

3. Revisar qué estamos haciendo como iglesia para acompañar a mujeres solas embarazadas –o que ya tienen sus hijos– en situación de mayor vulnerabilidad (pobreza, soledad, migración, etc.)

Actividades

Leer el siguiente párrafo y contestar las preguntas a continuación:

---

10 Gustavo Valiño, *op. cit.*, 2016.

En el diseño original de Dios la familia tenía un propósito humanizador –en armonía consigo misma, con el Creador y con la creación toda–, y debía establecer un compromiso duradero entre sus miembros. No obstante, formar parte de la realidad imperfecta de la humanidad hace que nuestras experiencias familiares disten mucho de ese diseño. Dios nos asiste en medio de nuestras realidades, y no espera que cumplamos ideales cuando esto no es posible. Así es que, a pesar de las rupturas, de los engaños y de los abandonos humanos, Dios sigue delegando en la familia la función de plena humanización de sus integrantes, y para ello continúa ofreciendo su gracia para suplir en abundancia todo lo que nos falte, ya sea de una manera milagrosa, en forma vertical, como a través de otros recursos humanos, en forma horizontal, que también son expresión de su amor. No vacilemos en buscarlos si nos faltan, ni en darlos si otros los necesitan.

Porque Jehová vuestro Dios es Dios de dioses y Señor de señores, Dios grande, poderoso y temible que no hace acepción de personas; que hace justicia al huérfano y a la viuda..." (Dt 10. 17, 18).

Y me ha dicho: Bástate mi gracia; porque mi poder se perfecciona en la debilidad... Por tanto, de buena gana me gloriaré más bien en mis debilidades... porque cuando soy débil, entonces soy fuerte. (2Co 12. 9, 10).

La religión pura y sin mácula delante de Dios el Padre es esta: Visitar a los huérfanos [también a los hijos abandonados] y a las viudas [también a las mujeres divorciadas, madres solteras y solas en general] en sus tribulaciones (...) (Stg. 1. 27).

1. Si eres madre en una familia monoparental, ¿de qué promesa puedes apropiarte hoy para saberte protegida y cubierta por Dios en tu situación?

2. Tomando en cuenta los desafíos y riesgos que enfrenta una familia monoparental:

   • Discutir brevemente en el grupo sobre esta realidad en su comunidad de fe y en el contexto social en que usted trabaja. Mencione las características y necesidades que percibe.

• ¿Qué responsabilidad le cabe a la comunidad de fe con respecto a estas familias?

• ¿Qué actitudes tendría y qué acciones concretas implementaría en el marco de una pastoral familiar dirigida a este segmento de población de nuestras iglesias y comunidad en general?

• Si eres un hombre, ¿qué podrías ofrecer, desde tu lugar en la comunidad de fe, a chicos y chicas que se están criando sin papá?

3. Elegir uno de los dos testimonios incluidos al final del capítulo.

- ¿Qué sentimientos le despierta? ¿Por qué?

- ¿Cómo acompañaría pastoralmente en esta situación particular?

Bibliografía sugerida

Jakes, T. D., *¡Ayúdenme! Estoy criando a mis hijos sola*, Editorial Casa Creación, EEUU, 2002. (ver en Internet)

McClung, Floyd Jr., *El corazón paternal de Dios*, Editorial Betania, EEUU, 1988.

8
Los hijos no llegan

"Ciertamente consolará Jehová (...) todas sus soledades, y cambiará su desierto en paraíso, y su soledad en huerto de Jehová; se hallará en ella alegría y gozo, alabanza y voces de canto... Yo, yo soy vuestro consolador..." (Is 51:3, 12).

Objetivo

Comprender las vivencias dolorosas por las que atraviesan las personas que anhelan intensamente concebir un hijo, pero por diferentes motivos ven frustrado su deseo de ser papá o mamá. Encontrar alivio para la pena y vislumbrar que podría haber otros caminos para alcanzar la tan ansiada paternidad o maternidad.

Lectura de reflexión

Alrededor de los dos o tres años los chicos comienzan a jugar los llamados "juegos de roles". Les encanta adoptar personajes de su entorno e imitarlos. Los roles preferidos, aunque no excluyentes, tienen que ver con la familia: papá, mamá, hijos, ya que es lo más próximo a su propia experiencia de los primeros años de vida. Esos juegos, tan antiguos como universales, anticipan lo que más tarde para muchos podría ser la respuesta entusiasta a una vocación: ser mamá o papá, en línea con el llamado que Dios mismo hizo al ser humano en el origen: Y los bendijo con estas palabras: "sean fructíferos y multiplíquense..." Gén 1:28. Al responder a esta vocación, millones de parejas sobre la faz de la tierra a través de los siglos concibieron sus hijos.

Cabe aclarar que la fructificación de un ser humano no se expresa sólo al tener hijos. El potencial generativo que Dios otorgó es mucho más abarcativo, y comprende todas las capacidades, habilidades, dones, destrezas, que hombres y mujeres pueden desplegar y multiplicar en su vida a través de inagotables expresiones (técnicas, artísticas, espirituales, intelectuales, etc.). Estas enriquecen la vida humana, le dan sentido y trascendencia –no solo para quienes las realizan sino también para quienes las disfrutan–.

Respecto del deseo de ser padres o madres, a esta altura de los tiempos nos encontramos con una realidad muy heterogénea. Hay personas para quienes resulta imperativo el deseo de tener hijos – la mayoría de las veces dentro de un matrimonio o pareja estable; otras veces, solos–, y dirigen sus esfuerzos para lograr el fin propuesto. Para otras, se presenta como algo secundario a otros proyectos; posponen la maternidad/paternidad en función de desarrollarse en otras áreas de sus vidas. Y otras personas aun eligen no tenerlos –por las más variadas causas– y encauzan su potencial creativo a través de otros proyectos que los satisfacen y completan.[1]

En todo caso, este capítulo va dirigido en forma particular al primer grupo, a aquellos para quienes la maternidad o la paternidad constituyen anhelos muy profundos e intensos.

Nos preguntamos: ¿Qué pasa cuando el hijo ansiado no llega?

---

[1] Llama la atención la baja del número de mujeres que son madres. Hoy, 4 de cada 10 mujeres de la ciudad de Buenos Aires, entre 14 y 49 años, no tienen hijos y 2 de cada 10, terminan su período fértil sin haber sido madres. La explicación va de la mano de importantes cambios culturales. En el día de hoy hay mujeres que no centran su vida en criar hijos, sino que atraídas por su presencia y obligaciones en la vida social, eligen potenciar sus estudios o desarrollarse personal y económicamente. Para algunas, ser mujer no equivale a ser madres. Han caído, aunque parcialmente, los viejos mandatos. Hemos de aceptar que hay gente feliz que no tiene hijos, o al menos no los desea como algo prioritario a lograr en sus vidas. *Dr. Hugo Santos*, trabajo inédito.

¿Qué se hace con la cantidad de sueños e ilusiones largamente entretejidos de a dos? ¿Es que sólo cabe un "no" rotundo al deseo de trascender a través de un hijo cuando la naturaleza se niega? ¿Se puede renunciar a ser mamá y papá sin mayores consecuencias cuando se experimenta un fuerte deseo de serlo?

El ciclo vital se interrumpe

Al igual que el resto de los seres vivientes, el ser humano cumple un ciclo en su vida: comienza con el nacimiento, continúa con el crecimiento y termina con la muerte. La etapa del crecimiento a su vez se desarrolla en distintas subetapas. El deseo de trascender a través de un hijo se preanuncia desde muy temprano en la vida, pero es en la edad adulta cuando esto puede concretarse.

El ser humano decide formar una pareja, y a partir de allí el proyecto en común de tener un hijo. En un hogar conformado por dos seres se va abriendo poco a poco un espacio para un tercero. La realidad marca que este ciclo vital no siempre se cumple en forma perfecta, sin dificultades ni contratiempos. Uno de los obstáculos más dolorosos de atravesar es cuando el hijo tan ansiado no llega. El espacio que se estaba preparando se va mostrando cada vez más vacío. Comienza a tejerse un entramado de esperanzas y desesperanzas, nuevas ilusiones y posteriores desilusiones. Un poco antes o un poco más tarde, en forma segura o vacilante, con razones bien definidas o por un "no se sabe por qué", el diagnóstico tan temido se hace presente: "No van a poder tener hijos".

Esta problemática es muy frecuente. Se calcula que entre el 15 y el 20 por ciento de las parejas alrededor del mundo son estériles o tendrán problemas de infertilidad. En algunos casos no se logra el embarazo y otras veces no es viable y se pierde.[2] De una u otra manera, el sueño tan anhelado no se cumple, con el consiguiente sufrimiento.

---

2 Cabe aclarar que un embarazo que se interrumpe por causas no deseadas es un hijo que muere antes de nacer. Frecuentemente el entorno no dimensiona la magnitud de la pérdida que experimentan los padres que lo anhelaban, con la consiguiente incomprensión sobre su duelo.

"La esperanza frustrada aflige el corazón; el deseo cumplido es un árbol de vida" (Pr 13:12 NVI).

En la antigüedad, cuando un matrimonio no podía tener hijos, se adjudicaba tal imposibilidad a la mujer. Incluso algunas legislaciones contemplaban el derecho de rechazar a la mujer supuestamente estéril. Gracias a Dios, hoy en el mundo occidental vivimos una situación muy diferente. En la actualidad, y debido al avance de la ciencia, es bien sabido que las causas de esterilidad son compartidas en iguales porcentajes por hombres y mujeres. Además, en muchos casos no se trata tampoco de la esterilidad del hombre o de la mujer, sino de la infertilidad de la pareja, es decir, como resultado de la combinación incompatible entre ambos. Por otro lado, muchas causas de esterilidad e infertilidad irresolubles hace unas décadas hoy ya no lo son, al menos en la misma medida.

Aunque no es el tema específico que nos ocupa, abordar esta temática nos conduce a la necesidad de reflexionar sobre los modernos métodos de concepción disponibles hoy. El formidable avance científico, médico y tecnológico hace posible en la actualidad diagnósticos y tratamientos antes impensados sobre el tema que nos ocupa. Muchas parejas acceden a la paternidad y la maternidad gracias a las posibilidades que la ciencia ofrece hoy: óvulos y embriones congelados, inseminación artificial, fecundación in vitro, alquiler de vientres, maternidad o paternidad por subrogación, bancos de esperma y de óvulos de dadores anónimos, etc. Estas opciones pueden parecernos muy lejanas a nuestra experiencia. Sin embargo, para las parejas que ven frustrada su posibilidad de acceder a la paternidad de una forma natural, es una nueva carga a asumir. Sólo a título ilustrativo, mencionamos algunas de las cuestiones frecuentes que este tema abre. Sabemos que Dios es quien permite que la ciencia avance (Pr 22:12), pero ¿es lícito acudir a cualquier técnica de reproducción?, ¿hay límites en el uso de lo que el mercado médico ofrece?, ¿Dios aprueba el método que propusieron los médicos?, ¿cuánto dinero invertiremos –si es que lo tenemos– para consentir estas prácticas?, ¿debe un matrimonio cristiano acceder por cualquier medio al fin deseado: tener un hijo? Seguramente responderemos que un fin loable no justifica cualquier medio.

Frente a tanta oferta disponible en el mercado médico, es un desafío para los cristianos de hoy buscar la información adecuada en profesionales competentes y honestos sobre los distintos métodos que prometen la paternidad, pero sobre todo debemos buscar en oración la sabiduría de Dios para fijar los límites correctos al elegir los métodos de tratamiento disponibles, y aun de diagnóstico, desde una ética cristiana.

Los avances en tecnología de reproducción generan nuevas oportunidades que asimismo generan nuevas inquietudes éticas. Hacer elecciones correctas exige tener una comprensión clara y precisa de cada nuevo procedimiento médico. Los principios teológicos ofrecen respaldo y guía fundamentales para orientar nuestro pensamiento. Bien sea que las personas elijan creerlo o no, nosotros somos creados a imagen y semejanza de Dios. La manera en que nos tratamos a nosotros mismos y a los embriones que producimos es importante para nuestro Creador y constituye un reflejo de su interés y cuidado respecto de la vida humana. El nos ha dotado con la curiosidad y el intelecto para buscar tecnologías que mejoren la salud y el bienestar del ser humano, pero debemos ser conscientes de utilizarlas sin egoísmo y dentro de los límites del amor. Debemos vivir con un sentido genuino de responsabilidad para con Dios, nosotros mismos, y los hijos con que somos bendecidos y bienaventurados.[3]

Por otra parte, también tenemos que admitir con amplitud de corazón y con gracia que no hay una respuesta unívoca y que hay la posibilidad de que distintas personas arriben a diferentes conclusiones sobre aspectos éticos en este tema, cuidándonos de abrir juicio y emitir críticas sobre las elecciones que hacen otros cristianos a partir de su libertad de conciencia.

---

3 Serie Bioética. *Preguntas básicas sobre Sexualidad y tecnología reproductiva*. Ediciones Portavoz, Michigan, EEUU, 2000, p. 90.

Haciendo frente a la desilusión

Mientras se transita el camino que aún no se definió, o habiendo agotado los caminos científicos aceptables para el cristiano y frente a un diagnóstico claro de infertilidad o esterilidad de la pareja, ¿qué hacer?

En principio, aceptar que se está ante una crisis que implica una desestabilización, un cierto equilibrio que se rompe, y que se necesitan reordenar los esfuerzos, los sentimientos y los pensamientos. Una crisis no siempre lleva al desastre, sino que tiene el sentido de oportunidad: algo bueno puede salir de ella; es el momento para decidir crecer, a pesar de todo.

Es necesario elaborar el duelo como un proceso psicológico normal que se desencadena cada vez que sufrimos la pérdida de alguien o algo valioso –incluidos los proyectos que aun no se concretaron– y que nos permite recuperarnos de ella al cicatrizar la herida que experimentamos. El duelo por un hijo que no llega comparte características similares a otros duelos por pérdidas, pero también tiene algunas especificidades. Es similar a otros duelos en el hecho de producirse en etapas y de cursar con diversos tonos emocionales a través del tiempo. Lo específico en este caso es tener que elaborar la pérdida de la ilusión de concebir un hijo biológico. Como parte de ese duelo, se deben hacer varias renuncias. Algunas implican por igual a ambos miembros de la pareja. Otras, son específicas para mujeres y para hombres:

- La mujer renuncia a estar embarazada. Las mujeres que pasan por esta experiencia suelen expresarlo con estas frases: "Siento que no soy como las otras mujeres"; "no pude sentir a mi hijo en la panza"; "no me siento completamente mujer"; "me siento vacía". La Biblia admite que el deseo de ser mamá es irresistible para muchas mujeres y no se renuncia a él fácilmente, tal cual lo expresa Proverbios 30:15-16: *"Tres cosas que nunca quedan satisfechas: (…) la mujer estéril que pide hijos"* (versión NTV).

- Renuncia del hombre a embarazar a una mujer, muchas veces asociada al sentimiento de ser impotente, incapaz, poco viril, máxime si él es el miembro estéril de la pareja. Felizmente, conforme el machismo va cediendo terreno, este sentimiento va aminorando. Claramente, ser hombre no pasa por "embarazar a una mujer".

- Renuncia a la herencia biológica. Se expresa en frases tales como "no podremos tener un hijo que sea parecido a..." o "no será sangre de mi sangre". Una conocida canción popular infantil expresa esta expectativa refiriéndose al niño por venir: "Será como mamá y papá, tendrá en la cara un hoyito y un lunar..."

- Renuncia a la fertilidad en el caso del miembro fértil de la pareja. Tanto para el hombre como para la mujer fértil no resulta fácil la renuncia a esta posibilidad tan trascendente. En muchos casos, no poder elaborar este duelo puede provocar dificultades matrimoniales, donde los reproches velados o encubiertos, el resentimiento, la ira y otros sentimientos dañinos no tratados pueden incluso llevar a la separación de la pareja.

- Renuncia en soledad. A diferencia de otros duelos donde los familiares, los amigos y los hermanos en Cristo acompañan al que ha perdido a un ser querido, animándolo, ofreciéndole sostén y cariño, el duelo por un hijo que no podrá ser suele atravesarse en la soledad, y el que sufre por lo general no se siente acompañado ni comprendido por los que lo rodean. Es común que el matrimonio sin hijos sienta la presión familiar y de amigos a través de las preguntas indiscretas o aun de las miradas de compasión y lástima. Generalmente los amigos y familiares prefieren el silencio para no herir o lastimar, pero las miradas y los silencios también son elocuentes. Todos saben que "de eso no se habla". Aun queriéndolo, no se sabe cómo ayudar. Resultado: la pareja se siente sola. A veces ni siquiera el tema puede ser profundamente tratado entre los miembros de la pareja, por miedo a herirse mutuamente, con lo cual la soledad se agiganta. De todos modos, en la actualidad se experimenta mayor libertad para hablar sobre este asunto dado que está dejando de ser tabú.

- Renuncia a la satisfacción de "cumplir". También a la pareja estéril le queda, a veces, el arduo trabajo de renunciar a satisfacer las expectativas de los otros, en general los familiares más íntimos como sus propios padres. Esto se expresa en frases tales como "no poder darles un nieto que los alegre", "no poder perpetuar el apellido", y otras.

Además de las renuncias a realizar, se deben enfrentar diversos sentimientos propios de un duelo, y también ideas distorsionadas sobre la situación:

- Culpa. Cuando surge un obstáculo en la vida, inmediatamente tendemos a preguntarnos: ¿de quién es la culpa? Sobre todo el miembro estéril de la pareja puede cargar con infundados sentimientos de culpabilidad. Debemos ser cuidadosos de no aumentar la pena al adjudicar a "castigos divinos" las circunstancias dolorosas por las que podemos atravesar cualquiera de nosotros. En la antigüedad, la imposibilidad de concebir era asociada al pecado de la mujer o deficiencia suya, así que a su propio dolor se sumaba el desprecio y el rechazo de toda la sociedad. Sin embargo, la Palabra de Dios se ocupa de aclarar, por ejemplo, que tanto Zacarías como Elizabeth, "*eran justos delante de Dios y obedecían los mandatos y leyes del Señor de manera intachable. Pero no tenían hijos...*" (Lc 1. 6, 7).

- Tristeza. La Biblia describe el estado depresivo en que cayó Ana debido a su esterilidad: "*Ana lloraba y no comía*" (1S 1.7), acentuado además por la burla y el desprecio de que era objeto por parte de Penina, la otra esposa de su marido. Tampoco calmaban a Ana las palabras y el consuelo de un esposo con buenas intenciones como era Elcana: "*Ana, ¿por qué lloras y no quieres comer? ¿Por qué estás tan triste? ¿No valgo yo para ti, más que diez hijos?*" (1S 1:8). Probablemente Elcana se sentía frustrado al no poder solucionar el problema de esterilidad de su esposa. En estos casos, la comprensión y la disposición a recibir el dolor de la otra persona resultan más eficaces que brindar explicaciones o paliativos a la pena.

Ana, que era una mujer piadosa, abrió su corazón al sacerdote Elí:

"Me siento angustiada y estoy desahogando mi pena delante del Señor (...) he estado orando todo este tiempo porque estoy preocupada y afligida" (1 S 1:15-16).

Los cristianos no son extraterrestres. Por lo tanto, es normal que experimenten sentimientos de tristeza y aún que padezcan depresión.

- Sentimientos de autocompasión y autorrechazo. Cuando se comprueba que no se ha sido capaz de concretar algo que la mayoría sí puede, es muy fácil pensar equivocadamente sobre uno mismo y su desempeño. "No soy capaz", "no soy digno", "no soy valioso", "soy inferior a otras", son pensamientos que, aunque distorsionados, pueden aparecer en la mente y acentuar el sufrimiento. Cae la autoestima y el sentimiento de fracaso se hace más real.

- Ambivalencia en el trato con otros. En medio de este proceso de duelo es posible que se haga difícil enfrentar el medio familiar y social. Debido a los sentimientos encontrados, por un lado se necesita el sostén y cariño de los otros, pero por otro lado se lo rechaza. Mujeres que no pueden embarazarse desean estar en contacto con niños y a la vez es frecuente que se sientan heridas porque la presencia de los mismos les muestra crudamente su falta. Tanto el hombre como la mujer que no pueden tener sus propios hijos pueden experimentar sentimientos ambivalentes. Se alegran por los hijos de sus amigos y familiares, pero también experimentan frente a ellos con mayor agudeza su propia imposibilidad. Esta ambivalencia suele provocarles, entonces, culpa y desprecio hacia sí mismos por albergar sentimientos que no comprenden pero sienten censurables. No obstante, esta aparente contradicción emocional es una experiencia normal. La iglesia, expresión de la familia de Dios en la tierra, está para sostener al afligido y consolarlo, pero muchas veces lo ignora o no sabe cómo acercarse a él. Es decir, tanto los que sufren como los que intentan ayudar y acompañar, frecuentemente se desencuentran. Por lo tanto, es muy fácil que la pareja que no puede tener hijos caiga en el aislamiento emocional.

- Hostilidad. Se dice de Raquel que "tuvo envidia de su hermana" (Gn 30.1), justamente porque Lea podía tener hijos aparentemente sin dificultades y ella no. A pesar de tener el amor especial de su esposo hacia ella, su esterilidad le causaba tanto dolor y sentimientos de inferioridad que llegó a tener envidia –una expresión de hostilidad– de su propia hermana. La irritabilidad y la ira, sean expresadas o contenidas, también son emociones normales en un proceso de duelo, y es necesario reconocerlas para tratarlas. La hostilidad puede ser dirigida hacia sí mismo, hacia el cónyuge, hacia los demás y hacia Dios mismo, aunque sea difícil admitirlo. En cualquiera de los casos, es bueno poder identificarla, aceptarla, comprenderla, y además corregir los pensamientos distorsionados que estén subyaciendo a la misma, para lograr superarla. Si bien es una fase normal del duelo, no debe instalarse en forma crónica o prolongada. Caso contrario, dará lugar a la amargura y al rencor.

- Dificultades en la relación de pareja y en la sexualidad. Esta crisis tan íntima, particular y dolorosa, hace que muchas parejas se unan más y formen una sólida relación, afrontando juntos las diversas contingencias de este proceso. Además, tienen en cuenta que el vínculo de pareja precede al vínculo parental y lo cuidan. En otros casos, esta experiencia crítica causa una mayor fragilidad del vínculo, y en ocasiones el matrimonio termina separándose definitivamente, especialmente cuando la paternidad o maternidad se habían colocado –las más de las veces en forma inconsciente– como prioritarios en la relación. También el ejercicio de la sexualidad de la pareja puede verse afectado negativamente, al ser tan perturbado por los sucesivos tratamientos. Éste también es un factor distorsivo en la relación de pareja, que hay que comprender y cuidar.

Las parejas tratadas por infertilidad pronto descubren otra fuente de estrés y dolor emocional. Se dan cuenta de que hay una tercera persona en su matrimonio. Prácticamente, cada una de estas parejas puede sentir la presencia invisible, pero muy verdadera, del especialista en infertilidad. Incluso en sus momentos más tiernos, esa presencia está entre ellos y dicta la expresión de su amor... Los cónyuges con problemas de fertilidad encuentran que sus vidas sexuales han sido transportadas de un dormitorio íntimo y acogedor a los límites fríos y esterilizados de una clínica médica.[4]

- Se detienen los proyectos. Al interrumpirse el normal ciclo evolutivo de la familia, el hombre y la mujer que no han concretado su paternidad/maternidad sienten que han perdido el tren de la vida. Mientras los amigos de su generación avanzan, tienen a sus hijos, los crían y evolucionan con ellos, estos padres frustrados se perciben detenidos, sin proyectos ni cambios en su horizonte vital. No es verdad que no puedan dedicarse a otros proyectos, pero sí es cierto que, con frecuencia, otros emprendimientos quedan supeditados a los costosos y largos tratamientos que deben hacer si quieren acceder a la paternidad tan deseada. Otras veces, el desánimo y la incertidumbre impiden tener la energía necesaria para dedicarse a crecer en otras áreas de la vida. El resultado puede ser, en algunos casos, que se sientan vacíos y estériles, no sólo de hijos, sino también de otros valiosos proyectos de vida.

- Cuestionamientos a Dios

  Durante los ocho primeros años de nuestra vida matrimonial, Judy y yo no pudimos tener hijos. Algunos de ustedes saben lo que esto significa: la penosa reiteración del ciclo mensual. Oramos con la esperanza de que tal vez alguna nueva idea del médico o un artículo de una revista reciente traiga la solución. Tratamos de mantener una actitud positiva, pensando que tal vez este sea el momento, que este mes habrá un buen indicio; pero las esperanzas se derrumban otra vez al final del ciclo. Entonces uno trata de prepararse para comenzar nuevamente el penoso proceso. Recuerdo vívidamente las preguntas que me

---

4 John y Sylvia Van Regenmorter, *Cuando la cuna está vacía*, Editorial Unilit, 2005, p. 40.

hacía: Dios, ¿dónde estás? ¿No nos escuchas? ¿Por qué estás tan callado?[5]

Estas son algunas de las muchas preguntas que no siempre esperan una respuesta lógica, y aunque la tuviera tampoco le alcanzaría. Aunque en algunos casos puede ser la expresión del desánimo y del enojo, generalmente no expresan rebeldía ni incredulidad, sino que salen de un corazón dolorido que se dirige a Dios, de quien, en definitiva, se espera el don de un hijo.

¿Qué hacer?

Es el interrogante que muchas veces se plantean los que sufren la desilusión de no poder concebir un hijo.

- Saber que Dios está en el control de la situación, aunque por momentos se dude de esta realidad. Nada escapa al conocimiento de Dios pues él conoce todas nuestras desilusiones y pesares. Cuando podemos entregar nuestras propias vidas al cuidado de Dios –con el problema incluido–, experimentamos descanso emocional y relajación física y mental de la tensión con todos sus beneficios. La entrega debe renovarse cada vez que notamos que nuevamente estamos cargados y angustiados.

- Pedir la intervención milagrosa de Dios. Tal como hizo Ana llevando a Dios su carga y su deseo, y como se nos aconseja en Santiago 5.14-16, podemos pedir que la iglesia unja con aceite y ore especialmente por la pareja estéril. Conocemos de muchos casos donde Dios obró a través de la respuesta a la oración comunitaria de fe de sus hijos.

- Agotar todos los recursos médicos, con límites. Es importante no caer en el desánimo ni darse por vencidos fácilmente siendo perseverantes, pero también evaluar hasta dónde sería prudente seguir con lo que ofrece la ciencia para lograr el objetivo. Los límites tienen que ver con los aspectos éticos antes mencionados, pero también con relación a la inversión económica y muy es-

---
5 Tom Eisenman, *Trece tentaciones que enfrenta tu familia*, Editorial Certeza, 2000, p. 255.

pecialmente en lo que hace a la salud integral de la mujer, quien suele ser la más agredida por los tratamientos. Es una decisión que la pareja debe tomar, y es muy delicado y nada recomendable opinar desde afuera. Sólo una persona de mucha confianza a quien la pareja haya otorgado autoridad para hacerlo, puede orientar y aconsejar al respecto.

- Cuidar la unidad de la pareja. Puede suceder que en la obsesión por lograr la concepción, se empobrezca el vínculo matrimonial y se pierdan cosas valiosas entre los cónyuges: el diálogo, la alegría de estar juntos, disfrutar de pequeñas cosas, la comunión. A veces, en el afán de no lastimar al otro, se silencian las vivencias y cada uno se aísla en su ser interior. Sincerarse y admitir los sentimientos normales que cada uno experimenta sobre el secreto dolor que llevan, ayuda también a descomprimir la tensión emocional y promueve la cohesión del vínculo matrimonial. También es importante tomar momentos para la distensión y el disfrutar de otras cosas que enriquezcan y recreen la relación.

- Considerar otras opciones a la paternidad biológica. Algunas parejas hablan sobre el tema desde que son novios, y esto facilita la apertura a otros caminos de la paternidad. Otras parejas nunca han hablado y probablemente nunca hayan siquiera pensado en la posibilidad de que pudieran ser estériles o infértiles en el futuro. O puede suceder también que no puedan o no sea conveniente tener hijos biológicos debido a alguna enfermedad o alguna otra razón. En otros casos, se ha podido tener un solo hijo y por algún motivo no se pueden tener más, y el anhelo de tener más hijos ha quedado trunco, situación de duelo que tampoco es bien comprendida por el entorno. También puede suceder que la pareja se haya armado a una edad donde la concepción ya no es posible para la mujer, o el embarazo fuera muy riesgoso si ocurriera. De cualquier modo, y en cualquiera de los casos, se puede considerar la posibilidad de la adopción. La adopción no es una opción de segunda categoría. Al contrario, muchos matrimonios que tienen sus hijos biológicos adoptan otros niños como expresión de amor abundante de sus corazones. Por otra parte, es lo que Dios mismo hizo con cada uno de nosotros al adoptarnos como hijos suyos, expresando su amor inigualable, y haciendo posible que recibamos su herencia y formemos parte de su familia. La adopción, más allá de las dificultades que plantea en su proceso –sobre todo en términos de inversión de tiempo y de trámites prolongados y tediosos– es un acto de amor que alcanza al adoptado y al que adopta.

Dios nos adoptó como sus hijos, en un acto de incondicional amor. Al hacerlo nos dio muchísimas cosas: una identidad, una familia, una herencia (…) Gestar y gestionar son dos palabras que se parecen no sólo por el sonido sino por las acciones que implican. En ambas subyace la idea de inicio, desarrollo, espera y de acciones encaminadas hacia el logro de un fin. La paternidad es gestión y gestación, no importa si es biológica o por adopción (…) El embarazo adoptivo es, al igual que el embarazo sanguíneo, un tiempo esencialmente de gestión, generación y construcción de vida.[6]

- No aislarse, aceptar ser ayudado y ayudar a otros. Recurrir a personas sensibles que puedan acompañar y comprender. Hacer explícita la necesidad, o bien de silencio sobre el tema o bien de poder expresarlo. Si es posible, participar de algún grupo de ayuda mutua que invite al intercambio y a sostener y ser sostenidos en el tránsito por esta circunstancia. No aislarse también implica ser activos en bendecir la vida de otros, que ayuda a no centrarse excesivamente en la dificultad que uno pueda tener y gozar de la bendición del servicio cristiano.

¿Puede Dios usar los desafíos difíciles con el propósito de fortalecernos para un servicio mayor? ¡Por supuesto que sí!... Sylvia y yo podemos testificar que nuestra lucha contra la infertilidad nos ha ayudado a crecer espiritualmente. Hemos crecido en nuestra vida de oración, al haber llegado a darnos cuenta de cuán completamente dependemos de Dios. Hemos crecido en nuestra confianza en él, porque sabemos que el Dios que nos ha ayudado a resolver nuestra lucha contra la infertilidad nos

---

6 Jorge Galli, *"Orientación pastoral para la esterilidad y la adopción"*, material inédito, expuesto en el taller "Los caminos de la paternidad", Eirene Argentina, 2006.

ayudará por el resto de nuestra vida también. Hemos crecido en nuestra sensibilidad frente al sufrimiento de otros, porque sabemos lo que es tener una cuna vacía y nuestros corazones heridos.[7]

- Estar en contacto con niños y jóvenes. Ya sean de la familia o a través del servicio en la comunidad o en la iglesia, los niños y jóvenes nos ayudan a ser flexibles, divertirnos, desplegar nuestros sentimientos más frescos y auténticos. En lugar de evitarlos, es recomendable que la pareja que tiene dificultades para concebir hijos se acerque a ellos para brindar de su riqueza y también para recibir la que ellos pueden brindarles. Hay muchas maneras en que las disposiciones maternales o paternales pueden ser expresadas. Cada persona y cada matrimonio deberían encontrar la forma de ampliar estas aptitudes.

- Desarrollar la capacidad de la "generatividad". El psicólogo norteamericano Eric Erikson planteó que la "generatividad" es la virtud esencial de la persona adulta que trasciende a través de los legados. Sólo cuando la desarrollamos podemos sentirnos felices y maduros, y esto va más allá de la paternidad o de la maternidad.

Para Eric Erikson, la "generatividad", la fecundidad, forma parte esencial de nuestras vidas. Pero no sólo se realiza con los hijos. Hay muchas posibilidades de hacer que, a la larga, mi vida rinda frutos (…) Llevar adelante un matrimonio sin hijos trae problemas intrínsecos, pero ofrece también oportunidades particulares. [8]

Es un gran desafío para los matrimonios que aún no han tenido a sus hijos, y también para los que los tienen, encontrar metas y proyectos que los hagan sentir plenos y trascendentes, al contribuir a dejar huellas de bendición a las futuras generaciones. Todos podríamos coincidir en que hemos sido alcanzados de distintas maneras por las buenas influencias que otros han proyectado en nosotros, más allá de nuestros propios padres. Las hemos recibido a través del aliento,

---
7 Van Regenmorter, *op. cit.*, p. 97.
8 Anselm Grün, Magdalena Bogner, *La aventura de la vida*, Editorial San Pablo, 2008, p. 117.

de la motivación, de las enseñanzas, del ánimo, de los buenos ejemplos, de diferentes expresiones de amor, que personas significativas han tenido para con nosotros. Del mismo modo, la inspiración positiva es una herencia, un legado valioso que dejamos a otros. En la era de lo descartable, desarrollar las distintas formas de generatividad imprime huellas trascendentes, más allá de los límites de nuestra vida terrenal, y puede tener implicancias eternas también para otros.

El matrimonio de John y Sylvia Van Regenmorter menciona las siguientes estrategias que pueden ayudar en la crisis por infertilidad:

1. Cultiven relaciones con personas que entienden el problema.

2. Encuentren o formen un grupo de apoyo.

3. Consigan apoyo a través de Internet o por correo electrónico con organizaciones que trabajan en estos temas.

4. Pasen tiempo con personas que les impartan energía.

5. Tomen una dosis de descanso.

6. Sea sincera con usted misma y con el médico.

7. Consideren recibir asesoramiento profesional.

8. Practiquen la oración de poder.[9]

Los que acompañan

- Brindar un consuelo adecuado. Muchas veces el silencio, el abrazo, el compartir otras cosas, resultan más beneficiosos que hablar o preguntar insistentemente sobre el tema cuando los protagonistas no quieren hacerlo. En un principio, los tres amigos de Job fueron eficientes en su acompañamiento en el dolor:

---

9 Van Regenmorter, *op. cit.*, pp. 43-52.

> *"Y tres amigos de Job (...) luego que oyeron todo este mal que le había sobrevenido, vinieron cada uno de su lugar; porque habían convenido en venir juntos para condolerse de él y para consolarle... Así se sentaron con él en tierra por siete días y siete noches, y ninguno le hablaba palabra, porque veían que su dolor era muy grande"* (Job 2. 11-13).

La oración intercesora es de un valor incalculable. Fortalece la fe de los que padecen y los anima, une a los miembros de la familia de Dios y llega al trono de Dios como una ofrenda agradable a él.

- Comprender el problema en profundidad. Minimizar lo que experimentan los esposos que no pueden concebir un hijo puede aumentar su dolor y aislamiento. Evitar decirles cómo se deben sentir y lo que deben hacer. No recurrir a explicaciones facilistas y casi mágicas, y mucho menos que impliquen erróneamente a Dios. A veces los cristianos nos manejamos con frases hechas que suenan huecas al corazón herido. Si bien estas expresiones pueden ser ciertas, debemos ser sabios y cuidadosos al administrar consejo y consuelo en estos casos, tratando de comprender con la mayor profundidad posible los alcances personales, familiares y sociales que esta situación de sufrimiento y desilusión conlleva. Para estar bien equipados, entre otras cosas es necesario ser sensibles y atentos al escuchar a la persona o pareja que pasa por esta crisis, y también ser responsables en la búsqueda de información sobre el tema.

> *"Dedicarle canciones al corazón afligido es como echarle vinagre a una herida o como andar desabrigado en un día de frío".* (Pr 25:20)

- Ofrecer la compañía de nuestra familia y la de nuestros propios hijos para que no se sientan solos y vacíos y así cumplir la palabra del Salmo 68:5, 6: "Dios hace habitar en familia a los desamparados (...)". Como hijas e hijos de ese Padre, podemos imitarlo en su delicada compasión y bondad, compartiendo con otras personas tantas riquezas que él nos ha dado.

- Acompañamiento pastoral. Cada situación humana de dolor nos confronta con nuestros propios sentimientos, creencias y también límites. De modo que al acompañar pastoralmente a personas que sufren se impone en primer lugar una actitud de humildad, de compasión y de respeto. De humildad, porque debemos reconocer que muchas veces no sabemos mucho sobre la intimidad de las personas y de las problemáticas por las que atraviesan. Compasión, porque sólo desde ahí podemos sentir, vibrar en la misma cuerda –o al menos intentarlo– con el que sufre. Respeto, para caminar al lado, al mismo tiempo, no empujando ni dejando solo al sufriente. También se respeta al no minimizar ni ignorar el problema. Se respeta abrazando, haciendo silencio, orando, acompañando.

No es necesario ser experto en todos los temas. Sin embargo, profundizar la información sobre la problemática de las personas que pretendemos acompañar, es de vital importancia y ayudará a cometer menos errores.

Viene a mi mente el conflicto de Marcelo y Silvina frente a la opción de donación de esperma como único tratamiento disponible para su esterilidad. Luego del impacto inicial al ser informados de la posibilidad médica, como son jóvenes cristianos pusieron –una vez más– el tema en oración y dedicaron un tiempo a buscar información y consejo. Su pastor se comprometió responsablemente con ellos. Junto con su esposa les pidieron dos meses para orar e investigar el tema, ya que no lo conocían en profundidad. Más allá de las decisiones que Marcelo y Silvina tomaron al respecto, quedó grabada en ellos la experiencia significativa del acompañamiento pastoral respetuoso y comprometido en un tiempo de tanta sensibilidad para ellos.

Guiar a la comunidad de fe a incluir a los que no pueden tener hijos, haciéndolos sentir en familia. Entre otras cosas, el tema debería ser instalado desde el púlpito, no dando por sentado –y mucho menos diciendo explícitamente– que la bendición de Dios se expresará ineludiblemente en tener hijos. También se cuidará de no herir más a las personas ya lastimadas, integrando, acompañando y comprendiendo. Otra forma de ayudar a romper el aislamiento podría ser sugiriendo a los matrimonios con esta dificultad que busquen grupos de contención y acompañamiento o creando grupos de apoyo si no los hay en la iglesia o comunidad. [10]

La intervención pastoral también puede estar dirigida a reconocer los límites saludables en los tratamientos médicos.

Tener hijos es más un privilegio que un derecho. Una pareja que crea que tener un hijo es un derecho que tienen, puede obstinarse ciegamente a tener un hijo, y como resultado es posible que tomen decisiones imprudentes en cuestiones reproductivas. El daño físico potencial que un tratamiento continuado pueda ocasionar en la mujer, los gastos económicos derivados de múltiples intentos de embarazo, así como la carga emocional que un tratamiento insistente puede acarrear en detrimento de una relación de matrimonio, pueden ser evitados por aquellas parejas que asumen la paternidad como un privilegio más que como un derecho... A pesar de nuestras razones, los hijos son dones de Dios, y Dios puede permitir la infertilidad, incluso de forma permanente, por razones que nos son desconocidas. No había ninguna garantía por parte del Señor de que Ana pudiera tener hijos. Se puede desear y orar por hijos, así como dar todos los pasos disponibles para tenerlos, pero el fruto del vientre está en última instancia en la mano de Dios y no en la tecnología.[11]

Elisa y Fernando comparten con nosotros su experiencia:

— *Esta lista de "juegos" no es más que el pequeño reflejo, en pocas líneas, de lo que significa vivir durante un lapso de tu vida poniendo siempre una ilusión por delante para poder seguir:*

- *Luego de cinco años de casados, decidimos comenzar a buscar agrandar la familia.*

- *Luego de catorce meses de búsqueda natural, comenzamos a realizar diversos análisis a partir de la consulta médica.*

---

10 En el capítulo 14 se desarrolla ampliamente el tema de los grupos de ayuda mutua.
11 Serie Bioética. *Preguntas básicas sobre sexualidad y tecnología reproductiva*. Editorial Portavoz, 2000, pp. 21-22.

- Luego de cinco meses de estudios, pudimos dar con un primer diagnóstico.
- Luego de un año de indecisiones, hicimos nuestro primer tratamiento de fertilidad.
- Luego del resultado negativo, pasaron cuatro meses para el segundo.
- Luego del segundo resultado negativo, pasaron seis meses hasta el tercero.
- Luego del tercer resultado negativo, decidimos buscar ayuda psicológica.
- Luego de seis meses, nos anotamos en el registro de adopciones.
- Luego de seis meses más, hicimos un cuarto tratamiento.
- Luego del resultado negativo del cuarto tratamiento, pasó un año más hasta que hicimos algunos viajes por distintas provincias de nuestro país para llevar nuestra carpeta de adopción.
- Luego de esto, tuvimos la posibilidad de hacer un quinto tratamiento y comenzamos a evaluar esto con los médicos.
- Luego de un año más, comenzamos a poner foco en otras cosas de la vida como sueños o anhelos que teníamos más allá de los hijos.
- Luego de siete meses más, en medio del trabajo por estos anhelos, decepcionados del sistema de adopción y a punto de realizar otro tratamiento más, nos llamaron de un juzgado dándonos la noticia de que dos hermanitos, Abigail e Ismael, mellizos de diecisiete meses, estaban esperándonos para ser nuestros hijos.

En tanto tiempo, nuestras sensaciones pasaron de la euforia de que el próximo mes o año nos iba a encontrar con hijos a la desazón total por un nuevo resultado negativo –tanto de tratamiento como de adopción–. Pasábamos de la mezcla de alegría y dolor cada vez que algún amigo o persona cercana nos contaba que estaba esperando un hijo –alegría por él, pero al mismo tiempo dolor por nosotros–, al miedo a que esto nunca terminara... porque llega un punto en que la sensación es que esto nunca termina. Más de una vez decíamos entre nosotros que el reloj se había detenido, como que estábamos estancados en una etapa que no se terminaba nunca.

Entre tantas cosas tristes, hay otras cosas muy buenas que nos pasaron y que no nos resultaba tan fácil de ver mientras esperábamos: cambió nuestra manera de ver a los demás y de entender el sufrimiento o la espera ajena... simplemente por eso de que vivir la misma experiencia te une...; cambió nuestra manera de relacionarnos con Dios, llegamos a puntos de enojo y reclamo que nos permitieron vivir a Dios de cerca en muchas ocasiones... entendimos que Dios comprende nuestro dolor porque el mismo señor Jesucristo experimentó el dolor en carne propia...

Tanto fracaso aparente, también te saca miedos a jugarte por sueños o anhelos que tenías guardados. Te invita a luchar por mejorar áreas de tu vida, cosa que a veces no sale a la luz si todo resulta como uno espera. La dificultad puede ser un medio para que uno se fortalezca y encare la realidad de otra manera.

Gracias a Dios esto nos fortaleció mucho como matrimonio y siempre mantuvimos el diálogo; poder hablar, filosofar constructivamente de cómo estábamos actuando o reaccionando frente a esta espera nos llevó a conocernos y amarnos mucho más.

Un espacio que valoramos muchísimo fue el del grupo "Caminos", grupo de ayuda mutua al que asistimos regularmente con otras parejas que también pasaban por la misma situación. Es necesario poder sentirse identificado con otros y conversar, expresar sentimientos en un marco de sinceridad, animar y dejarse animar.

Con respecto a la adopción de nuestros hijos... ¿cómo se dice tanto en tan pocas palabras? ¡Son alegría pura, sorpresa permanente, mucha vida junta, milagro de Dios hecho realidad, la muestra permanente de que la dificultad te puede cambiar la vida de una manera extraordinaria![12]

El matrimonio Eisenman expresa esta misma alegría en el siguiente poema que escribieron al recibir, finalmente y luego de prolongada espera, a su primer hijo adoptivo:

---

[12] CAMINOS es un grupo de ayuda mutua que comenzó a funcionar en la Ciudad de Buenos Aires en 2006. El objetivo del grupo es que los matrimonios con dificultades en la concepción de un hijo encuentren un espacio de contención y ayuda en relación a la situación de vida que atraviesan. Elisa y Fernando participaron desde el inicio mismo del grupo. Una vez que llegaron sus hijos por el camino de la adopción se quedaron en el grupo para acompañar a otros. Hoy son los coordinadores de CAMINOS junto con otro matrimonio que también recibió a su hija por adopción. En el capítulo 14 se desarrolla ampliamente la dinámica de este grupo de apoyo.

Mientras nos preparamos para recibirte
sentimos una profunda y agitada emoción
  de amor
    de tibieza
      de paternidad.
Vemos tu sonrisa en nuestra sonrisa,
escuchamos tu risa en la nuestra,
sentimos tu amor en nuestro amor,
querida niñita.
¿Quién eres?
Eres nosotros: nuestra alegría, nuestro amor,
nuestra hija.
Eres la realización de nuestros sueños,
el rosado amanecer de días nuevos,
el destello de estrellas en noches eternamente cálidas.
Eres nuestra hija.

Damos gracias a nuestro dulce Señor
por tu bendición,
y te encomendamos a él.
Bienvenida, Jana Lee.[13]

    Después de adoptar a Jana Lee, Judy y Tom Eisenman lograron un primer embarazo que no llegó a feliz término. La tristeza y el desconcierto inundaron sus vidas nuevamente. Luego de un tiempo adoptaron mellizos, e inmediatamente Judy volvió a quedar embarazada y también tuvieron su hijo biológico. ¡Los caminos de Dios son misteriosos!

---

13 Eisenman, *op. cit.*, p. 256.

Datos para la prevención

1. Si aún no formaste tu hogar o estás en proceso de hacerlo, considera junto con tu novio o novia la posibilidad de que en un futuro no puedan tener sus propios hijos. ¿Cómo enfrentarían tal situación?

2. No es necesario que la amargura y la autocompasión se apoderen de tu corazón si por cualquier motivo no puedes concebir hijos. Puedes decidir ser una madre o un padre en el Señor. Muchos chicos alrededor nuestro necesitan de nosotros también. Ser "padres y madres en el Señor" es un llamado especial que Dios hace a sus hijos, sean o no padres biológicos.

   Muchas personas son huérfanas, no sólo de sus padres físicos, sino de cualquier forma de herencia buena, ya sea espiritual o emocional... Marginados de la sociedad por las heridas y el rechazo, se sienten solas en el mundo...el hecho de ser un padre o una madre en el Señor no se limita solamente a los que son pastores o líderes espirituales, sino que también hay una necesidad verdaderamente crucial de otras personas que sean espiritualmente maduras y que se preocupen de actuar como 'padres' y 'madres' con otros creyentes... Su vida puede ser instrumento de sanidad y de amor, estando disponibles, teniendo tiempo para pasar con las personas y abriendo las puertas de sus hogares.[14]

   El apóstol Pablo nos dio un hermoso ejemplo en este sentido:

   "Como una madre que cría y cuida a sus propios hijos, así también les tenemos a ustedes tanto cariño que hubiéramos deseado darles, no solo el evangelio de Dios, sino hasta nuestras propias vidas. ¡Tanto hemos llegado a quererlos!" (1Ts 2. 7, 8).

---

14 Floyd McClung, *El corazón paternal de Dios*, Editorial Caribe, EEUU, 1988, pp. 88- 90.

Actividades

1. Compartir con el grupo algo que cada uno haya aprendido a partir de la lectura de este capítulo, tanto si usted es una persona que no tuvo hijos habiendo deseado tenerlos, o alguien que acompaña o está cerca de una mujer o un hombre que padecen por este deseo insatisfecho.

2. Si soy una mujer o un hombre que no ha podido tener hijos, por cualquier motivo, ¿de qué modo creativo y saludable puedo canalizar este sueño no cumplido? ¿Cuáles serían las áreas de "generatividad" que me gustaría desarrollar?

3. ¿Qué opinan los integrantes del grupo sobre ser madres y padres en el Señor? ¿Qué forma práctica puede adquirir esta propuesta? Formular dos o tres propósitos definidos para poner en práctica en las próximas semanas.

4. Leer el siguiente párrafo y reflexionar sobre las preguntas a continuación del mismo:

"¿Cuál es el motivo por el cual algunas parejas han decidido no tener hijos como una elección de vida en común? Las razones que pueden predominar dependen del contexto social, pero también de razones de la pareja y personales de algunos de sus miembros. Una de ellas es que quien no tiene hijos tiene márgenes más amplios para su libertad e independencia. Para algunas parejas sin hijos la posibilidad de generar un proyecto de vida es más amplio que para quien los tiene. Hay menos presiones si no hay niños en casa. La idea de criar un niño, sobre todo en los primeros años, resulta tan absorbente para algunos que desalienta el proyecto en cuestión. En otros casos, experiencias traumáticas con la familia de origen pueden dar lugar a temer sobrellevar las vivencias originarias en el seno actual.

El contexto social negativo puede ser otra razón que enfríe los motivos para concebir un niño. Sea por la situación económica del país o la sensación que en este mundo la vida se ha complicado demasiado. Algunos, con una visión muy pesimista del futuro se sienten acobardados para hacer frente a un porvenir que se vivencia como poco esperanzador.

Pero también las razones pueden pasar por proyectos espirituales e ideológicos de la pareja. Personas que desean servir a Dios en tareas pastorales o eclesiales que comprometerían significativamente su tiempo o la libertad para ir por lugares que limitarían elegir los contextos en los que quieren desempeñarse en el caso de ser padres. También hay gente con una vocación por el servicio social o el compromiso político que desean ser más libres para abordar sus proyectos.

Por supuesto, todas estas razones también pueden obedecer a motivos más profundos que la pareja tiene, lo que harían que las anteriores causas vendrían a ser superficiales excusas que ocultan la realidad. A veces esa realidad consiste en que no desean tener hijos. No creen en su realización en la vida siendo padres o madres porque su idea de éxito y/o felicidad pasa por otro lado".

Preguntas:

- ¿Se podría decir que toda pareja que ha decidido no tener hijos puede ser considerada antinatural o egoísta?

- ¿Qué argumentos daríamos a favor de que no necesariamente sea así?

- ¿Qué consejos ofreceríamos o cuál sería nuestra estrategia pastoral a una pareja de novios o a un matrimonio que se está preguntando si van a tener hijos o no?

- ¿Y a quienes ya decidieron no tenerlos?

- ¿Cuál cree que es la voluntad de Dios para estas diferentes situaciones? ¿Se le ocurre alguna base bíblica para fundamentar tal posición?[15]

---

15 El párrafo citado y las preguntas fueron elaborados por el Dr. Hugo N. Santos (trabajo inédito), a quien agradecemos su valiosa colaboración.

Bibliografía sugerida

Hanes, Mardi y Hayford, Jack, *Más allá del sufrimiento*, Editorial Clie, Barcelona, España, 1985.

Love, Vicky, *Cuando los niños no llegan*, Editorial Betania, EEUU, 1988.

Van Regenmorter, *John y Sylvia: Cuando la cuna está vacía*. Enfoque a la familia. Editorial Unilit, 2005.

9
El hijo está enfermo o discapacitado

"Tres veces le he pedido al Señor que me quite ese sufrimiento; pero el Señor me ha dicho: Mi amor es todo lo que necesitas; pues mi poder se muestra plenamente en la debilidad" (2Co 12:9).

Objetivo

Que podamos ver, más allá de las limitaciones de cualquier persona, las posibilidades y capacidades que Dios ha puesto en todas sus criaturas para ser apreciadas y desarrolladas.

Lectura de reflexión

Pocas situaciones en la vida pueden provocarnos tanta desilusión como la noticia de la enfermedad grave o discapacidad de un hijo, ya sea al nacer o en cualquier momento de su desarrollo. Es que pocas situaciones en la vida pueden concentrar tantas ilusiones, sueños, expectativas, como la de tener un hijo sano.

El ideal de un hijo hermoso y saludable comienza en los padres mucho antes de que tal hijo nazca y aun de que sea concebido. Es cierto que durante el embarazo es frecuente que aparezca la sombra de una falla o de un defecto no controlable. Pero ese atisbo de temor es ocultado o soslayado rápidamente por la cantidad de expectativas positivas que se proyectan en el hijo anhelado.

- Expectativas y realidad... no siempre se ponen de acuerdo.
- Expectativas y realidad... tanto más nos hacen sufrir cuanto se alejan entre sí.
- Expectativas y realidad... la diferencia entre la ilusión y la desilusión.
- Expectativas y realidad... tocar el cielo con las manos o sumergirse en el abismo del dolor.
- Expectativas y realidad... decisión entre atarnos a un ideal que no fue o disfrutar con valentía de lo que sí es.

He aquí el hijo

Más allá de las características soñadas o deseadas, el hijo real está aquí. En medio de una familia que lo esperaba... pero no así. Algo falló. La discapacidad o la enfermedad crónica de un hijo, al nacer o más tarde, física o mental, grave o moderada, produce inevitablemente una disrupción en el devenir normal de una familia. Los roles, los planes, expectativas y proyectos se ven alterados, al menos al momento de contactar con una realidad diferente a la esperada.

En la actualidad y debido al adelanto tecnológico muchas de las dificultades del bebé pueden detectarse en etapa prenatal. En el momento del diagnóstico –a veces temprano y otras veces más tardío– suele producirse una crisis, ya que tal experiencia es capaz de desestabilizar o desajustar el funcionamiento familiar, tanto interno como externo. El duelo que debe realizarse –la pérdida se refiere a la ilusión de tener un hijo sano y sin problemas– tiene características comunes al de otras familias en similares situaciones, pero también particulares de acuerdo a algunas variables:

- Expectativas sobre el hijo esperado y sobre la maternidad/paternidad.
- Recursos psicológicos, materiales y espirituales de los padres.
- Experiencias previas de afrontamiento de situaciones críticas.
- Red de relaciones familiares y extra familiares (funciones de sostén y apoyo).
- Tipo y grado de la discapacidad o enfermedad del hijo.
- Creencias previas sobre la discapacidad de las personas.
- Valores que se sustentan en la vida.

Todos estos factores influyen en el modo particular en que los padres y la familia asimilarán la realidad de un niño especial. También la actitud que tomen la familia extendida (abuelos, tíos, primos), los amigos y la comunidad de fe juega un rol importante. Pueden contribuir positivamente al aceptar al niño enfermo o con capacidades especiales que ha llegado a la familia, y ser de contención y de ayuda práctica a los padres. O también puede ser rechazado o ignorado, con lo que el dolor de los padres será mayor.

Pero más allá de los contextos diferentes a los que un niño puede llegar con su problema, hay emociones y reacciones comunes frente a estas situaciones. En todo duelo, y éste lo es, se atraviesa por distintas etapas más o menos diferenciadas, pero no lineales. En otras palabras, las etapas pueden mezclarse con lo cual se producen avances y retrocesos. En general, pueden distinguirse tres etapas principales: una de desorganización emocional inicial, un período de intento de integrar la experiencia, y una fase de adaptación madura.

Hay distintas emociones implicadas en el proceso:

- Shock inicial, producto de lo inesperado y lo doloroso de la noticia. Esto se evidencia como una aparente calma, cuando en realidad las emociones quedan como anestesiadas. Es una forma inconciente de evitar un impacto demasiado fuerte que no se puede tolerar. Es una defensa psicológica ante una realidad demasiado angustiosa. En esta etapa no se comprende bien la situación actual ni sus alcances futuros. Los padres pueden escuchar las explicaciones de los profesionales, pero eso no significa que puedan asimilarlas con claridad.

- Irrupción de sentimientos intensos, como tristeza, ira, culpa, frustración.
- Angustia y desorientación, al enfrentar algo inesperado y desconocido.
- Sentimientos de fracaso.
- Desesperanza e incapacidad de visualizar algo bueno en la situación.
- Desesperación, justamente como resultado de la falta de esperanza.

Es bueno tener en cuenta que, si bien hay características comunes, cada integrante de la familia –padre, madre, hermanos– procesará el duelo de un modo particular. A veces también hay que lidiar con las diferencias y los desentendimientos que tales divergencias generan entre los miembros de una misma familia. Saber que esto es normal ayuda a disminuir el malestar que pueda ocasionar.

No es bueno ni justo generalizar, pero los hombres suelen expresar su proceso de duelo de modo diferente que las mujeres. Por lo general, en nuestra cultura los hombres reprimen más sus emociones y muchas veces, en el afán por mantenerse fuertes y ser de apoyo a los demás miembros de la familia, suelen ocultar sus verdaderos sentimientos. No por eso sufren menos. Todo lo contrario. Al dolor de la pérdida, se agrega la soledad y el aislamiento, ya que no comparten con facilidad lo que les sucede. En contraposición, las mujeres tienden a expresar y a compartir sus sentimientos con mayor libertad, y son más proclives a pedir ayuda, sea entre sus afectos o entre los profesionales que consultan. Afortunadamente,

El hijo está enfermo o discapacitado

estas diferencias entre varones y mujeres tienden a disminuir en la actualidad y cada vez más se promueve que todas las personas, independientemente de su género, puedan experimentar y expresar sanamente sus emociones. Varones y mujeres son seres humanos que experimentan dolor y alegría. Y hay permiso para expresarlos. Es un cambio positivo, ya manifestado cabalmente en la persona de Jesús; varón saludable que sintió y evidenció con naturalidad todo tipo de emociones en las diferentes instancias de su vida terrenal.

Sería deseable que tanto los hombres como las mujeres, los adultos como los niños, tengan ámbitos donde expresar con libertad las emociones normales que experimentan. En un duelo bien resuelto, poco a poco se instalará un período de adaptación a partir de la gradual aceptación de las dificultades propias, del niño y de la familia en general. Esto incluye también la celebración gozosa de aquellos logros que alcanza el hijo y del reconocimiento de aquellas fortalezas y cualidades que lo distinguen como persona más allá de sus límites físicos o emocionales.

No obstante, aun cuando se haya alcanzado la etapa de la aceptación, hay que tener en cuenta que el equilibrio logrado en un tramo del desarrollo seguramente exigirá posteriores reformulaciones dado que el devenir humano es de por sí dinámico. A través de los diversos períodos de la vida de un hijo con capacidades diferentes pueden actualizarse distintos aspectos del duelo. Por ejemplo, al llegar la adolescencia –importante etapa de notables cambios evolutivos– los padres toman real conciencia de las limitaciones o dificultades –físicas o emocionales– que muestra el hijo si se lo compara con otros hermanos o amigos de la misma edad. Entonces pueden volver a experimentar frustración o pena, además de tener que contener –según el caso– al propio hijo que también es más consciente de sus limitaciones ("no puedo hacer lo que hacen mis hermanos o amigos de mi edad"). Otra etapa crítica sería la de la vejez de los propios padres, especialmente si el hijo no tiene la capacidad para desempeñarse en la vida con autonomía. Suele ser un tema de mucha preocupación para los padres y también para los hermanos. Es normal que se experimenten nuevos temores e incertidumbres frente a los desafíos por venir. Nuevamente, comprender, aceptar, ver cuáles son las mejores opciones de cuidado sobre ese hijo y compartir la carga resulta en alivio y acciones provechosas.

Es útil mencionar algunos indicadores de un duelo mal resuelto en este tipo de experiencias que pueden ayudarnos a encender una luz roja que debe atenderse:

- Apego excesivo y sobreprotección porque a veces es difícil delimitar entre la real necesidad de ayuda por parte del niño y la sobreprotección como una reacción paterna/materna equivocada.
- Trato negligente o de abandono.
- Ocuparse escasamente o no ocuparse de las posibilidades existentes de rehabilitación.
- En el otro extremo, sobreexigir al niño, más allá de lo que él puede y recomiendan los profesionales. Es una forma de no aceptar la realidad de la limitación del hijo.
- Ocultar al niño discapacitado o aislarse socialmente los padres y la familia en general por vergüenza y sentimientos de indignidad. Afortunadamente, cada vez hay mayor conciencia sobre la necesidad y el derecho de integración que tienen las personas con algún grado de discapacidad a los entornos afectivos y sociales a los que pertenecen.
- Abandono de sí mismo, del trabajo o la profesión por parte de alguno de los padres o abandono del resto de las necesidades familiares, por ejemplo de los otros hijos. Sería algo así como entregarle la vida al hijo con problemas, casi como dejar de vivir lo propio por él.
- Huida, expresada en seguir como si nada hubiera pasado, por ejemplo, o cualquier actitud que intente evadir la confrontación con la situación real.
- Actitudes hostiles intensas hacia el niño con problemas, o hacia el equipo profesional que atiende el caso.

- Depresión crónica con o sin ansiedad.

Algunos de estos sentimientos y actitudes pueden ser normales en una etapa de transición hacia la recuperación del equilibrio perdido o en momentos críticos de tensión. Sin embargo, si se hacen crónicos son señal de una alteración que tarde o temprano provocará otras disfunciones familiares.

Otra situación frecuente y comprensible es el temor a otro embarazo. Especialmente si el niño discapacitado o enfermo es el primer hijo, esta experiencia puede inhibir en los padres el deseo de tener otros hijos. En este sentido es muy importante la intervención del médico especializado en el tema para brindar información que pueda aclarar y despejar dudas sobre decisiones futuras que los padres han de tomar al respecto.

Sobre la dinámica familiar

La llegada de un hijo siempre produce un cierto desajuste y posterior adaptación en el seno de una familia, ya que al haber un miembro más se espera que hagan ciertos cambios normales para integrarlo. Con más razón, la llegada de un hijo con capacidades especiales o enfermedad crónica implicará cambios en los roles familiares, en las interacciones y en la administración del tiempo y de los recursos – físicos, emocionales, económicos–.

En la pareja de padres. Aunque el matrimonio es una unidad, está formado por dos personas distintas en su armado histórico y emocional. Por lo tanto, es lógico que cada una de ellas reaccione en forma diferente frente a la misma experiencia. Algunas personas expresan más fácilmente sus emociones y otras son más reservadas. Algunas tienen mayor tolerancia ante las situaciones adversas y otras son menos resistentes a ellas. Algunas personas tienden a buscar ayuda externa rápidamente, otras prefieren usar sus propios recursos. Algunas necesitan la máxima información sobre lo que sucede, otras prefieren evitar saber todos los detalles que podría angustiarlos. Algunas se movilizan rápidamente frente a lo inesperado, otras se paralizan o necesitan más tiempo para reaccionar. Algunas están mejor equipadas espiritualmente, otras no tanto. Estas son sólo algunas de las diferencias que nos distinguen como individuos.

La unidad de la pareja frente al problema que enfrentan no debe equipararse a "reaccionar y sentir igual", sino a respetar que cada uno viva la situación en su singularidad sintiéndose verdaderamente unidos. Si las diferencias no se utilizan para rivalizar sino para complementarse, los recursos de afrontamiento se verán fortalecidos y enriquecidos. Para esto es necesario mantener un diálogo franco y continuo sobre los sentimientos experimentados, los propios límites, las expectativas y los caminos a seguir.

Como en otros aspectos de la crianza de los hijos, la tarea de atender a un hijo con capacidades especiales o que padece alguna enfermedad seria no debe recaer sólo en la madre. Esto sólo resultará en sentimientos de soledad y agotamiento para ella y en exclusión del padre de la vida del hijo. Es posible que la pareja decida distribuir alternativamente los roles para un mejor rendimiento de los recursos disponibles, pero tanto papá como mamá deben asumir la realidad de un hijo con características particulares que requerirá atención especial y prolongada, tanto en los aspectos físicos como emocionales. También otros miembros de la familia podrían sumarse a la tarea de cuidado a fin de aliviar la presión a la que está sometida la familia en cuestión.

Otro riesgo que enfrentan los padres es permitir, aun sin darse cuenta, que la dificultad del hijo ocupe un lugar indebido entre ellos. Nada debe desunir al matrimonio, ni siquiera la gravedad de la enfermedad del hijo. Seguramente habrá más demandas de lo normal sobre los dos padres o sobre alguno de ellos en particular, no obstante lo cual hay que estar atentos para cuidar la intimidad matrimonial, tratando de preservar tiempos y espacios propios, aunque sean breves o esporádicos. A veces se necesitará ayuda externa para hacerlo posible.[1] Esa inversión, no siempre fácil de lograr, también

---

[1] Es importante explorar la ayuda que debe brindar el Estado a las familias con miembros dis-

redundará en un beneficio para el hijo, porque contará con una pareja de padres sólida y fuerte emocionalmente para ocuparse adecuadamente de él.

Los otros hijos. Es muy frecuente que los hermanos del niño discapacitado se vean afectados en su desarrollo psicológico cuando no se logra un equilibrio en el trato hacia el hijo con problemas. Los trastornos más comunes son: culpa por su propia salud o capacidades y esfuerzo inapropiado para evitar ser de más carga a los padres. Es así como suelen ocultar sus propias necesidades y se comportan como adultos y no como niños o adolescentes. Además, sienten una exigencia emocional adicional al sentirse depositarios de las expectativas no cumplidas en el hijo discapacitado –piensan que deben compensar a sus padres siendo brillantes y exitosos– y es posible que experimenten a futuro resentimientos o dolor emocional por haberse sentido tan exigidos o por no haber sido atendidos suficientemente por padres muy absorbidos por las demandas del hijo enfermo. Los hermanos de un chico con capacidades diferentes necesitan ver suplidos adecuadamente sus requerimientos emocionales. Esto incluye también suficiente información –de acuerdo a la edad– sobre las reales limitaciones del hermano y las perspectivas a futuro. La preocupación por el futuro del miembro discapacitado no sólo alcanza a los padres sino también a los hermanos. Es bueno que estos temas puedan hablarse en familia con franqueza y cuidado. Produce alivio, contención y mayor cohesión en el vínculo. Silenciarlos sólo aumenta los temores y la soledad interior.

Aunque el riesgo de tener estas dificultades es alto, y en la práctica cotidiana no es tan sencillo establecer prioridades y límites, muchas familias logran conciliar las diferentes necesidades y tener un niño con alguna discapacidad en la familia resulta en un gozo para todos sus miembros. Cuando se unen, disfrutan de estar juntos y de

---

capacitados y conocer los derechos que las asisten en estas circunstancias a fin de reclamar estas coberturas especiales que incluyen muchos aspectos del cuidado que necesitan estas personas. Asumir que es necesario obtener un "certificado de discapacidad" incluye el haber aceptado tal discapacidad en el hijo. Caso contrario, se dificulta el acceso a estos beneficios que puedan estar disponibles en la comunidad.

ayudarse unos a otros para que todo resulte más fácil. Los hijos sanos que reciben suministros materiales y emocionales de sus padres en dosis adecuadas, pueden también beneficiarse al colaborar ayudando al hermano enfermo o con capacidades especiales.

La historia de Mara, una adolescente con síndrome de Down, da prueba de ello. Un nombre puesto por Marta, su madre, una mujer de profunda fe, que refiere al milagro que Dios hizo al transformar las aguas amargas que no se podían tomar, en aguas dulces, benéficas para los que las bebían (Ex 15.22-27). Y así es la vida de Mara, una dulzura y una bendición de Dios para sus hermanos y hermanas que la cuidan, la miman, la ayudan, y aun la retan… pero también la disfrutan, y por nada del mundo la cambiarían. Es lo que Dios puede hacer cuando le entregamos nuestra más amarga y triste situación y él la transforma en fuente de bendición.

Un breve párrafo sobre las madres –o padres– que crían solos a sus hijos. Es obvio que en general la vulnerabilidad aumenta en las familias que cuentan con un solo progenitor a cargo. Cuando además afrontan la discapacidad o enfermedad de un hijo, se incrementan las necesidades de todo tipo –materiales, afectivas, de ayuda práctica–. La familia ampliada, los amigos, los vecinos y en particular la iglesia de Jesucristo deben jugar un rol relevante en el auxilio que estas familias necesitan. *"Pero un hombre de Samaria que viajaba por el mismo camino, al verlo, sintió compasión. Se acercó a él, le curó las heridas con aceite y vino, y le puso vendas. Luego subió en su propia cabalgadura, lo llevó a un alojamiento y lo cuidó"*. Lucas 10: 33-34, NVI. Estar más cerca –"ver"– despertará la compasión necesaria para percibir con mayor precisión las áreas que necesitan ser cubiertas. Tres ingredientes básicos para una ayuda eficaz son: proximidad, compasión, acción.

¿Qué hacer?

Cada historia es particular, como cada familia es particular. Sin embargo, las personas que han atravesado circunstancias especiales pueden ayudarnos al relatarnos sus vivencias.

Dos madres nos comparten su experiencia:

Una hija especial para una madre especial

— *Como cualquier niña, durante mi infancia jugaba a ser mamá, cuidando y amando a mis muñecas y soñando que algún día lo sería de verdad. Dios fue guiando mi camino hasta que durante mi adolescencia conocí a Dios en forma personal y mi vida fue cambiando. Me tomé de él, y le pedí que hiciera su voluntad en mí.*

Al pasar los años y formar mi propia familia, decidimos tener un hijo y llegó el momento más deseado y esperado por mí: tener un hijo en mi vientre. ¡Con cuánta alegría, esperanzas y expectativas vivimos el embarazo! Acariciando la panza oraba al Señor por ese hijo y soñaba con su carita, su sonrisa, sus ojos, sus cabellos, sus primeros balbuceos... imaginaba y soñaba con su vida.

Hasta que luego de nueve largos meses, llegó al mundo nuestra niña; de ojos azules penetrantes, sus cabellos rubios y su fragilidad nos pedía a gritos nuestro amor y cuidado. Qué maravilloso fue verla crecer día a día, aprender a ser mamá con ella, a conocernos y a entendernos. Pasamos el período de la primera sonrisa, de verla sentarse sola, gatear y pararse, pero luego vendría la etapa de caminar y eso no lo lograba. Mi mente no podía aceptar que algo malo le pasaba a mi hija.

Llegó el momento de ir al neurólogo, y él, sin vueltas, nos diagnosticó lo inesperado: nuestra hermosa hija padecía una enfermedad congénita llamada Síndrome de Williams, un retraso madurativo e intelectual leve, que la acompañaría toda su vida. Mi vida se oscureció, el mundo se paralizó y no podía entender ni aceptar absolutamente nada. Un dolor profundo me acompañaba día y noche.

A partir de allí, tendría que enterrar todas mis ilusiones y sueños sobre Priscila y reconstruir a una nueva "Prisci", que debía recibir tratamientos médicos y mucho estímulo para poder desarrollar mejor sus débiles músculos y su inmadurez. Sólo Dios sabrá qué será de su vida. Así aprendí a amarla, con sus dificultades y flaquezas, a no compararla con otros chicos y a respetar sus tiempos.

Pasaron ya varios años de lucha, de hospitales, de tratamientos, de preguntas sin respuestas, de noches sin poder dormir, pensando que todo esto sería una pesadilla, pero no fue así. Dios quiso dármela a mí así como es, tan especial, tan particular. Ella me enseñó los valores más preciados: a valorar las cosas más pequeñas, a amar a las personas como son. Cada logro en su vida es una gran fiesta. Su constante alegría y optimismo nos da fuerzas para enfrentar cada día. Ahora puedo decir que Dios ha sido bueno conmigo. Me ha fortalecido en momentos difíciles, me dio un esposo en quien puedo sostenerme siempre. También ha llenado mi hogar con otras dos hijas que completan nuestra alegría.

Poco a poco pude aceptar la soberanía de Dios en mi vida, a pesar de sufrir tanto. Esta experiencia penosa me da sensibilidad para entender a otros padres que sufren y a través de esto, también ayudar a otros. Como dice en 2Co 12.10:

"Por amor a Cristo me gozo en las debilidades, en afrentas, en necesidades, en angustias, porque cuando soy débil, entonces soy fuerte".

28 de febrero de 2019:

Hoy Prisci ya tiene 30 años. Es una joven adulta y Dios me sigue sorprendiendo más que antes. Por su dificultad, pudo terminar su escolaridad Primaria y solamente 1 año de Nivel Secundario. Pero realizó 3 años de Capacitación Laboral los cuales la ayudaron muchísimo para lo que vendría...

Lo que todos los padres soñamos para nuestros hijos: "que tengan un trabajo y que lo disfruten"... Eso también Dios lo hizo realidad en Prisci, y tengo que hacer la mención de que fue milagroso, ya que después de realizar su entrevista laboral con la directora del área, la llamaron por teléfono para decirle que la tomaban para el trabajo el mismo día en que mi esposo estaba siendo intervenido quirúrgicamente con una gravedad extrema de vida, y solamente ella se encontraba en casa para atender, ya que todos estábamos en el hospital cuidando a mi esposo.

Pero Dios estaba encargándose de cuidar a Prisci, ella atendió el llamado y desde hace 4 años es asistente en el área de Recursos Humanos del Ministerio de Seguridad Vial (Buenos Aires). Aprendió a viajar sola en bus y en subte. Tiene su propio sueldo y un grupo de compañeros de trabajo maravillosos que la quieren y la cuidan.

Ella es una fiel hija de Dios. Dios le dio el don de la música y hace dos años integra el coro estable de la Iglesia a la que asiste regularmente donde también comparte su testimonio públicamente para contar de la obra de Dios en su vida.

Me sorprende cada día con la madurez que enfrenta cada una de las situaciones de la vida: ella se alegra hasta las lágrimas con la alegría de los demás y enfrenta con madurez y equilibrio algunos temas difíciles de su propia vida.

Y ahora... ¿cómo sigue su futuro? ... no lo sé. Sólo sé que tengo un Dios Todopoderoso en quien confío y pido para que Él haga Su obra en ella. ¡Es el mejor plan!

La Biblia dice: "Los planes son del hombre; la palabra final la tiene el Señor. Pon tus actos en las manos del Señor y tus planes se realizarán" (Pr 16:1,3).

A través de Su Palabra Dios mismo me dice: "Diana, los planes que tenés son sólo tu imaginación, la palabra final la tengo YO. Poné todos tus sueños en mis manos, y tus planes se realizarán".

Diana Oundjian Ekizian

Construir y habitar un mundo nuevo

— Israel nació un frío 7 de Julio del 1980. Llegó a nuestro hogar con la ilusión y los sueños que trae el primer hijo. Nadie nos dijo entonces que sería un niño diferente. Los médicos, creo hoy, no se atrevieron a darnos su diagnóstico, sino hasta casi su primer año de vida.

Y yo como madre debí haber negado inconscientemente su enfermedad, deseosa de no ver lo que el futuro me depararía.

Fueron tiempos difíciles, cuando en mi interior se mezclaban muchos sentimientos: la angustia de no saber si alguna vez aprendería a leer o escribir, si podría adaptarse a la sociedad, si su salud sería muy delicada... Fueron tiempos cuando clamaba: "¿Por qué a mí, Señor?" Muchas preguntas pasaron por mi mente y mi corazón. Muchos sueños se deshicieron y muchas ilusiones se diluyeron. Tuve que elaborar el duelo, en mi mente y

en mi corazón, del hijo que había deseado y que no estaba allí.
Cuando el dolor llega, muchas veces se confronta con la fe verdadera. En la aflicción profunda aprendemos que el camino hacia Dios es un largo sendero de experiencias nuevas que deberán madurar con las circunstancias; aprendemos que debemos descansar en él.

La soledad invadió mi corazón, esa que sólo una madre en esta situación puede sentir, aunque todos quieran consolarla. El "valle de sombra de muerte (...)" del que el salmista David habló, fue el sitio doloroso de mi encuentro con Dios. Nada podía consolar tanto desamparo... Muchas veces pensé que esa no era mi historia, que yo no merecía que la fuese, y sólo quería estar pronto en los dulces brazos de mi salvador, pero luego miraba el rostro de Israel, su carita que siempre me sonreía, y todas mis lágrimas querían tener un sentido.

Fue en esa situación, cuando ya las fuerzas me abandonaban, donde Jesús me buscó –a pesar de que lo había conocido desde pequeña– y quiso mostrarme un camino mejor. Él me encontró en el abismo de mi vida para que comprendiera sus propósitos, que siempre son más altos que los nuestros. Pude experimentar su amor en mí y su misericordia que se renovaba cada día. Él podía entender mi sufrimiento y consolarme como nadie lo hubiera podido hacer. Pude aprender el camino de la humildad, y me dejé consolar por él... Paulatinamente, comprendí que el sufrimiento es parte de la vida "bajo el sol", como dice el libro de Eclesiastés, pero que "Dios dispone todas las cosas para el bien de quienes lo aman" (Ro 8.28). Jesús me mostró que Israel no podría llegar a ser un profesional, pero sí un gran maestro para mi vida, aquél que me enseñaría que la voluntad de Dios en nosotros es suprema, y que los pensamientos de Dios son más altos que los nuestros y siempre para nuestro bien.

Hoy, luego de veintiocho años, Israel es el hijo que nos ha dado la paz y la sabiduría de la experiencia. Su vida ha sido una motivación para muchos padres que pasaron por situaciones parecidas y encontraron las fuerzas para continuar. Es baterista del grupo de adoración de la iglesia, y sus oraciones han edificado la vida de muchos, porque él percibe el dolor y la necesidad de los demás de una manera admirable.

Israel es un joven querido y respetado. Todos saben que hay cosas que él nunca podrá hacer, pero que tiene muchas otras para dar, y yo aprendí que el Señor tuvo un propósito al enviarlo a nuestra vida y acepté confiadamente su voluntad. Ha sido un largo camino de esfuerzo, sacrificio y constancia, donde no siempre las cosas fueron fáciles. Sin embargo, estoy convencida de algo: Dios decidió que ésta era mi historia y yo tuve que ayudar a construirla junto a muchos que a través del tiempo me acompañaron en oración y con su presencia. Descubrí que en la familia cristiana tenía amigos y hermanos que estarían listos para levantarme cuando cayera, y para orar por mí cuando yo no tuviera fuerzas. Hemos construido junto a Israel un mundo que nos hace felices donde hay mucho para dar a otros y compartir. Ya nada nos detendrá, porque estamos juntos y todas las batallas pueden ser ganadas. Hemos decidido luchar contra la tristeza y la derrota y hemos encontrado en Jesús nuestra fuerza renovadora.

Yo aprendí, como el apóstol Pablo, que "Todo lo puedo en Cristo que me fortalece". Permita el Señor que estas palabras sirvan de consuelo y motivación a tantos padres que creen que ya todo está perdido para que sepan que en él hay esperanza.

Bendito sea el Dios y Padre de nuestro Señor Jesucristo, Padre de misericordias y Dios de toda consolación, el cual nos consuela en todas nuestras tribulaciones, para que podamos también nosotros consolar a los que están en cualquier tribulación, por medio de la consolación con que nosotros somos consolados (2Co 1:3-4).

Cristina de Villanueva, Revista Kairós, enero de 2003.

Del sufrimiento a la bendición

La maternidad y la paternidad son una oportunidad que Dios nos da para formar vidas; es un gran privilegio que muchas veces va acompañado de dolor. Pero también a través del sufrimiento que podamos experimentar Dios, como nuestro Padre celestial, quiere formar nuestras propias vidas, enriqueciéndolas, corrigiéndolas, madurándolas, hasta completar su propósito en nosotros.

Si tendemos a ser perfeccionistas o tenemos una idea bastante rígida de cómo deben ser las cosas para que funcionen bien, la maternidad/paternidad suele poner a prueba tales condiciones. Con más razón cuando tenemos un niño o niña con capacidades diferentes en la familia. Esta experiencia constituye una oportunidad privilegiada para aprender a ver la vida desde diferentes perspectivas y ser flexibles al elaborar respuestas a los desafíos que se presentan. Es cierto que el proceso de duelo implica admitir y aceptar las limitaciones que presenta el ser querido. Pero también es cierto que esta persona posee capacidades diferentes y sobresalientes que deben ser estimuladas y disfrutadas. Aumentará el sufrimiento y la tensión si permanecemos rígidos. En cambio, la disposición a ver lo bello en todas las personas y la diversidad de perspectivas que podemos tener sobre un asunto enriquecerá la propia vida personal y familiar.

En tiempos de adversidad podemos desarrollar o fortalecer también otras habilidades como la paciencia, la capacidad para escuchar, la practicidad; poner en orden nuestros valores y prioridades y así comprobar qué es lo realmente importante en la vida; mejorar la calidad de nuestras relaciones familiares como la comunicación, el diálogo, la expresión de los afectos y la unidad, y también aumentar nuestra comunión con Dios y su familia.

En los tiempos de dolor aprendemos que nuestras posibilidades son limitadas, nuestros esfuerzos muchas veces insuficientes y nuestras fuerzas exiguas. Tenemos, entonces, la oportunidad de renovar nuestra confianza y dependencia de Dios, recibiendo de él comprensión, sostén, consuelo, aliento y el consejo oportuno. Nuestro Padre celestial no es indiferente a nuestro sufrimiento como padres o madres porque nos ama y él lo ha experimentado primero.

Cuando no tengo una respuesta de parte de Dios acerca de por qué tengo que experimentar tiempos de profundo dolor, hay por lo menos un par de cosas que me ayudan en medio de la lucha. Primero, me consuela saber que, igual que yo, Jesús sufrió en su cuerpo. Y, puesto que ha experimentado todo tipo de dolor y sufrimiento humano, él entiende mi dolor. Hebreos 2.18 dice: "Y como él mismo sufrió y fue puesto a prueba, ahora puede ayudar a los que también son puestos a prueba". Gracias a Jesús y a lo que él pasó, sé que Dios entiende mi sufrimiento. Nunca pasamos por ninguna situación que él mismo no haya tenido que soportar. Cuando me vuelvo a Dios y clamo a él en medio de mi sufrimiento, sé que me oye como alguien que ha sufrido, que comparte mi pena y que ha sido herido de la misma manera que yo lo he sido. Tal vez Dios no me libere del dolor y las luchas en esta vida, pero sé que él está ahí. Y él sabe cómo es esto. El oyó el clamor de su propio Hijo en el huerto de Getsemaní. También lo oyó clamar desde la cruz. Y él oye nuestro clamor ahora... En segundo lugar, creo que Dios nos ama más de lo que podemos llegar a entender, más de lo que jamás podríamos amarnos a nosotros mismos o nuestros seres queridos más cercanos...[2].

Que podamos en el tiempo del dolor aprender de él, esperando y confiando en su amor con renovadas esperanzas, y estando dispuestos a recibir de su consolación aunque el milagro esperado no se produzca. "*Cuando en mí la angustia iba en aumento, tu consuelo llenaba mi alma de alegría*" (Sal 94:19).[3]

En vista del alboroto que hoy reina sobre las curas milagrosas, me pregunto si muchas veces el mayor milagro no acontece allí donde, a pesar de que la sanidad exterior no es recibida, la persona se mantiene fiel en su fe y en su confianza en Dios. En ese caso, ocurre el milagro de que por el poder de Dios se cambia nuestra debilidad en fortaleza, como señala el apóstol Pablo.[4]

Una de las cosas que permite asimilar mejor el sufrimiento es saber que, finalmente, puede ser bueno para algo, o tenga un propósito que le dé significado a la vida. Y claro que el cristiano puede permitir que Dios tome su dolor y lo transforme en algo positivo. Si la experiencia de aflicción ha sido bien aprovechada, las personas no somos las mismas luego de haberlo afrontado.

---

2 Tom Eisenman, *Trece tentaciones que enfrenta tu familia*, Ediciones Certeza, 2000, p. 262.
3 Tom Eisenman, *Trece tentaciones que enfrenta tu familia*, Ediciones Certeza, 2000, p. 262.
4 Lothar Hoch, *Asesoramiento pastoral en América Latina*. Visiones y Herramientas, ISEDET, 2011.

Atravesar el propio sufrimiento produce también humildad, sensibilidad hacia el dolor del otro, compasión, comprensión, características que habilitan para acompañar a su vez a otros que sufren. Poder colaborar con otros que están viviendo algo similar a lo que nosotros hemos experimentado es un factor sanador para las propias heridas. De hecho, los grupos de apoyo mutuo asientan sobre la base de ayudar y a la vez ser ayudado al compartir la propia experiencia de dolor.

A propósito de esto, frente a la realidad de la discapacidad de un miembro de la familia es bueno explorar el recurso de la participación en grupos de apoyo mutuo que puedan estar disponibles en la comunidad –tanto para padres, como hermanos, como el mismo niño o joven con capacidades diferentes– para incorporarlo a las herramientas útiles a utilizar. Estos grupos que enfocan diversas temáticas han mostrado su eficacia en el apoyo particular que se necesita en experiencias como las que estamos abordando en este capítulo. Muchas iglesias también pueden abrir estos espacios de apoyo mutuo y, de hecho, lo están haciendo como una expresión más del amor de Dios puesto en acción.[5]

Datos para la prevención

No podemos evitar el sufrimiento aquí, en nuestro andar terrenal. Lo que sí podemos hacer es decidir tener una buena actitud ante el sufrimiento, incluso antes de que el mismo toque a nuestra puerta.

> *"Job le dijo: (…) ¿Qué? ¿Recibiremos de Dios el bien, y el mal no lo recibiremos?"* (Job 2:10).

> *"Cuando te vaya bien, disfruta ese bienestar; pero cuando te vaya mal, ponte a pensar que lo uno y lo otro son cosa de Dios, y que el hombre nunca sabe lo que ha de traerle el futuro"* (Ec 7:14).

Jesús mismo no prometió a sus discípulos que les evitaría el sufrimiento y la aflicción, pero sí prometió estar con ellos –y con noso-

---
5 Ampliaremos este tema en el último capítulo.

tros–, dándonos su paz y su compañía. Hacer nuestra esta promesa permite que el camino doloroso resulte más fácil que encontremos los recursos celestiales a nuestra disposición y aceptemos la soberanía bondadosa de Dios.

Podemos tomar el ejemplo de María, la madre de Jesús:

- Entrega: *"He aquí la sierva del Señor, hágase conmigo conforme a tu palabra"* (Lc 1:38).

- Alabanza y adoración: *"Entonces María dijo: Engrandece mi alma al Señor; y mi espíritu se regocija en Dios mi Salvador"* (Lc 1:46-47).

- Silencio y recogimiento, en fe, ante lo incomprensible del sufrimiento: *"María guardaba todas estas cosas, meditándolas en su corazón"* (Lc 2:19, 51).

"Todo puede ser hurtado del ser humano menos una cosa: su libertad para escoger una actitud frente a cada circunstancia" (Víctor Frankl).

Como testimonio de esta verdad, incluimos el relato de Rubén, un hombre que experimenta una vida completa y rica. Aquellos que lo conocemos, somos bendecidos por su actitud frente a la vida y frente a Dios.

— *Nací en 1958, poco después de la última gran epidemia de polio en el país. A los cinco meses de edad contraje el virus que me afectó los miembros inferiores y la columna. Por esas cosas del destino, mala suerte o voluntad divina (cada uno elija), mi hermano, que nació en el peor momento de la epidemia, no tuvo nada. En ese tiempo, los que podían mandaban a sus hijos pequeños al campo. Yo viví mis primeros años en el hospital.*

A pesar de eso, tuve una infancia feliz, sin apremios económicos pero tampoco nos sobraba nada. Mis padres me trataron de la mejor manera, igual que a mis dos hermanos. Tuve premios y castigos sin distinción. Lo que podía hacer lo hacía aunque eso implicara algún riesgo. Jugué a la pelota en la esquina de casa con los demás chicos –con la ventaja de usar las muletas para patear–, al vóley en los campamentos, y aprendí a nadar para fortalecer los brazos y la capacidad pulmonar. Siempre me gustó estudiar; mi papá me dio ejemplo de amor al conocimiento, aunque él mismo no había podido completar la escolaridad primaria. Libros y discos poblaron mi dormitorio desde chico y eso continúa hasta hoy.

Cuando terminé la escuela secundaria pensé que estudiar kinesiología era honrar a quienes me ayudaron a aprender a caminar (los kinesiólogos de ALPI, Asociación Civil de Lucha contra la Parálisis Infantil, en la Argentina) y una manera de estar más cerca de aquellos que también tienen alguna discapacidad como yo y ayudarlos a que puedan encontrar su camino. Algo así como: "Si yo pude, vos también podés".

Así que hace muchos años que trabajo en rehabilitación, tratando de hacer todo lo que se puede en un país tan inestable y donde el derecho a que todos accedan a una buena cobertura médica es una materia pendiente del Estado.

Hace más de treinta años que conocí a una mujer maravillosa –y muy bonita– con la cual me casé y tenemos una hija joven que es nuestro sol y por quien cada día seguimos luchando para que tenga un futuro y un país mejor que el nuestro.

El haber crecido en un hogar cristiano y la fe en Cristo me ayudaron a entender que cada persona tiene un propósito particular en la vida, y el mío está ligado a mi condición de "discapacitado". Lo pongo entre comillas, porque de verdad creo que todos somos normales…hasta que nos conocen; y ahí entonces cada uno muestra lo bueno y lo malo, lo mejor y lo peor, sus virtudes y defectos, sus dones y sus limitaciones. Para ponerlo al revés aunque suene fuerte: todos somos discapacitados, sólo que de diferentes maneras. Creo que Dios nos hizo así como somos, y que de verdad es un Dios creativo; ¡cuánta variedad!, ¡qué distintos! Y no hablo sólo de blancos o negros, gordos o flacos, sino también del que pinta con los dedos del pie, del que escribe música siendo sordo o del que compite en maratones con pierna ortopédica.

Mi mensaje es que la discapacidad no es algo que hay que llevar con vergüenza, una enfermedad que hay que sanar o un estado anormal de alguien del que hay que tener lástima, sino que también puede ser un don de Dios. Varias veces algún hermano en la fe con la mejor intención quiso orar por mí, como si yo tuviera algo que había que quitar; en muchos casos y por soberanía divina hay milagro y sanidad, creo en eso. Pero también puede que Dios diga, como creo que sucede en mi caso, "bástate mi gracia" y así formemos parte de ese grupo de ovejas como Mefiboset, Jacob en su adultez y tantos otros, de modo que podamos decir que en nuestras "debilidades" –limitaciones, anomalías físicas– nos gloriaremos para que Dios se manifieste y dependa más de él cada día.

Rubén Ayala

En la misma línea, el testimonio del joven australiano Nick Vujicic quien nació sin brazos ni piernas (producto de una rara enfermedad congénita llamada tetraamelia), es tremendamente fuerte pero a la vez alentador. En 2005 fundó la organización "Life without limbs", cuyo objetivo es motivar e inspirar a las personas sin extremidades.[6] Escribió varios libros y recorrió muchos países contando su testimonio. También cumplió el sueño de formar su propia familia; junto a su esposa tienen cuatro hijos. El secreto de su vida tan fructífera: vivir con propósito y esperanza. Vale la pena conocerlo.[7]

Actividades

1. Leer en el grupo el relato "La belleza de Holanda" y contestar la siguiente pregunta:
2. ¿En qué se parecen los preparativos de un viaje de vacaciones a Italia que finalmente termina en un periplo inesperado por la colorida Holanda con la llegada de un hijo con capacidades diferentes o enfermo en lugar de uno sano?
3. ¿De qué manera la lectura de este capítulo lo ha sensibilizado para ayudar a una persona o familia de su entorno que atravie-

---

[6] https://es.wikipedia.org/wiki/Nick_Vujicic

[7] https://youtu.be/W6rte08B9NE
https://www.youtube.com/watch?v=iMDLxcRKlzg
https://www.youtube.com/watch?v=wYFESF8pPEM

san la situación de la discapacidad de un hijo o una hija? ¿Qué herramientas o recursos –individuales y comunitarios– desearía poner a disposición de estas personas?

"A pesar de nuestras limitaciones, podemos contribuir a hacer del mundo un lugar mejor. Colabora de forma creativa en la lucha contra el dolor". Jack Wintz

La belleza de Holanda

Me piden a menudo que describa la experiencia de criar y educar a un niño con una deficiencia. Para ayudar a la gente que no ha tenido esta experiencia tan especial a comprender y a imaginarse cómo es, le explico que esperar un niño es como planificar un maravilloso viaje de vacaciones a Italia. Te compras un montón de guías de viaje y haces planes maravillosos: el Coliseo, el David de Miguel Ángel, las góndolas de Venecia... Incluso aprendes algunas frases útiles en italiano. Todo es muy emocionante.

Después de meses esperando con ilusión, llega por fin el día. Haces tus maletas y sales de viaje. Algunas horas más tarde el avión aterriza. La azafata viene y te dice: "Bienvenida a Holanda". "¿Holanda?", dices, "¿qué quiere decir usted con Holanda? ¡Yo contraté un viaje a Italia! ¡Tendría que estar en Italia! ¡Toda mi vida he soñado con ir a Italia!"

Pero ha habido un cambio en el plan de viaje. Has aterrizado en Holanda y tienes que quedarte allí. Lo más importante es que no te han llevado a un sitio horrible, asqueroso, lleno de malos olores, hambres y enfermedades. Simplemente es un sitio diferente.

Por lo tanto tienes que salir y comprarte nuevas guías de viaje, aprender un idioma completamente nuevo y conocer gente completamente nueva que no hubieras conocido nunca. Es simplemente un lugar distinto. Es más tranquilo que Italia, menos excitante que Italia. Pero después de haber pasado un cierto tiempo allí y de recobrar tu aliento, miras a tu alrededor y empiezas a darte cuenta de que Holanda tiene molinos de viento, tulipanes. Holanda tiene incluso obras de Rembrandt.

Al mismo tiempo toda la gente que tienes a tu alrededor está muy ocupada yendo y viniendo de Italia, y están todos presumiendo de lo bien que lo han pasado allí. Y durante el resto de tu vida, te dirás a ti mismo: "Si es allí donde yo debería haber ido. Eso es lo que había planeado" y el dolor nunca, nunca desaparecerá del todo, porque la pérdida de ese sueño es muy significativa.

Pero si te pasas la vida lamentándote por el hecho de no haber podido visitar Italia, es posible que nunca te sientas lo suficientemente libre como para disfrutar de las cosas tan especiales y tan encantadoras que tiene Holanda.

Fuente: Emily Pearl Kingsley,
escritora del programa de televisión "Plaza Sésamo",
madre de un niño con síndrome de Down

Bibliografía sugerida

Martínez Vila, Pablo, *Más allá del dolor*, Publicaciones Andamio, Barcelona, España, 2006.

Wright, Norman y Joyce, *Siempre te amaré*, Editorial Unilit, Miami, Florida, EEUU, 1994.

10
Hijos que no satisfacen las expectativas de los padres

"Entonces regresó a la casa de su padre, y cuando todavía estaba lejos, su padre lo vio llegar. Lleno de amor y de compasión, corrió hacia su hijo, lo abrazó y lo besó. Su hijo le dijo: "Padre, he pecado contra el cielo y contra ti, y ya no soy digno de que me llamen tu hijo". Sin embargo, su padre dijo a los sirvientes (...) "Tenemos que celebrar con un banquete, porque este hijo mío estaba muerto y ahora ha vuelto a la vida; estaba perdido y ahora ha sido encontrado". Entonces comenzó la fiesta" (Lc 15. 11-24).

Objetivo

Alcanzar una mayor comprensión sobre la frustración y el sufrimiento que experimentan los padres por un hijo que crece en edad pero equivoca el camino al hacer malas elecciones de vida o decide no seguir la fe que le han enseñado. A la vez, despertar compasión, consolar y brindar herramientas prácticas para que los padres afronten mejor tales situaciones penosas.

Lectura de reflexión

El sufrimiento está muy ligado a la experiencia de la maternidad y la paternidad. A diferencia de otros dolores físicos que denuncian enfermedad o mal funcionamiento de órganos del cuerpo, el dolor del parto implica dar la bienvenida a una nueva vida a partir de un proceso fisiológico normal. Este acto vital con todas sus características –dolor y placer, dolor y alegría, dolor y satisfacción– pareciera signar toda la experiencia ulterior tanto de la maternidad como de la paternidad. Alegrías y tristezas, esperanza y desaliento, ilusiones y desilusiones se irán alternando en distintas frecuencias e intensidades en la vida familiar mientras los hijos van creciendo hasta alcanzar su pleno desarrollo.

Expectativas y realidad

Los hijos forman parte de un proyecto de realización y enriquecimiento personal para la mayoría de los padres. Desde antes de nacer comienza a tejerse sobre el bebé deseado una compleja trama de ilusiones, sueños, anhelos, que se concentra finalmente al elegir un nombre para el nene o la nena que ha llegado. Esto marca el comienzo de la identidad de un ser humano; identidad que se irá construyendo poco a poco en la interacción con el entorno (mamá y papá, o de sus figuras sustitutas, y también hermanos y familia ampliada). Este proceso, normal y saludable, a veces se complica cuando se exageran las expectativas, cuando el niño real no se adecua al niño soñado, o cuando simplemente los padres o alguno de ellos han soñado un imposible. Puede que el varón tan esperado sea una nena, o que no tenga los ojos azules de la familia de papá, o que no sea el bebé plácido y dulce y en vez de eso haya berrinches e inquietud. También puede ocurrir que tenga alguna enfermedad momentánea o permanente, o algún defecto físico. En realidad, la distancia entre expectativas y realidad puede darse no solamente cuando el hijo es un bebé, sino en cualquier momento de su vida.

Es esperable que los hijos sean una fuente de satisfacción para los padres que los han deseado, ya que mucho del narcisismo de los padres se juega en relación a los hijos. Sin embargo, los padres deben tener claro que los hijos no son sus pertenencias, y tampoco tienen la misión de hacerlos felices, sino que los hijos e hijas tendrán que desarrollar su propia identidad y misión en la vida.

Es interesante notar que algunos de los anuncios de embarazos mediante la intervención milagrosa de Dios registrados en la Biblia (por ejemplo, Sansón, ver Jue 13; Juan el Bautista, ver Lc 1:13-17; Jesús, ver Lc 1:13-17) siempre incluyeron una mención de la misión que esos hijos tendrían a futuro según el propósito de Dios. No sólo fueron bebés y niños para deleite de esos padres que los esperaban con muchas ansias, sino que los mensajes dejaron bien en claro que esos hijos serían seres independientes, con un proyecto propio que cumplir en la vida. Y se esperaba que los padres contribuyeran al desarrollo de ese niño que un día sería un adulto en misión.

Los hijos crecen...

Los niños y las niñas crecen, superan la etapa adolescente y se encaminan a ese saludable proceso de crecer... deseado y temido a la vez, anhelado pero resistido al mismo tiempo, no se puede detener. Los fascinantes años de la niñez, los inquietantes primeros años de la adolescencia, la consolidación de la misma y la llegada a la etapa del joven adulto, van transcurriendo mientras se plantean distintas formas de relacionarse entre padres e hijos. El desarrollo de los hijos hasta ser independientes no sólo es una permanente evolución por la que atraviesan los hijos, sino que exige un continuo acomodamiento por parte de los padres, amén de la influencia que ejercen sobre las familias los cambios culturales vertiginosos que nuestra sociedad está experimentando.

La autonomía e independencia de los hijos que ya son adultos jóvenes constituye todo un desafío, tanto para los padres como para los hijos, y en general se le ha prestado poca atención. Quizás por este motivo, algunas situaciones ponen al descubierto la escasez de recursos con los que a veces cuentan los padres para adaptarse exitosamente a esta etapa de los hijos, por demás interesante y llena de posibilidades.

Entender y aceptar los cambios normales propios del crecimiento y los sentimientos implicados, a veces contradictorios –temor, admiración, incertidumbre, orgullo, nostalgia–, alivia las tensiones que puedan suscitarse en la familia. También ayuda a la comprensión y a la búsqueda de nuevos modos de vincularse entre padres e hijos, además de construir recursos para las nuevas situaciones a enfrentar. De hecho, los mismos padres de Jesús experimentaron estas tensiones frente a un hijo que crecía en forma integral y se expresaba como tal (Lc 2:41-52).

> Toda familia se encuentra continuamente frente a dos demandas aparentemente contradictorias: por un lado, mantener su identidad para proveer continuidad y seguridad a sus miembros y, por otro, cambiar para adaptarse a las nuevas situaciones. En una familia, cuando no se logra combinar armoniosamente ambas demandas, o no se consigue hacerlo oportunamente, esta doble y permanente demanda tensiona la vida familiar en forma continua, pero al mismo tiempo le abre nuevos horizontes... Cuando Jesús cumple doce años y está listo para el cambio, para funcionar a un nivel social diferente en su cultura (discutir la Ley con los miembros adultos de la comunidad), sus padres están temporalmente desubicados, no tienen experiencia en cómo manejarse en esta nueva situación y, aparentemente, esperan el mismo comportamiento infantil de Jesús... Aun en las mejores familias pueden surgir problemas simplemente como parte del desarrollo y no necesariamente como señal de patología. Los padres, unidos como pareja, enfrentan el problema, distinguiendo entre el ser y el hacer de su hijo. Además, saben cómo expresar sus emociones. Todo acontece en un ambiente de compromiso, aceptación y respeto que permite el crecimiento integral del niño que va transformándose en adolescente.[1]

---

1 Jorge Maldonado, *Aun en las mejores familias*, Libros Desafío, 2007, pp. 15 y 22.

Los padres se equivocan cuando creen que cuando sus hijos superen la etapa de la niñez los hijos responderán como autómatas o marionetas, o que serán una réplica fiel de ellos o de cuanto les enseñaron. Los hijos son seres humanos y, como tales, tienen capacidad de sentir, pensar y elegir en libertad. Esto significa que muchas veces sentirán, pensarán y elegirán de modo diferente del de sus padres. En ocasiones, esto implicará que los hijos opten por tomar caminos equivocados, dolorosos y hasta peligrosos. Y otras veces... ¡simplemente seguirán el mismo camino de sus progenitores y superarán a los propios padres! ¡Son los riesgos y las glorias de crecer en libertad!

En el marco de estas pautas, los padres que "sueltan" sanamente a sus hijos e hijas cuando llegan a ser jóvenes adultos, serán sensibles a los requerimientos de su gradual independencia. Estos padres serán capaces de confiar en sus habilidades para resolver sus propios asuntos, con libertad y responsabilidad, aunque por momentos se equivoquen y tengan que volver a intentar. Así es el proceso normal de los aprendizajes de la vida. Los padres que sueltan saludablemente a sus hijos se abstienen de opinar sobre todas las cosas y de interferir en las decisiones que los hijos vayan tomando en esta etapa, a menos que éstos pidan ayuda en forma explícita. En estos casos, la buena comunicación es fundamental para ajustar las expectativas mutuas, que pueden ser cambiantes según los momentos y los asuntos a resolver. Estos padres pueden tolerar las contradicciones, las dudas, y aun los temores normales, sin angustiarse ni invadir la vida de los hijos. No es una tarea fácil para ninguna de las partes, pero se puede ir construyendo juntos una nueva relación, de padres e hijos adultos. ¡Desafiante y provechoso!

El ejemplo de Jesús. Jesús no tuvo hijos. Sin embargo, el trabajo que él hizo con sus discípulos bien podría asimilarse a una tarea de paternidad en etapas.

1. El hizo el trabajo y ellos observaron.
2. El hizo el trabajo y ellos ayudaron.
3. Ellos hicieron el trabajo y él ayudó.
4. Ellos hicieron el trabajo, ¡y él se marchó!

Era necesario que Jesús se fuera para que los discípulos pudieran acceder a un escalón más en su madurez, asumiendo ellos mismos la tarea que tenían por delante, con la ayuda del Espíritu Santo.

Previo a abordar específicamente las cuestiones relativas a los hijos que no eligen buenos caminos, queremos mencionar algunos errores de padres y madres, que no colaboran con el normal desprendimiento de los hijos. Antes de catalogar la conducta del hijo o de la hija como rebelde, inadecuada o equivocada, los padres y las madres deben examinarse a sí mismos. A veces, éstos pueden tender a la manipulación y al control, cuando pretenden que sus hijos adolescentes y jóvenes no los contradigan o no piensen diferente a ellos. Estos padres suelen ser controladores y no toleran las diferencias. También puede deberse a sus propios temores que se expresan en sobreprotección, tratando de evitar que los hijos se lastimen de algún modo. Entonces, cualquier decisión autónoma o independiente de sus hijos, puede ser interpretada como peligrosa, como una amenaza a la unidad familiar o como una deslealtad hacia ellos, aun cuando se trate de expresiones de un desarrollo saludable. También se puede manipular para lograr que, en nombre del "buen testimonio" o de la buena reputación, el hijo o la hija se comporten de tal o cual manera. Estos hijos no sienten la libertad de ser ellos mismos, sino que se obligan a guardar una apariencia ante los demás, para beneficio de sus padres. Caso contrario, sienten culpa o reaccionan con rebeldía. A la larga, estos hijos experimentan frustración e ira que a veces trasladan equivocadamente a la relación con la iglesia o, peor aún, al vínculo con Dios. Terminan pagando altos precios por su libertad.

Otro error frecuente es que los padres proyecten sobre el hijo la misión de reparar sus propias historias, es decir, que compensen de alguna manera sus propias equivocaciones de juventud o frustraciones de su vida. Es como sentir que los hijos les darán a ellos una segunda oportunidad y de este modo experimentarán ser reivindicados. Esperan, entonces, que los hijos cumplan los propios sueños de los padres. Lógicamente, es maravilloso cuando en una familia se cortan los modelos disfuncionales y los hijos pueden comenzar una nueva historia, más saludable y feliz, en los eslabones generacionles. Sin embargo, no deben cargar con la misión de vivir una vida que no les es propia. Esto produce, a mediano o largo plazo, reproches, rebeldía, y la íntima sensación de no ser amados por sí mismos sino en tanto y en cuanto sirvan a la reparación familiar.

Cuando un hijo equivoca el camino...

Las ciencias que se ocupan del comportamiento humano no son ciencias exactas. Por lo tanto, no hay relación lineal causa - efecto, mediando entre ambos términos una cantidad de factores, algunos ponderables y otros no. Como cristianos tampoco creemos en una filosofía determinista en el sentido de que una acción –por ejemplo, error de un padre– necesariamente provocará un trastorno x en el hijo y que el mismo se fijará inexorablemente. De hecho, la posibilidad de conocer a Dios hace que también haya intervenciones sobrenaturales en la vida de las personas. Por lo tanto, resulta erróneo e improductivo asociar en forma lineal trastornos - errores cometidos.

Hecha esta salvedad, sí afirmamos con base bíblica y científica que los primeros años en la vida de un niño son absolutamente formativos. A modo de barro fresco, los padres y otros adultos significativos imprimen en el alma del niño las vivencias, las experiencias, los modelos, los valores, las actitudes, en definitiva, los insumos que permitirán el desarrollo de su propia identidad que lo acompañará toda su vida. La autoridad paterna/materna para formar la vida de sus hijos proviene de Dios mismo. *"Instruye al niño en el camino correcto, y aun en su vejez no lo abandonará"* (Pr 22. 6). La consecuencia no debe ser tomada como una certeza o una ley sino como una posibilidad, ya que dependerá también de la elección libre del hijo. En otros pasajes: Dt 6. 6-9; Pr 13. 24; Col 3. 21; Ef 6.4. Dios no pide la perfección de los padres, pero sí su coherencia y su mejor esfuerzo al formar a los hijos en su infancia y adolescencia.

Sin embargo, con igual y aún mayor insistencia insta a los hijos a aceptar la dirección, el consejo y la enseñanza de sus padres, en particular cuando han sido constructivos y dignos de imitar. (Ef

6:1-3; Col 3:20; Pr 1:8, 9; 13:1) *"Pero tú permanece firme en lo que has aprendido y de lo cual estás convencido, pues sabes de quiénes lo aprendiste. Desde tu niñez conoces las Sagradas Escrituras, que pueden darte la sabiduría necesaria para la salvación mediante la fe en Cristo Jesús"* (2Ti 3:14-15).

Es que Dios conoce la naturaleza rebelde y pecaminosa que nos caracteriza. Desde muy temprano en la vida esa naturaleza comienza a expresarse: el capricho, el egocentrismo, la autodeterminación (a veces hacia caminos errados), la obstinación, son rasgos que pueden detectarse en los niños muy pequeños. Aunque la función de los padres es corregir y encauzar esas tendencias, no siempre se logran resultados positivos o permanentes. Sobre todo en la adolescencia y primera juventud, cuando el hijo adquiere mayor autonomía, recibirá otras influencias, por ejemplo del grupo de amigos y de otros modelos del entorno social en el que le toca crecer y desarrollarse, incluidos los que provienen de la cultura en la que se mueven.

Por otra parte, el adolescente atraviesa por una crisis de identidad, que es normal en esa etapa, y se replantea todo lo recibido hasta el momento. En ese tiempo, la indefinición y la inseguridad pueden hacer más fácil la aparición de conductas, actitudes y decisiones equivocadas que más tarde podrían acarrear penosas consecuencias. Y también encontramos muchos adolescentes que transitan por su crisis, pero luego se serenan, se encuentran a sí mismos, y vuelven a los valores que les enseñaron en su familia. Cuando esto no se vive en la etapa que corresponde, aparecen crisis adolescentes tardías durante la adultez, que no resultan fáciles de comprender y de aceptar dado que son más disfuncionales.

A veces pensamos que el desprecio a los valores, a los padres y a los adultos en general es característico de la generación en que vivimos. Sin embargo, en los antiguos Proverbios bíblicos encontramos muchas advertencias a los hijos sobre la falta de respeto y deshonra a los padres y sus consecuencias (Pr 10:1; 17:25; 15:20; 17:22). Una mala actitud del hijo puede llegar aún al extremo de la maldición hacia los propios padres (Pr 20. 20; 30. 11).

Si bien estos rasgos de rebeldía son propios de la naturaleza humana caída y por lo tanto se dieron en todos los tiempos, no cabe duda de que el cuestionamiento a todo orden y autoridad es un signo particular de los tiempos que corren.

"También debes saber esto: que en los postreros días vendrán tiempos peligrosos. Porque habrá hombres amadores de sí mismos, avaros, vanagloriosos, soberbios, blasfemos, desobedientes a los padres, ingratos, impíos (...)" (2 Ti 3:1-4).

Hoy vemos la decadencia familiar en todas sus formas: la rebeldía de los hijos por un lado, y la abdicación de las funciones parentales nutritivas y formativas por otro lado. Por supuesto, esta realidad no es aplicable a todas las familias en el mismo grado. Simplemente, señalamos una tendencia.

En algunos casos, los hijos no causan sufrimiento por su enfrentamiento directo con los padres, pero sí por las decisiones erróneas que toman en sus propias vidas: drogas, alcohol, problemas con la ley, inmoralidad, mala elección de pareja o de amigos, abandono de los estudios. Dios ha creado un ser humano responsable, es decir, capaz de tomar sus propias decisiones y hacerse cargo de sus consecuencias. Aunque lo sabemos, ¡cuánto nos cuesta como padres aceptarlo en nuestros propios hijos equivocados o rebeldes, y cuánto nos hace sufrir!

Los padres cristianos que han intentado educar a sus hijos en la fe, también se ven enfrentados a una dura experiencia cuando sus hijos ya adolescentes o jóvenes, quizás criados desde bebés en la iglesia, se apartan del camino cristiano, o quizás nunca entran en él por su propia convicción. Pueden ser hijos buenos, respetuosos y bien adaptados, pero quizás no aceptan al Señor como Salvador de sus vidas. Los hijos son lo más valioso para los padres, que quieren para ellos lo mejor. Y lo mejor para un cristiano es el Señor Jesucristo mismo. Por eso, el hecho de que un hijo muestre indiferencia o rechazo hacia lo mejor que sus padres han querido darle produce un profundo dolor.

... los padres sufren

Cuando un hijo causa problemas, los efectos se sienten a escala personal, en la pareja y en la familia también. Puede afectar mayormente a alguien en particular, pero nadie que esté en contacto escapa totalmente a su onda expansiva, tal como una piedra que arrojamos al agua serena. El equilibrio se rompe. Quizás esta ruptura es abrupta, cuando sobre un fondo de aparente calma aparece la conducta problemática. Esta forma produce rápida e intensa desorganización personal y familiar. Pero también hay rupturas que son graduales, insidiosas, que tal vez no producen una crisis aguda, pero sí un desgaste no menos nocivo en las relaciones familiares.

Mencionaremos algunas consecuencias:

- Culpa: Cuando un simple vaso se rompe, la pregunta es inmediata: "¿Quién lo hizo?" En el caso que nos ocupa, cuando algo sale mal en la conducta de un hijo, inmediatamente la pregunta de los padres es: "¿En qué me equivoqué?" Si bien es normal y hasta deseable que este sentimiento surja, debemos examinar algunos aspectos del mismo. Por un lado, resulta saludable hacer una cuidadosa evaluación autocrítica por parte de los padres. Los problemas que aparecen en los hijos muchas veces son la oportunidad para corregir disfunciones familiares. En ocasiones el problema es un síntoma de que algo no anda o no anduvo bien en la familia; es una denuncia que no pudo ser expresada o escuchada de otra forma. Si somos sinceros y estamos dispuestos a reconocer nuestros errores y cambiar, esta crisis puede resultar en gran riqueza personal y familiar. Sin embargo, debemos distinguir cuando el hijo ha tomado un mal camino como producto de su libre elección. Otras veces, estos dos aspectos se superponen. Los padres se han equivocado y el hijo también elige mal. No siempre es fácil hacer el análisis correcto y a veces es útil la ayuda externa para ver con mayor objetividad este punto.

Si la culpa es intensa y desmedida, produce parálisis. En lugar de promover actitudes concretas y operativas, inhabilita a la persona para cualquier acción positiva. Otras veces, como defensa frente a la misma, se proyecta: se termina entonces culpando al cónyuge, al hijo, a la iglesia, y aun veladamente a Dios mismo. Generalmente esto provoca grandes crisis en las parejas ya que comienzan los reproches mutuos, y la necesidad de encontrar al culpable hace estragos en la familia. El sufrimiento puede unir a los miembros de la familia en la búsqueda de soluciones y consolidación de los vínculos o, por el contrario, mal encarado puede llevar al deterioro y quiebre de los vínculos familiares.

- Desesperación: Frente a algo no esperado, y menos deseado, puede aparecer un estado emocional agitado, con ideas confusas y desordenadas. Generalmente, cuando estamos desesperados las respuestas inteligentes no aparecen. Probamos una cosa u otra con pocos resultados. La ansiedad nos daña, se contagia y todo el entorno se afecta. Es necesario poner un límite a la desesperación, si es que deseamos encontrar caminos sabios.

- Depresión: A la desesperación suele seguirle la depresión, el desaliento, la desesperanza. En lenguaje popular "se tira la toalla" cuando la persona ve agotarse sus recursos y energías. Puede evidenciarse como angustia, insomnio, pérdida de apetito, llanto, pensamientos pesimistas, profunda tristeza, y casi siempre se acompaña de reproches severos a sí mismo. Puede suceder que este estado afecte las prácticas espirituales y se apague el deseo de orar y de leer la Biblia. Y también opaque la alegría de congregarse con los hermanos. En los creyentes fieles estas experiencias son transitorias y no deben atribuirse a fallas en su vida espiritual. La comprensión y el aliento por parte del resto de la familia de la fe son de gran ayuda, en vez de la crítica, el juicio o el abandono.

- Vergüenza y humillación: Ligado a los sentimientos mencionados, los padres pueden sentirse avergonzados por la conducta errada del hijo, especialmente cuando ésta se hace pública. Sienten como si ellos mismos hubieran cometido la falla o el pecado, y la consecuencia puede ser aislarse de sus medios sociales y espirituales, con lo cual los sentimientos de soledad y pena se agravan. El retraimiento suele ser una defensa frente al agobio que sienten al sentirse observados y a veces censurados por su entorno. *"-Maestro, ¿quién tiene la culpa de que este joven haya nacido ciego? ¿Fue por algo malo que hizo él mismo, o por algo malo que hicieron sus padres?"*, fue la pregunta de los discípulos a Jesús al encontrarse con un ciego de nacimiento, registrada en el evangelio de Juan 9. 1-3. Es entonces que surgen las preguntas, los comentarios y juicios con tonos afectivos diversos –humanos en definitiva– pero que casi nunca son constructivos. Cuidémonos de no lastimar aun más al herido, y aumentemos la compasión y el amor, como lo hizo Jesús.

- Cubrimiento de las apariencias: En ocasiones, se intenta tapar las tragedias familiares como una forma de evitar la vergüenza pública: es cuando, lamentablemente, importa más la propia imagen personal ante la comunidad que el hijo en problemas. En otras oportunidades, este ocultamiento tiene la intención de no dañar más al hijo caído y con la secreta esperanza de su recuperación. Esta puede ser una medida sabia y prudente para algunos casos, pero usar máscaras por mucho tiempo no sirve. Se cae en el fingimiento y se adoptan poses que no reflejan la verdad y que a la larga son destructivas. Por dentro, el dolor y la soledad corroen: al no llorar, tampoco se recibe consolación (Mt 5:4); y al no expresar la carga, tampoco hay quien ayude a llevarla (Gá 6:2); y al no haber exposición de la aflicción, tampoco hay sanidad (Stg 5:13-16).

    De ningún modo postulamos ventilar detalladamente y sin cuidado las conductas erradas de una persona en el seno de una comunidad, ya que es necesario ser prudente y discreto. Sí creemos que es sano buscar un marco espiritual maduro donde las personas doloridas puedan encontrar consuelo, ayuda, aliento y sabia dirección, a la vez que estar cubiertas con la intercesión de los hermanos que los aman.

- Sentimiento de haber sido engañado, traicionado y rechazado: Es frecuente que cuando los hijos eligen diferente a lo que los padres enseñaron, éstos se sientan defraudados y traicionados. No pueden admitir que los hijos piensen diferente, elijan valores diferentes y tomen caminos diferentes, sin sentir que los rechazan a ellos personalmente porque no los aman. Esta interpretación no siempre es correcta y suele empeorar las cosas. Es cierto que a veces los hijos toman decisiones en contra de los padres por hostilidad, venganza u otros sentimientos negativos. Pero muchas veces los hijos eligen diferente simplemente porque son personas, capaces de hacer elecciones en base a convicciones propias. No necesariamente sus acciones están destinadas a rechazar o atacar a los padres. Por lo tanto, los padres no hacen bien cuando se colocan a sí mismos como los destinatarios ineludibles de las acciones de los hijos, ya que esta actitud se acompaña de autocompasión o reproches a los hijos, y no apuntan al verdadero problema.

- Enojo y resentimiento: Estos sentimientos surgen en respuesta al dolor y a la frustración. El enojo puede estar dirigido al hijo o a la hija por no haber cumplido con las expectativas, o al cónyuge al culparlo de errores en la función que le tocaba ejercer, o bien tratarse de un enojo difícil de definir, pero persistente y nocivo. Velada o abiertamente, el enojo puede dirigirse a Dios mismo, cuando se esperaban de Él respuestas diferentes en cuanto a su obrar respecto de los hijos. También son frecuentes las comparaciones con otros padres cuyos hijos supuestamente "han salido bien", dando lugar a la amargura y acentuando el sufrimiento ya existente.

¿Qué hacer?

Cuando se trata de la relación padres-hijos, me gusta pensar en el modelo de Dios como Padre y yo como hija. ¿Cuál es la actitud de Dios frente a los caminos que elegimos, que no siempre son de su agrado? ¿Podemos tratar de imitarlo, intentando moldear nuestros pensamientos, sentimientos y conductas a los suyos?

Ante todo, Dios nos ama con amor incondicional.

"De tal manera amó Dios al mundo, que dio a su hijo unigénito…" (Jn 3:16).

"Dios muestra su amor para con nosotros en que siendo aun pecadores..." (Ro 5:8).
"Con amor eterno te he amado..." (Jer 31:3).
"En esto consiste el amor (...) en que él nos amó a nosotros" (1Jn 4:9-10).
"El nos amó primero..." (1Jn 4:19).

Dios no condiciona su amor a nuestra respuesta positiva o negativa, obediente o desviada. Nos ama siempre, sin condicionamientos, toma la iniciativa y se mantiene a pesar de todo y no porque cumplamos sus mandatos. De hecho, nunca llegamos a cumplirlas en su totalidad.

Para ser perfecto, ese amor no se queda en la aceptación inicial, sino que, una vez que hemos respondido al mismo, nos hace demandas para las que nos capacita. Y las demandas de Dios no son livianas. Espera nada más ni nada menos que lo imitemos en su santidad: *"Como hijos obedientes (...) como aquel que os llamó es santo, sed también vosotros santos en toda vuestra manera de vivir (...)"* (1P 1. 14-16). En otras palabras: espera que el hijo se parezca al Padre.

Comprende nuestras debilidades y valora nuestros esfuerzos, pero no admite excusas ni transige con sus normas en el proceso de crecimiento. Para lograr ese objetivo, y también como expresión de su amor, nos disciplina, nos pone límites y dicta reglas con el fin de protegernos y ayudar en nuestro desarrollo (Heb 12. 5, 6). Esta disciplina incluye enseñanza paciente, susurros a la conciencia, tiempo de prolongada misericordia, pero también medidas más enérgicas y firmes. Nuestro Padre usa todas las maneras posibles para que reflexionemos y volvamos a los buenos caminos.

Sin embargo, Dios se pone un límite a sí mismo. ¡¿Cómo?! Sí, el límite es el respeto por la naturaleza con que decidió crearnos: la posibilidad de elegir libremente en base a nuestra voluntad. Dios, como Padre, se podía haber evitado muchos dolores de cabeza si nos hubiera creado como autómatas o robots que siempre obedeciéramos a sus órdenes. Pero fue su sabia voluntad el crearnos a su imagen y semejanza (Gn 1. 26, 27), y esto incluye la capacidad de pensar, sentir y elegir voluntariamente. A pesar de que en algún caso extremo hasta llegó a arrepentirse con dolor de su creación cuando ésta se alejó tanto de su ideal (Gn 6. 5, 6), Dios pensó que la mejor relación, la de mayor calidad entre él y sus criaturas, se basa en la respuesta obediente y voluntaria por amor. Claro que el riesgo de la libertad está implícito: que el hijo (ser humano) decida rechazar el amor, los caminos o los deseos benignos del Padre.

En este caso, y tal como vemos en la parábola del hijo pródigo, (Lc 15. 11-24), el Padre está dispuesto aun con mucho dolor, a dejar que el hijo maneje su vida a su antojo, pero lo seguirá amando y estará esperando todos los días a que regrese arrepentido, para abrazarlo, perdonarlo y recibirlo nuevamente en la familia que nunca debió haber abandonado.

Esta exposición sintética del carácter paternal y maternal de Dios nos acerca un modelo a imitar: amor incondicional, disciplina, compasión, respeto por la libre elección, espera paciente y sostenida, disposición a perdonar y restaurar son algunas de sus características.

Es cierto que somos humanos, y como tales llenos de imperfecciones y fallas. Pero quizás podamos ayudarnos teniendo en cuenta algunas de estas sugerencias:

1. Admitir, lo más honestamente posible, los verdaderos sentimientos frente a lo que consideramos la conducta equivocada del hijo. No somos más operativos, ni fuertes emocionalmente, ni maduros espiritualmente, cuando permanecemos imperturbables ante los hechos dolorosos. En este aspecto también Dios expresa su naturaleza emotiva y se describen sus sentimientos de dolor, indignación, compasión, enojo, misericordia... frente a la desobediencia de sus criaturas.
2. Compartir con otros los sentimientos y orar por los hijos. Exponer ante Dios en oración nuestras emociones, pensamientos confusos, indecisiones, todo lo que nos pasa en el momento de

dolor, es de un valor terapéutico incalculable. Él conoce todo lo que nos sucede, pero quiere que nosotros pidamos y él, como un Padre amoroso, dará todo lo que necesitemos (Mt 7. 7-11). Aprender a descansar en Dios, ya que él ama y se interesa en nuestro hijo o en nuestra hija equivocados más que nosotros los padres. En el terreno humano, el primer ámbito donde compartir los sentimientos es la familia, y los tiempos críticos pueden ser una oportunidad para reforzar los vínculos entre los esposos, y también con los otros hijos. Claro que expresar los sentimientos no cambiará la conducta del hijo, pero cambiará nuestra propia actitud y disposición emocional. Dios ha provisto la familia de la fe para que los cristianos encuentren un medio sanador que puede ayudar a llevar las cargas, orar, aconsejar y sostener. Se han constituido grupos de madres y padres en diversas iglesias con el único propósito de orar por los hijos: por su salvación, por su regreso al hogar, por su desarrollo integral y por su protección espiritual. Es un recurso efectivo de fe que bendice a los hijos y sostiene a los padres.

He observado que los padres que concurren a un grupo de apoyo especial, o tienen un grupo de amigos que funciona como grupo de apoyo, son capaces de enfrentar la tormenta mejor que aquellos que tratan de hacerlo por su cuenta.

Todos los padres necesitan a otros que hayan pasado o estén pasando por lo mismo que ellos. Necesitan de otros que de verdad los entiendan cuando dicen "Te entiendo".

Los padres, y los hermanos, necesitan un lugar seguro donde encontrar la aceptación compasiva de los demás, donde poder volcar sus sentimientos y frustraciones.[2]

3. Pedir ayuda externa si es necesario, y casi siempre lo es. Es útil en los casos que estamos tratando pedir la asistencia espiritual necesaria de parte de personas idóneas en el tema que nos ocupa. "Los pensamientos con el consejo se ordenan" (Pr 20. 18). Generalmente, las madres y los padres que tienen problemas con

---

2 H. Norman Wright, *¿Cómo se ama a un hijo pródigo?*, Desarrollo Cristiano Internacional, EEUU, 1999, p 206.

un hijo piden ayuda para él –que lo visiten, le hablen, oren por él–, pero casi nunca piden ayuda para sí mismos. La pastoral a padres en estas situaciones es vital y debería estar orientada a que ellos mismos encuentren un espacio para expresar con libertad sus sentimientos, aliviar la culpa, sostener en la espera, motivar a participar en grupos de padres que oran por sus hijos, reforzar la fe. En algunos casos, debido a la complejidad del problema o por las consecuencias que está acarreando, es necesaria la consulta a profesionales especialistas en el tema en cuestión. Psicólogos, abogados, orientadores familiares, trabajadores sociales, pueden ser algunas de las especialidades a tener en cuenta. Dios también interviene a través de la ciencia. En cualquiera de los casos el mensaje es: no quedarse solos, vencer la impotencia o la omnipotencia, reconociendo que necesitamos ayuda.

4. Estar dispuesto a una relación más madura con el hijo y con la familia en general. Por diferentes razones, puede ser que la vida del hijo nunca termine de satisfacer por completo a los padres. Sin embargo, la relación en la familia puede madurar y ser de mejor calidad que antes. La mutua aceptación, el respeto por la diferencia, el perdón de unos y otros, el admitir los límites propios y del otro, son expresión de un amor maduro que sea el resultado de un proceso difícil y doloroso que se haya transitado con efectividad. En el camino de la vida, aún los hijos descarriados pueden enseñarnos mucho sobre uno mismo, sobre los otros y también descubrir nuevas dimensiones de Dios. Debemos estar dispuestos –y el tiempo de dolor se presenta propicio– para abrirnos a "nuevas revelaciones de Dios a nuestras vidas", como sugiere Lothar Hoch, a partir del encuentro con el otro diferente –en este caso, el hijo–. Esto significa que aun cuando seamos adultos y padres o madres, no hemos concluido nuestro aprendizaje en el peregrinaje terrenal. Quizás este aprendizaje implique no sólo un cambio de perspectiva sobre algunas cuestiones sino un cambio de actitudes y conductas consecuentes en la propia vida. Admitir también la imperfección humana – la propia y la de los demás– ayuda a relajar las expectativas desmedidas y experimentar paz y bienestar al estar juntos.

Tampoco se debe olvidar que hay otros hijos en la familia a quien atender y cuidar. Un error muy frecuente es concentrar toda la atención y los esfuerzos en el hijo con problemas. Los otros hijos, entonces, suelen sentirse abandonados o no tenidos en cuenta, simplemente porque hacen las cosas bien.

5. Nunca cortar los puentes. El hijo que se ha extraviado, por diversos motivos suele cortar la comunicación y puede atacar los sentimientos de los padres. Pero los padres no deben cortar la comunicación. A pesar de que no compartan las decisiones de los hijos, o no acepten las malas conductas de ellos y establezcan límites firmes si fuera necesario, también deben estar dispuestos a perdonar, a abrazar, a consolar y a restaurar al hijo. Muchas veces los padres deberán tomar la iniciativa en actitudes de acercamiento y reconciliación. Esto debe incluir también el reconocimiento de los propios errores, que seguramente los hubo. El riesgo es claro: volver a ser rechazados, quizás. Pero también está la otra posibilidad, que el amor sostenido y franco atraiga finalmente al hijo equivocado (Sal 103. 8 10, 13, 14).

En la Conferencia "Criemos familias saludables y resilientes"[3] el Dr. Jorge Maldonado expresó lo siguiente:

¿Qué podría decirse sobre el **amor**, si todo parece haberse dicho? Baste aquí señalar un aspecto práctico extraído de los hallazgos de los investigadores mencionados.

En la cultura occidental se enfatiza en la responsabilidad individual como la clave para definir nuestro destino. Si algo sale bien se da crédito a las personas, pero si algo sale mal se culpa a la familia (especialmente a las madres), a la cultura, la sociedad o al gobierno. En otras culturas, incluyendo las nativas americanas o las de procedencia africana, se consulta a los adivinos, a los brujos, a los shamanes para que expliquen la mala fortuna. Algunos –en todas las culturas– culpan a otros, al mundo cruel o a ellos mismos de sus percances. Otros aceptan con fatalismo

---

[3] Jorge Maldonado. Conferencia ofrecida en el Congreso Familia y Diversidad, organizado por Eirene Argentina, 2011, en la ciudad de Buenos Aires.

y resignación "su destino" o "la voluntad de Dios". Amor, en forma práctica, es también suspender el juicio y ampliar un abanico de explicaciones frente a un hecho desafortunado en la familia. Beavers y Hampson encontraron que las familias exitosas no se empeñan en sostener una sola "causa", sino que consideran múltiples posibilidades como contribuyentes a un problema específico, y sus respuestas varían en forma pragmática. Por ejemplo, si un niño riega un vaso de leche hay un abanico de explicaciones: ¿Fue un accidente?, ¿una búsqueda de atención?, ¿está cansado o ansioso?, ¿o simplemente las manos del niño son muy pequeñas para sostener el vaso? Las familias disfuncionales, en cambio, tienden a adherirse a una sola explicación, con una sola causa, y son, por lo tanto, más propensas a culpar, sancionar y castigar con la consecuente baja estima en todos.

El amor en la familia va más allá de los sentimientos, los mimos y las manifestaciones emotivas; implica voluntad, disciplina, autocontrol, disposición a perdonar y paciencia para manejar los múltiples desafíos diarios de la convivencia humana. Además, el amor ha de ser incondicional y constante. Debe ser un reflejo de cómo Dios nos ama. El apóstol Juan declara que *"nosotros le amamos a él, porque él nos amó primero"* (1Jn 4:19). Esto significa que el amor humano es siempre un "amor segundo" que se moldea a la luz del amor perfecto de Dios, el "amor primero" y se nutre de él. El amor perfecto de Dios es permanente; asegura que aunque nosotros *"fuéremos infieles, él permanece fiel; él no puede negarse a sí mismo"* (2 Ti 2: 13). *"Hay tres cosas que son permanentes: la confianza en Dios, la seguridad de que él cumplirá sus promesas, y el amor. De estas tres cosas, la más importante es el amor"* (1 Co 13:13).[4]

El Padre celestial es experto en dar un nuevo voto de confianza, una nueva ayuda, una nueva oportunidad, manteniendo la constancia en el amor. ¡Que podamos imitarle!

---

4 Citado por F. Walsh en *Strengthening Family Resilience*, The Guilford Press, NY, EEUU, 1998, p.58.

Testimonio

— *Papá era pastor y mamá fiel creyente. Ambos vivían lo que predicaban. Éramos cinco hermanos. Los extremos mujeres. Yo, el del medio, tenía 11 años. Ese domingo papá predicó sobre el infierno y me asusté mucho porque no era salvo. Al día siguiente en la reunión familiar, papá estaba ausente y mamá me guió al arrepentimiento y acepté al Señor Jesucristo como mi salvador personal.*

Terminé el secundario, entré a la universidad y en lugar de afirmarme en la fe, la fui perdiendo. Dejé de asistir a la iglesia. Para costearme los estudios, a los 20 años entré a trabajar en una fábrica textil de 4.000 obreros. Me mimeticé con el mundo. Más aún, era casi un ateo.

Papá tenía la salud muy quebrantada y mis hermanos mayores ya no vivían en casa. Papá y mamá vivían una angustia continua por mi condición espiritual. No perdían ocasión para exhortarme a volver al Señor. Se cansaron de hablarme. Se dedicaron a orar por mí. Arrodillados juntos en su dormitorio oraban diariamente hasta altas horas de la noche.

Oraron durante seis largos años. El Señor tuvo compasión de ellos y de mí. Yo tenía 24 años y aún estaba en la universidad. Una tarde pasé frente a una humilde casa que servía de templo para un grupo de creyentes en un barrio totalmente ajeno al mío. Habían instalado altavoces. Estaban preparando el barrio para la reunión de la noche. La música de un himno llegó a mis oídos: "Ven, alma que lloras, ven al Salvador". Fue el principio del regreso del hijo pródigo.

Poco tiempo después, una noche me arrodillé al borde de mi cama y dije: "Señor, no merezco tu perdón, pero perdóname. Me entrego incondicionalmente a ti". Lloré como nunca antes ni después. La paz de Dios me envolvía. Me sentía flotar en el aire. ¡Quería ir al cielo para estar con Jesús!

Papá rejuveneció diez años. Me uní a la iglesia y el Señor me dio como esposa una fiel hija suya. Un 23 de agosto papá pasó a la presencia del Señor. Esa noche, en la soledad de mi cámara secreta, le reiteré a Dios mi entrega incondicional, y le agregué: "Si quieres echar el saco de papá sobre mí, estoy dispuesto". Otro 23 de agosto, 22 años después de la partida de papá, los ancianos de la iglesia me pidieron que asumiera el pastorado de la iglesia.

Gracias a las oraciones de intercesión de mis padres hoy puedo decir humildemente: "Pero de ninguna cosa hago caso, ni estimo mi vida preciosa para mí mismo, con tal que acabe mi carrera con gozo, y el ministerio que recibí del Señor Jesús, para dar testimonio del evangelio de la gracia de Dios". A él sea la gloria ahora y siempre. (J.B.)

Datos para la prevención

- Criar a los hijos desde pequeños permitiéndoles una gradual autonomía que los haga jóvenes y adultos libres y responsables para la toma de sus propias decisiones.
- Como padres, tener claro que los hijos no son de su propiedad y que no tienen derecho a pedirles que al llegar a la vida adulta sientan, piensen y actúen como ellos quisieran.
- Sí a educarlos, no a controlarlos.

Actividades

1. Leer en el grupo el siguiente párrafo.
2. Enumerar las sugerencias propuestas.
3. Discutir las sugerencias y proponer otras que también hayan sido o estén siendo útiles para los integrantes del grupo.

Lo que puede hacer un padre[5]

¿Qué puede usted hacer cuando tiene un adolescente o un joven adulto (como nosotros tuvimos) que decide ir en otra dirección con su vida? Como en otras crisis, usted debe lanzarse de lleno en la compasión y gracia de Dios para descubrir consuelo para su dolor y luchas. Y en este proceso, hay pasos que puede tomar.

Un paso es el darse cuenta de que el adolescente y joven adulto tienen que vivir con las consecuencias de sus acciones. El pecado y la rebelión siempre traen tristeza y dolor. Cuando los jóvenes adultos no ven las consecuencias inmediatamente invadir sus vidas como resultado de su pecado, es simplemente la misericordia de Dios lo que lo impide. Todos nosotros hemos

---

5 Norman y Joyce Wright, *Siempre te amaré*, Editorial UNILIT, 1994, pp. 41-44.

sido librados misericordiosamente de los resultados justos de nuestras acciones en numerosas ocasiones (...). Nuestros hijos pudieran sufrir grandemente, pero el dolor puede demorarse años en llegar. Esto lo vemos más y más, por ejemplo con la epidemia del SIDA. Sin embargo la rebelión es su decisión, y las consecuencias son también de ellos. Nosotros tenemos que esperar con paciencia, la cual tiene que venir del Señor. Nosotros sufriremos mientras esperamos por nuestros jóvenes adultos que lleguen a reconocer sus rebeliones... Puede que usted tenga que esperar años antes de que lo escuche o vea alguna señal de que su dureza se está suavizando.

Cuando usted vuelva a entrar en sus vidas, hágalo despacio y con cuidado, sin condenar... Necesitan saber que usted está ahí no para rescatarlos pero sí para recibirlos, amarlos y ayudarlos a restaurar sus vidas...

Nunca deje de orar. Pídale a Dios por otra persona que entre a la vida de sus hijos, y le sirvan de influencia a inclinarle hacia una dirección piadosa. Ellos pueden ser influenciados por compañeros o amigos, y pueden revelarse a otros en formas que nunca podrán o desearán hacerlo con sus padres...

Aquí encontramos tres cosas que usted pudiera necesitar recordar no hacer: No espíe, no predique y no presione a un joven adulto que esté perdido o haya regresado (...).

Bibliografía sugerida

Nouwen, Henry, *El regreso del hijo pródigo*, Editorial PPC, Madrid, 1999.

White, John, *Padres que sufren*, Ediciones Certeza Argentina, 2007.

Wright, Norman y Joyce, *Siempre te amaré*, Editorial Unilit, 1994.

Wright, Norman, *¿Cómo se ama a un hijo pródigo?*, Ediciones Desarrollo Cristiano Internacional, Colorado, EEUU, 1999.

11
Muere un hijo o una hija

"Él les enjugará toda lágrima de los ojos. Ya no habrá muerte, ni llanto, ni lamento ni dolor, porque las primeras cosas han dejado de existir" (Ap 21:4).

Objetivo

Acercarnos de una manera respetuosa a las vivencias de los padres que han perdido un hijo o una hija. Comprender algo de su dolor y obtener herramientas para transitar este duelo o acompañar en el mismo.

Lectura de reflexión

En la Argentina existe una asociación civil llamada "Las madres del dolor". Estas mujeres se han unido para transitar juntas, precisamente, la pérdida de sus hijos. No sólo eso. También reclaman por justicia, dado que en la mayoría de los casos sus hijos adolescentes y jóvenes han sido asesinados en diferentes formas y sus crímenes permanecen, en muchos casos, impunes. Justicia y esperanza son sus llamados más fuertes.

Hace unos años nuestra población se vio conmovida por la muerte súbita de una beba de seis meses, hija de una popular conductora de televisión. De ningún modo se esperaba que una bebé tan saludable muriera de esa manera insólita e inesperada. No conocíamos a la niña, pero conocíamos a la madre, quien recibió múltiples muestras de simpatía por parte de la sociedad. Así, todos tomamos mayor conciencia de la realidad de la muerte súbita en los bebés, que es más frecuente de lo que suponíamos.

Las historias se multiplican. Cada día mueren, por las más diversas causas, bebés, niños, adolescentes, jóvenes y adultos. La gran mayoría de ellos no son conocidos públicamente. Todos y cada uno de ellos son llorados por sus familiares. Tienen edades, rostros e historias diferentes... Sin embargo, tienen algo en común: mamás y papás que los lloran, hermanos y hermanas que los extrañan, abuelos y abuelas que no encuentran consuelo, amigas y amigos que no pueden olvidarlos.

¿Qué significa la muerte de un hijo o de una hija? ¿Cómo pueden recuperarse los padres y las madres de la muerte de un hijo, cualquiera sea su edad? Y, en todo caso, ¿qué significa recuperarse? ¿Hay consuelo posible? ¿Algún día cierra la herida? ¿Qué lugar ocupa Dios en todo esto? No pretendemos en este capítulo abarcar la complejidad y la profundidad de un tema como éste pero intentaremos relevar algunos aspectos importantes de esta pérdida.

Siempre se ha dicho que la muerte de un hijo provoca en los padres el duelo más difícil de elaborar. No hay una denominación para la persona que ha perdido un hijo, tal como el que ha perdido a su cónyuge (viudo o viuda) o el que ha perdido a los padres (huérfano o huérfana). ¿Cómo se llama a quien ha perdido por muerte a un hijo o a una hija?

Más allá de la ausencia de un nombre específico, los padres que pierden un hijo deben atravesar un duelo, con características similares a las ya mencionadas en otros capítulos por otras pérdidas, pero también con particularidades propias de esta situación.

Se espera que los padres sean cuidadores, protectores de sus hijos, ayudándolos a crecer y a desarrollarse. Cuando muere un niño o un adolescente que aún está al cuidado de sus padres, debido a la responsabilidad que éstos sienten por su crecimiento, se genera mucha culpa por no haberlo podido proteger suficientemente como para mantenerlo con vida. Hay como una fantasía de omnipotencia por la cual nada le puede pasar al hijo si los padres están cuidándolo. Es una fantasía que tiene su correlato con que los hijos sienten que nada les sucederá si sus papás están allí para ampararlos.

Aunque la muerte ocurra por causas totalmente ajenas a la responsabilidad paterna y materna –enfermedades, inseguridad social o accidentes, por ejemplo–, de todos modos, la culpa invade la mente y el corazón. ¿Qué hice o qué no hice para que las cosas sucedieran de este modo? Obviamente, este sentimiento aumentará notablemente si alguna negligencia o descuido intervino en la muerte del hijo.

Por otro lado, la muerte de un hijo impacta en lo que normalmente se espera respecto de la sucesión generacional. No es natural que los padres sobrevivan a sus propios hijos. Este destiempo descoloca en primer lugar a los padres, porque estaban seguros de que ellos morirían antes que sus hijos, y también a los otros hijos, que entonces ven posible, y tal vez cercana, su propia muerte, aunque sean niños o jóvenes.

Cualquier muerte trastoca algo del futuro. Un proyecto, una ilusión, un plan, se ven afectados y lo que habíamos imaginado con esa persona, ya no sucederá. Esto se potencia en gran manera cuando el que muere es un hijo. Los hijos son, para los padres, el futuro, el proyecto de trascendencia por excelencia. Por lo tanto, en el trabajo de duelo también tendrá que elaborarse este aspecto no menor.

Cuando muere un hijo adulto, el padre y la madre, ya mayores, deben asumir que no contarán con ese hijo o esa hija para acompañarlos en su vejez, que seguramente se tornará más solitaria y triste de lo que habían pensado.

Cuando muere un hijo pequeño, los padres, aún jóvenes, tendrán que llevar por muchos años la ausencia de ese hijo. Cada acontecimiento marcará que él o ella ya no están. En cada cumpleaños se actualizará el no cumpleaños. En cada celebración familiar, la ausencia del hijo se hará patente nuevamente. En cada nuevo proyecto, cuando se pueda volver a emprender, será inevitable recordar al hijo que ya no está para ser parte del mismo. De este modo, el futuro, tanto para los padres ancianos como para los padres más jóvenes, se ve cubierto de una gran nube gris que parece oscurecerlo todo.

También cabe mencionar que debe hacerse un duelo por el niño que muere antes de nacer, por un aborto espontáneo o en el momento del parto. Suele ser un duelo más silencioso, pero no por eso causa menos dolor. A veces las vivencias de soledad son más intensas, justamente porque habitualmente el entorno no le concede la importancia que para los padres tuvo esa pérdida. Al no ser debidamente comprendidos y avalados los sentimientos normales que surgen por esta muerte tan prematura, las personas que transitan este camino suelen sentirse confusas con respecto a la pertinencia o no de lo que experimentan.

En estos casos no habrá relatos de historias compartidas con el niño, no habrá fotos para mirar ni videos para ver y recordarlo. Sin embargo, el hijo ha sido una vivencia clara y tangible especialmente para la madre que lo gestó en su vientre. Junto al papá del niño (y junto a los hermanos y hermanas, si los hay) se han entretejido una serie de ilusiones y sueños que habrá que deshacer, dolorosamente, uno a uno. En estos casos, conviene poner un nombre al niño no nacido, para darle una identidad clara, diferenciada incluso de otros hijos que el matrimonio, o la mujer sola, tenga en el futuro. Guardar alguna prenda que se destinó a ese niño o niña puede ayudar a hacerlo presente en sus vidas. Del mismo modo, alguna fotografía que se haya tomado a la mamá embarazada, también ayudará al testimonio de la pérdida. Como en todo duelo que se recorra con normalidad, es necesario llegar a la fase de la aceptación y de recuperación de la esperanza. El Salmo 139 da cuenta del conocimiento detallado que Dios tiene sobre cada uno de nosotros, desde el mismo momento de la concepción y mientras fuimos creciendo en el seno materno.

Tu diminuto bebé no fue sencillamente una colección de células, sino un ser espiritual... Es cierto que el comprender lo que dice la Palabra de Dios acerca de estas criaturas que han llegado a la eternidad como "por un atajo" no librará a la madre del dolor emocional de un aborto espontáneo, pero sí evitará que sufras "como los que no tienen esperanza". Tu aborto no fue una prueba sin sentido, pues ahora tienes una gran inversión en el reino de los cielos.[1]

El shock inicial por el fallecimiento de un hijo o de una hija, como en otras pérdidas, será más o menos prolongado según se haya o no podido anticipar la muerte. En los casos de enfermedad, especialmente, la muerte se puede prever. Las muertes abruptas, repentinas, causan un impacto psíquico inicial mayor.

Hay que prestar una atención especial al llamado trastorno por estrés postraumático, un tipo de ansiedad, particularmente asociado con muertes traumáticas e inesperadas. La muerte, en casos como el suicidio, homicidio, accidentes y, también, las catástrofes colectivas –por ejemplo atentados terroristas, accidentes de avión, desastres naturales–, provoca reacciones en los familiares o en los supervivientes que son distintas a un duelo normal. En este trastorno, el superviviente revive el acontecimiento de manera repetida con imágenes y pensamientos que vienen a su mente como flashes indeseados. "Me viene a la mente como un video de la tragedia que no puedo parar". Sufren pesadillas e hipervigilancia, una actitud como de estar en guardia permanentemente. Todo ello causa fatiga y dificultad para pensar con claridad y acaba agotando a quien lo padece... Con todo, el síntoma más molesto de este trastorno son esos recuerdos que invaden la mente como un intruso indeseado y que suelen requerir tratamiento profesional.[2]

Aunque la mayoría de los duelos son procesos normales que ne-

---
1 Mari Hanes, Jack Hayford, *Más allá del sufrimiento*, Editorial CLIE, Barcelona, España, 1985, p. 30.
2 Pablo Martínez Vila, *Más allá del dolor. Superando las pérdidas y el duelo*, Andamio, Barcelona, España, 2006, pp. 69, 70.

cesitan su tiempo de evolución, en ocasiones el estado mencionado requiere medicación, y más aún si se vive una experiencia de depresión intensa.

Al shock inicial, del que se sale en horas, días o unas pocas semanas, le seguirán luego las otras etapas, con sentimientos variados como la ira, la desesperación, la culpa, la profunda tristeza, el extrañamiento, la depresión, y finalmente ¿la aceptación? Algunos dicen que el trabajo de duelo por la muerte de un hijo no se termina nunca. Sin embargo, no es la experiencia de todos.

Si bien el proceso de duelo por la pérdida de un hijo suele ser más prolongado y complicado que otros duelos, muchas personas que han atravesado esta experiencia ven aparecer la luz de esperanza en el horizonte, pueden reponerse, siguen haciendo proyectos, disfrutan de los otros hijos, hacen nuevos planes, y siguen viviendo vidas productivas, sin que esto signifique olvidar al hijo fallecido o amarlo menos. Esto necesita tiempo y trabajo, pero se puede.

> El duelo es un proceso personal y original caracterizado por la propia historia y ligado al vínculo de intimidad con la persona que ha muerto. Cada quien hace su propio duelo. No es algo que se le hace a nadie. El duelo transforma al doliente en protagonista. Esa transformación es activa, dinámica, pone en juego los propios recursos, de un modo especial y único.[3]

Con una pérdida, una ganancia

— *Diversas circunstancias familiares y personales me llevaron a ser independiente durante mi niñez, adolescencia y primera juventud. Luego me casé, tuve cinco hijos, cuatro de ellos nacidos en el campo, en la provincia de La Pampa, Argentina. Allí vivimos hasta que después de 22 años en el campo vinimos a Buenos Aires para acompañar a los chicos que al terminar el secundario debían elegir qué carrera seguir en la universidad. Los que que-*

---
3 Diana Liberman, *Es hora de hablar del duelo*. 3° edición. Edit. Atlántida, Buenos Aires, Argentina, 2012, p. 37.

daban en el colegio eran Michelle, la más pequeña, de ocho años, y Martín, que recién empezaba el secundario.

En ese momento de mi vida quise unirme a un coro de una iglesia. Elegí uno de dos recomendados por mi hermano; al acercarme a esta iglesia, por primera vez en mi vida los sermones me hablaban fuertemente de la importancia y el poder de la oración, del perdón y de amar a los que nos es difícil amar. No quería faltar ningún domingo y Dios me habló personalmente durante ese año.

Había transcurrido un año escuchando la palabra de Dios cuando el lunes 10 de julio de 1994, Michelle se despertó a la hora en que siempre lo hacía para prepararse para ir a la escuela. Lo hizo a los gritos, porque le dolía la cabeza y enseguida se desvaneció. Doy gracias a Dios porque en ese momento mi esposo estaba conmigo, y no en el campo, porque al no tener una rápida respuesta de los médicos de emergencia, la llevamos juntos de urgencia a la guardia del hospital. Yo la tenía en mis brazos sin que ella pudiera comunicarse con nosotros. Lo primero que hice fue llamar a mi pastor por teléfono y pedirle que orara. Él, por su lado, avisó a la congregación lo que estaba sucediendo. Al ver que Michelle estaba pasando por un ataque silencioso por segunda vez, me encerré en el baño a gritar pidiendo ayuda a Dios. Esa misma noche la operaron por un aneurisma, pero a las 3 de la mañana nos avisaron que no podían hacer nada por ella. Me acuerdo que mi esposo, yo y nuestros cuatro hijos estuvimos juntos esos primeros días. En familia decidimos donar los órganos de Michelle y por eso estuvimos una semana con ella esperando que se fuera naturalmente, lo cual es una exigencia del INCUCAI.[4] Sucedió algo muy extraño en ese momento. Los que nos acompañaban comprobaron que teníamos una fuerza y una paz que eran sobrenaturales ya que, aunque sentíamos un profundo dolor y desesperación por nuestra Michelle, podíamos consolar a los que nos venían a consolar y llorar junto a nosotros. Desde la primera hora de la mañana, hubo una seguidilla de personas que nos acompañaron cada día durante esa semana. Padres de los compañeros del colegio vinieron para tenernos de la mano. Muchas personas de la congregación de la iglesia que realmente no conocíamos bien todavía estuvieron vigilantes cerca nuestro. Recibimos mucho amor y sentimos el poder de la oración. Pasamos

---

4 En la Argentina, Instituto Nacional Central Único Coordinador de Ablación e Implante.

las pocas horas permitidas tocándola y hablando a Michelle en terapia intensiva; la veíamos tan tranquila: viva pero dormida. La despedida fue larga pero necesaria: nos ayudó a aceptar que esto realmente era el final. Nuestra familia se unió fuertemente. Yo no pude hacer nada. Nuestra ayuda fue de Dios y del Cuerpo de Cristo que no nos dejaron solos ni un minuto.

En esos momentos no tuve dudas de que los médicos habían hecho todo lo posible por Michelle. No estaba enojada con Dios. Lloré mucho, pero no estaba enojada con Dios. Le sigo dando gracias a Dios por haber disfrutado tanto a nuestra pequeña durante nueve años.

Fuimos todos a Nono, Altas Cumbres de Córdoba, para enterrar las cenizas de Michelle junto a mi padre, en un cementerio privado, sencillo y muy bonito.

Dos semanas después yo volví a mi lugar de trabajo, pero no soporté por mucho tiempo. Tuve que dejar de trabajar. Me involucré mucho en la iglesia, en parte para mantenerme activa y en parte en agradecimiento por la paz que sentía y el amor que recibía de todos.

Ese primer año no canté en el coro, pero al partir Michelle a los brazos de Jesús me comprometí a interceder por otros y a adorar a nuestro Dios trino a través de nuestras vidas. Aprendí que necesitamos depender de nuestro Señor y Creador cada minuto de nuestra existencia, y que no podemos depender de nuestras fuerzas. En agradecimiento por su gracia, ahora nos acercamos a los que necesitan el amor que solamente viene de él. Nuestro deseo es tener una relación con nuestro Señor y salvador, con la ayuda de su Espíritu Santo que nos ayuda a perfeccionarnos hacia la segunda venida de Cristo y esa vida eterna prometida para los que aman al Señor.

Han transcurrido casi veinticinco años de la muerte de nuestra hija. Hoy podemos decir que perder a Michelle fue una ganancia que nos llevó a entregarnos más al Señor, con la certeza de que nuestra vida está en sus manos. (Susan Diana Fenton de Jefferies y Enrique Jefferies)

La experiencia de Susan y Enrique confirma lo que expresa Mateo Bautista.

Hacer el duelo es un proceso en el que se potencia el poder sanador de cada uno para dejar resucitado al ser querido muerto junto a Dios, y "resucitar" el sufriente mismo a esta vida en plenitud, volviendo a la serenidad, concediendo al fallecido el mejor regalo: volver a ser feliz.[5]

¿Y los hermanos?

La muerte de un niño o de una niña no es algo menor para sus hermanos y hermanas pequeños. No podemos extendernos aquí sobre el proceso de duelo en los niños, con todas sus especificidades, pero sí podemos decir que suele ser un proceso largo y doloroso. Por un lado, pareciera que los niños tomaran la muerte con más naturalidad que los propios adultos. Y también parece que se reponen con facilidad. Sin embargo, dependiendo de la edad, la muerte es algo abstracto para los niños. Tienen claro que su hermano o hermana ya no está y tendrán la tarea, al igual que los adultos, de hacer un proceso de desapego, que es la inversa al proceso de apego que caracteriza a los vínculos humanos. Por otra parte, el duelo suele actualizarse y resignificarse porque al ingresar a cada nueva etapa vital, su capacidad de comprensión se amplía y van descubriendo nuevas implicancias alrededor de la muerte del ser querido, lo que requerirá de un nuevo procesamiento intelectual y emocional.

A mayor salud emocional y espiritual de los adultos que los rodean, mejores posibilidades tendrán los hermanos de elaborar saludablemente el duelo por el hermano fallecido. Es claro que permitir hablar con libertad sobre el niño o niña fallecidos facilitará el proceso. No sólo hablar, sino expresar los sentimientos al respecto es de enorme ayuda para darle nuevos sentidos a la pérdida.

Un peligro frecuente en las familias que enfrentan la muerte de un hijo es que los hermanos y hermanas del niño o joven fallecido pierdan también a sus padres en el proceso de un duelo que se prolonga indefinidamente. No nos estamos refiriendo a la pérdida física, sino a la ausencia emocional de los padres que, al quedar detenidos

---

5 Mateo Bautista, *Resurrección*, Editorial San Pablo, 2000, p. 8.

en el proceso de su duelo por el hijo que murió, no están disponibles para sus otros hijos. Entonces éstos sienten que el hermano fallecido se ha llevado consigo a sus padres, o que los padres (o uno de ellos) han decidido vivir para el muerto –o morir emocionalmente con él–, dejando abandonados a los hijos que están vivos. La pérdida, entonces, es devastadora y puede llevar hasta la desintegración familiar.

Es frecuente y normal que los niños, y también los adolescentes sobrevivientes, sientan culpa, y también rabia, en relación con el hermano fallecido. La culpa se debe a que no han sido ellos mismos quienes murieran, sino su hermano o su hermana. Este contenido es generalmente inconsciente. Más bien, aparecen explicaciones más cotidianas como la de no haber compartido un juguete, o no haberle prestado suficiente atención, o haber peleado con el hermano antes de su muerte. Es una etapa o una reacción inesperada de un duelo que se transita con normalidad. Hay que permitir que estos sentimientos se manifiesten y deben ser contenidos y aclarados por los adultos a cargo de estos chicos.

Es posible que los niños intenten ocupar el lugar que el hermano fallecido ocupaba con sus padres y así compensarlos por la pérdida que han sufrido. "Martín, de 13 años es el que nos preocupó más a nosotros en ese momento porque no lloró pero quería acompañar a todos como si tuviera más años con toda la responsabilidad sobre sus hombros", relató Susan en el testimonio que incluimos más arriba. Sin embargo, éstas suelen ser situaciones benignas y transitorias si los padres u otros adultos a cargo, son sensibles a la necesidad de los hermanos, sean niños o adolescentes.

En cambio, cuando el duelo queda congelado o detenido, provoca síntomas diversos en el niño: trastornos de conducta, regresiones (como chuparse el dedo), dificultades en el aprendizaje y, en el futuro, otros problemas de índole emocional. También puede ocurrir que somatice, es decir, que se expresen en su cuerpo los trastornos de origen anímico.

El sufrimiento bloqueado que queda sin solucionar tiene un

pesado costo, que mina la creatividad. Cuanto más se posterga la sanidad, más costosa es la acción de este sufrimiento sobre la integridad de la persona. El fallecimiento de mi hermana menor, Rut, al cumplir un año, cuando yo tenía cuatro años y medio, ensombreció oscuramente la vida de nuestra familia. Todos pagamos un alto precio por no saber cómo experimentar la sanidad de nuestro sufrimiento. Más de treinta años de vivacidad apagada, de falta crónica de impulsos y de períodos depresivos en mi vida siguieron a la muerte de Rut antes de que mi herida provocada por el sufrimiento, que estaba oculta pero infectada, fuera expuesta en mi terapia de modo que pudiese tener lugar la sanidad. Si nuestro pastor hubiera sabido cómo ayudar a mi familia a expresar y trabajar nuestros sentimientos devastadores de pérdida y culpa, todos podríamos habernos ahorrado años de sufrimiento innecesario y de plenitud disminuida.[6]

Cuando muere un adulto, también sus hermanos o hermanas adultos deben atravesar un proceso doloroso. ¿Quién sufre más? ¿El niño o el adulto? ¿Los padres o los hermanos? ¿El padre o la madre? ¿Padres jóvenes o padres mayores? Aunque no tiene ningún sentido hacerse este tipo de preguntas, suelen aparecer en los deudos, y también en los que acompañan. Es algo así como una competencia del dolor. Es imposible medir grados de sufrimiento, ya que es una vivencia absolutamente subjetiva y particular. Cada uno sufrirá la pérdida a su modo y será "su" pérdida. Nadie puede reemplazarlo, tomando su lugar. Además, ni la intensidad ni la forma que adquiera el dolor representan la medida del amor y la lealtad por el fallecido.

— *2007 fue para mí un año de muchas y difíciles pérdidas. Podría representarlo con la imagen del tentempié, el juguete gordito para bebés que cae con un golpe y se vuelve a poner de pie, una y otra vez. Diría que esa es la sensación física y emocional que transité todo este tiempo.*

El duelo más doloroso y todavía incomprensible es por la pérdida de mi

---

6 Howard Clinebell, *Asesoramiento y cuidado pastoral*, ASIT y Nueva Creación, Buenos Aires, Argentina, 1995, pp. 225, 226.

única y queridísima hermana. Dicen que un duelo tiene diferentes etapas. No reconozco en mi proceso ira ni rabia; sólo algunos por qué, muchos momentos de irrealidad y todo el tiempo dolor y tristeza.

Ella era histriónica, verborrágica, cariñosa, inquieta, delgada. Yo, callada, introvertida, poco expresiva, racional, gordita. De chicas jugábamos mucho juntas. Con el tiempo fuimos siendo más confidentes y cercanas. No pegotes. Siempre incondicionales.

Fue todo muy rápido. Fue un mes y medio de molestias y tan sólo 16 días de internación, con una intervención quirúrgica en el medio. Es difícil dejar de llorar. Es imposible no extrañarla.

Al principio toda la atención estuvo puesta en mis sobrinas de 9 y 13 años, en mis padres, en mis hijos, en mi cuñado o, mejor dicho, en sus hijas, en sus padres, sus sobrinos, su esposo, y no tanto en mí.

Tardé un par de meses en volver a la iglesia. Uno tiene los sentimientos muy a flor de piel y es muy difícil contener las lágrimas en un culto de adoración a Dios. La primera vez que me propuse asistir nuevamente, en el viaje empecé a llorar y no pude calmarme por un larguísimo rato. Bajé del colectivo y volví caminando unas treinta a cuarenta cuadras sin poder parar de llorar y muy angustiada.

A los 46 años estoy aprendiendo a ser hija única. Todavía, tal vez, no me permití más que por ratos expresar toda la pena y dolor que siento. Los ojos húmedos y el nudo en la garganta son casi una constante en los viajes sin lectura. Las películas son una buena excusa para llorar. Escribir es sanador y los libros me ayudan a ordenar un poco mis pensamientos. Resiliencia infantil, padres que envejecen, acerca del dolor y el sufrimiento, fueron algunos de los temas de lectura de estos tiempos. Hoy me doy cuenta de que sólo leí –y varias veces– una crónica del escritor C. S. Lewis Una pena observada, que trata específicamente el tema del duelo.

Puedo expresar en palabras de Julio Cortázar: "Empezamos a morirnos poco a poco en otras muertes".[7] En Una pena observada, Lewis dice: "Todo el acto de vivir se vuelve distinto. Su ausencia es como el cielo: lo cubre todo".[8] En otra de sus obras también afirma:

---
7 Julio Cortázar, *Un tal Lucas*, Alfaguara, Buenos Aires, Argentina, 1996, p. 127.
8 C. S. Lewis, Una pena observada, Editor Andrés Bello, Chile, 1994, p. 25.

Cuando el dolor tiene que ser sufrido, un poco de valor ayuda más que mucho conocimiento; y un poco de simpatía humana, más que mucho valor, y el más leve matiz del amor de Dios, más que todo.[9]
Una amiga me dijo: "Dios está más cerca de nuestro corazón que nadie más, y en el proceso del dolor es paciente, respetuoso y amoroso". Así fue y así es (Is 55:8; Sal 62:1; Ro 8:26-27; 2Co 4:7-9).

En un taller que compartimos con mi hermana, titulado "Proyecto de vida", ella había escrito, a pedido de una consigna, lo que deseaba que se pusiera en su epitafio. En medio de un profundo dolor y tristeza, sus palabras son y serán un bálsamo y una inspiración: "... y seguirá bailando con los ángeles en una danza de adoración para la gloria de Dios".

Hoy, además de pensar en lo que Vivi diría o haría en determinada situación, o de leer sus cartas o muchas tarjetitas que solía escribir, cuando alabo a nuestro Dios en el templo, con emoción, sé que mientras canto en esta tierra, ella danza en el cielo para la gloria de Dios.

Graciela V

La muerte de un hijo o una hija por suicidio

Si la pérdida de un hijo o de una hija es una experiencia tremendamente difícil y dolorosa, no podemos imaginar lo que sucede en la vida de aquellos padres y madres que deben afrontar la muerte por suicidio de alguno de sus hijos. Se constituyen en sobrevivientes del suicidio. En ocasiones, tal vez este tipo de muerte haya podido ser apenas vislumbrada, por ejemplo, dentro del marco de una enfermedad mental severa o como reacción a una pérdida importante que el adolescente o joven haya sufrido. En otras circunstancias, tal vez el hijo o la hija haya dado algún tipo de "señal" de su ideación suicida (una carta, un mensaje, una expresión en las redes sociales, síntomas depresivos o de desesperanza y falta de sentido, o incluso amenaza acompañada de ira o desesperación). Pero otras veces no se han re-

---

9 C. S. Lewis, *El problema del dolor*, Editorial Caribe, EEUU, 1977, p.10.

gistrado señales sobre esta intención, o se han atribuido a conductas que los adolescentes suelen presentar como aspectos normales de su etapa (mayor introversión, cierto aislamiento, cambios de carácter, inseguridades, etc.).

Nos acercamos ahora con mucho respeto al testimonio de una madre, Mariel Von Leers de Gonnet, quien comparte su experiencia como sobreviviente del suicidio de su amado hijo Marcos:

--- *Estos párrafos los escribí en medio de la confusión del primer tiempo. Todo sucedió así, un martes, el 8 de septiembre de 2009, me dirigí a despertar a mi hijo mayor pensando que se había quedado dormido para concurrir a sus clases en la Universidad, donde había comenzado a cursar apenas dos semanas antes. En cuatro días más cumpliría sus dieciocho años, y estaba haciendo los preparativos para su fiesta de cumpleaños. Nunca imaginé que ese día, al ir a llamarlo, mi vida cambiaría para siempre. Había terminado con su vida, hecho que la policía confirmó poco después, y nuestra existencia sufrió la mayor transformación que hemos tenido desde nuestro nacimiento. Comenzó ese día una larga jornada, que seguramente durará lo que nos quede por vivir. Todo a partir de allí fue un torbellino de acontecimientos que no puedo hilar en un orden apropiado; se confunden los tiempos, los horarios, las personas, las palabras, los comentarios, los sonidos, las vivencias y percepciones. Todo se volvió caótico, impreciso, congelado, loco si se quiere. Quedamos atónitos y estremeciéndonos de dolor, algo visceral, un adormecimiento de los sentidos en su máxima expresión.*

Ha sido muy difícil transitar la vida luego de este acontecimiento, luego de despedirlo, luego de tener que ir al entierro, de aprender a incorporar un vocabulario difícil y un tanto extraño o lejano, como las palabras muerte, defunción, fallecimiento, tumba, cementerio, restos, cuerpo, cenizas, casa funeraria... Todo lo que conlleva la muerte es duro, es sombrío, y nunca estamos preparados para ello. Lo que observé es que algunos necesitamos pronunciar esas palabras para que no nos atemoricen tanto... Nos guste o no, nos planteamos cómo será esa primera noche; si los primeros días llueve, te preguntas si se mojará, y otros tantos interrogantes por el estilo. No estás divagando, sólo tratando de incorporar esa realidad demasiado amplia y desconocida. Por eso los dolientes muchas veces parecemos decir cosas un poco inadecuadas, estamos transidos de dolor y necesitamos procesar, encontrar un poco de entendimiento, absorber algo de esa nueva realidad que nos parece imposible... La necesidad de consuelo es tan superlativa que las plegarias se vuelven cortas, entrecortadas, en búsqueda de paz y con mucha urgencia. Son como suspiros, dos, tres palabras es todo lo que se puede hilar y la necesidad de intercesión se vuelve inmensa, casi no puedes orar. Por eso es tan necesaria la presencia del otro, de nuestro prójimo. El solo conocimiento de que otro está ocupándose en la preciosa tarea de llevarnos ante el trono de Dios en oración genera paz; es sentir una cadena de manos, lágrimas y voces rodeándonos, entrelazadas en clamor.[10]

Cuando no se ha atravesado por una pérdida de semejante magnitud, uno se pregunta cómo sigue la vida en estas circunstancias. Como hemos mencionado en otras partes de esta obra, el duelo afecta a una persona total (cuerpo, alma, espíritu), y también a sus relaciones con los otros.

— *Comenzó en nuestra vida lo que se da en llamar un duelo, pero también entramos en una etapa en que se construye una "nueva normalidad". Lo empiezas a advertir cuando todo el bullicio que se produce de visitas, llamadas, y acompañamiento disminuye y quedas finalmente solo. Cuando parte la última persona ajena a tu núcleo familiar y te confrontas total y literalmente con la ausencia de tu ser amado; cuando encuentras un lugar vacío en la mesa, cuando llega correspondencia a nombre de alguien que ya no podrá abrirla y cuando quieres comentarle algo y recuerdas que ya no está.*

Al comienzo y por más de un año, la sensación que teníamos con mi esposo era la de habernos vuelto repentinamente ancianos; nos sentíamos envejecidos completamente, como si dos o tres décadas se hubieran sumado a nuestras vidas. Eso fue tanto en la disminución de las fuerzas físicas como en lo psicológico. Nos pesaba vivir, era como arrastrarnos cada día... Nuestros niveles de concentración decayeron de tal manera que olvidábamos hasta lo más básico, los alimentos. Esto me recuerda el salmo en que el salmista declara "me olvido de comer mi pan" (Sal 104:4b). En realidad, las primeras semanas no teníamos deseo de llevar alimento a la boca, no

---

[10] Mariel Gonnet, Estima. *De este lado del suicidio.* Aljaba Producciones. Buenos Aires, Argentina, 2013, pp. 21-22.

podíamos tragarlo, y perdimos bastante peso. Apoyar a mi hija para que cumpliera con sus tareas escolares fue una labor titánica... Otra característica de esta etapa es la imposibilidad de socializar. Nuestras emociones quedaron como quemadas, y nuestro dolor estaba tan en crudo que no podíamos tolerar estar con muchas personas. Los ruidos se nos hacían difíciles de soportar, y lo mismo nos sucedía al llevar adelante una conversación, no podíamos lograr seguir el hilo con facilidad. Mi mente estaba tan pendiente todo el tiempo de tratar de absorber la realidad de la muerte que no podía ocuparse de otros asuntos. Por otra parte, ante la estruendosa e inabarcable pérdida, todo lo demás pasó a un plano tan lejano que cada detalle nos resultaba superfluo y nada más que nimiedades. No porque lo fueran quizás, sino porque la enorme dimensión de nuestra tragedia nos cambió la perspectiva para siempre.[11]

No obstante, y aunque parezca increíble, también estas experiencias tan duras pueden cambiar algunas perspectivas de la vida para bien.

Hasta ahora he mencionado los aspectos más dificultosos pero el paso del tiempo y el procesamiento de esta nueva realidad también han traído aparejadas algunas ganancias. He aprendido a no preocuparme por detalles que antes me resultaban importantes y en los que quizá invertía demasiado tiempo y energía. Esto me ha ayudado a ser más libre a la hora de tomar decisiones y me ha permitido tener un conocimiento mayor de Dios y de mí misma. He descubierto el amor de Dios como nunca antes, lo he experimentado en otra dimensión, y me siento amada, segura y respaldada por Él.[12]

En su paso por la tierra, el Señor Jesús tuvo un particular gesto de amor y misericordia hacia una mujer que había perdido a su hijo.

"Poco después Jesús, en compañía de sus discípulos y de una gran multitud, se dirigió a un pueblo llamado Naín. Cuando ya se acercaba a las puertas del pueblo, vio que sacaban de allí a un muerto, hijo único de madre viuda. La acompañaba un grupo grande de la población. Al verla, el Señor se compadeció de ella y le dijo: "No

---

11 Gonnet, *op. cit.*, pp. 25, 28-30.
12 Gonnet, *op. cit.*, p 30.

llores". *Entonces se acercó y tocó el féretro. Los que lo llevaban se detuvieron, y Jesús dijo: "Joven ¡te ordeno que te levantes!" El muerto se incorporó y comenzó a hablar, y Jesús se lo entregó a su madre. Todos se llenaron de temor y alababan a Dios. "Ha surgido entre nosotros un gran profeta" decían. "Dios ha venido en ayuda de su pueblo"* (Lc 7:10-16).

Nos impacta la actitud de Jesús hacia la mujer viuda que sólo tiene un hijo... que acaba de morir. Él no puede seguir su camino sin tener una mirada compasiva hacia ella. Se detiene de su quehacer y produce el milagro. Devuelve la vida al muchacho, pero también vuelve la vida a la mujer. Hace ya dos mil años del caminar de Jesús por esta tierra. ¡Cuántas veces desearíamos que él estuviera físicamente presente para realizar los milagros de entonces! Sin embargo, Jesús está en nosotros, y "Dios ha venido en ayuda de su pueblo" a través de él. El Padre también sufrió la muerte de su propio hijo en la cruz. ¿No podrá comprender y consolar a un padre o a una madre que ha perdido a su hijo o hija, sea pequeño o adulto? La situación de duelo es propicia para responder a la iniciativa amorosa de Dios y acercarnos más a Él.

Nunca olvidemos que Dios Padre tuvo un hijo y que se lo mataron los hombres... La resurrección anuncia que Dios Padre no se quedó impasible ante el sufrimiento impuesto a su Hijo. Con la resurrección, el mal fue vencido, la muerte derrotada. Dios Padre tiene la última palabra.[13]

Jesús, tú has venido para darnos vida
y vida en abundancia.
Has revelado el amor infinito del Padre.
Has combatido el dolor de los hombres
y has elaborado sanamente tu sufrimiento.

Jesús, tú nos invitas continuamente
a sanear nuestras heridas internas

---

13 Mateo Bautista, *Vivir como resucitados. Jesús y el duelo*, Editorial San Pablo, Buenos Aires, Argentina, 2001, pp. 30, 31.

y las experiencias dolorosas de la vida,
haciendo de todo sufrimiento crecimiento.

Jesús, tú has venido para servir
y no para ser servido.
Haznos buenos samaritanos de quien sufre
y servidores de los demás.

Gracias, Jesús, nuestra resurrección,
porque das un nuevo hogar
a nuestro ser querido fallecido
y alimentas nuestra esperanza
para reemprender una vida
más humana y cristiana.[14]

Posible ayudas para el proceso de duelo

1. Expresar las emociones. Cualquiera sea la circunstancia de la muerte de un ser querido, en particular alguien tan cercano e íntimo como un hijo o un hermano, despierta todo tipo de emociones que deben liberadas.

   Al buscar comprender por qué las heridas causadas por la aflicción se sanaban relativamente rápido en ciertas personas, en otras muy lentamente y en otras no sanaban (…), Lindemann hizo un descubrimiento sorprendente: ¡experimentar y expresar los sentimientos de agonía de manera completa es parte indispensable del proceso de sanidad! Los sentimientos bloqueados equivalen a retardar el logro de la sanidad. Así, se facilita el segundo paso en la expresión de la aflicción alentado por la disposición a escuchar activamente, que permite una completa catarsis de cualquier sentimiento que la pérdida hizo surgir en la persona. Los sentimientos incluidos pueden ir desde la desesperación total al alivio y el gozo. Muchas veces los sentimientos son ambivalentes y conflictivos. La función de la catarsis comienza a desarrollarse de manera intermitente a medida que

---

14 Bautista, *op. cit.*, 2000, contratapa.

disminuyen gradualmente el enmudecimiento y la negación, y se permite la toma de conciencia de la inflexible realidad de la pérdida. En las grandes pérdidas, trabajar los sentimientos tiene lugar en distintos niveles y, por lo general, toma un año. Se requieren varios años de trabajo luego de pérdidas tremendas como la muerte de uno de los esposos o de un hijo... Para ayudar a las personas a realizar su catarsis sanadora de su aflicción, se debe ir contra la tendencia cultural que evita los sentimientos dolorosos".[15]

Esta tendencia cultural de la que habla el autor, a veces se ve reforzada por una errada interpretación religiosa que nos insta a suprimir las emociones, en pos de aparentar una fortaleza y espiritualidad que no es tal. Recordemos a un Jesús absolutamente humano, expresando emociones como el enojo, la profunda tristeza, incluyendo el llanto frente a la muerte de su amigo Lázaro, como también su abatimiento y angustia de cara a la realidad de su próxima muerte.

"Ante la amenaza de la muerte inminente, Jesús se estremece y acongoja: (...) y comenzó a sentir terror y angustia (...) "Me muero de tristeza" (Mr 14.33, 34).

Jesús no se avergüenza de su humanidad, no juzga o reprime sus sentimientos; los acepta como componente esencial de su imprescindible recorrido. Vive en primera persona el miedo y la angustia y consagra estas reacciones humanas que suelen acompañar a quien ingresa por vez primera en un hospital, a quien tiene que someterse a una intervención difícil, a quien está a la espera de una diagnosis complicada, a quien se encuentra cara a cara con la muerte. El dolor dispara las reacciones psicológicas y saca a flote los estados de ánimo de los protagonistas, relacionados con sus valores, sus afectos y sus seguridades. Los sentimientos son los compañeros de viaje del sufrimiento humano y necesitan atención, tiempo y espacio para expresarse. Cuando falta capacidad para aceptarlos e integrarlos, se complica la vida de quienes los descuidan.[16]

---

15 Clinebell, *op. cit.*, p. 229.
16 Arnaldo Pangrazzi, *¿Por qué a mí? El lenguaje sobre el sufrimiento*, Editorial San Pablo,

2. Evitar el aislamiento. Si bien es necesario un tiempo de recogimiento en soledad individual y familiar que debe ser respetado, nuestras redes afectivas han de sostenernos en tiempos de tanto dolor. Jesús mismo requirió la compañía de sus amigos y discípulos, tanto en los momentos de servicio gozoso para compartir, como en los tiempos de confraternizar, y también en tiempos de intenso sufrimiento.

Si nadie debe vivir, amar, enfermar... ni morir solo, tampoco debe sufrir el duelo solo. Si todo en la vida es relacional, el duelo también ha de ser relacional. Dejarse ayudar en el duelo es algo muy sano.[17]

Particularmente los cristianos podemos recurrir a la comunidad de fe, con todos sus recursos para hacernos bien.

Una vez confrontado con la desgarrante experiencia de la muerte, lo peor que podemos hacer es encerrarnos en nosotros mismos y rechazar la mano balsámica y restauradora que nos tiende la comunidad. Una demostración de que hemos entendido exactamente cuáles son nuestras necesidades y la magnitud de nuestra crisis personal es cuando hacemos todo lo posible para mantener las vías de comunicación esenciales para la elaboración del duelo.[18]

Como señalaba en su testimonio Graciela V., el culto cristiano aporta aspectos muy significativos. Por un lado, posibilita la catarsis de sentimientos profundos al acercarnos de una manera muy especial a Dios. Por otro lado, es como un bálsamo a nuestras heridas frescas.

En ciertas circunstancias la música del órgano, habitualmente asociada a un culto de adoración, habla sutilmente a nuestros pensamientos y a nuestros sentimientos. Quedamente nos dice que estamos en el santuario de Dios, protegidos por nuestra fe y apoyados por quienes la comparten. El culto utiliza palabras que tienen valor balsámico... El culto también nos brinda la

---

Buenos Aires, Argentina, 1994, pp. 88, 89.
17 Bautista, *op. cit.*, 2000, p. 37.
18 Edgar N. Jackson, *Cuando alguien muere*, Editorial La Aurora, Buenos Aires, Argentina, 1973, p. 89.

oportunidad para meditar. Se nos invita a estar solos con nuestros más profundos sentimientos, y al mismo tiempo sentir el apoyo de un grupo de gente que, a su vez, medita a su propia manera. En el seno de esa comunidad, y formando parte del culto colectivo, tenemos la oportunidad, con la ayuda de Dios, de reencontrarnos con nuestra verdadera y recia personalidad. En los momentos de crisis emocional, puede significar una contribución vital para la elaboración positiva de un sano duelo.[19]

3. ¡Cuidado con las culpas! Muchas veces hemos mencionado en esta obra el lugar de la culpa como un sentimiento normal en los procesos de pérdidas y duelos. Sin embargo, hay que cuidarse de la culpa excesiva o falsa. Los padres y las madres no pueden evitar todos los sufrimientos y los dolores a sus hijos, aunque bien quisieran hacerlo. Admitir este límite beneficiará en gran manera el proceso. Es más difícil cuando haya habido alguna negligencia parental o algún recaudo que no se haya tomado. Aun así, es necesario perdonar y perdonarse, simplemente admitiendo la realidad de la imperfección humana, propia y del otro. La inculpación de uno a otro miembro de la pareja de padres no conduce a nada, excepto a quebrantar el vínculo matrimonial y provocar así pérdida tras pérdida. Se necesitará una gracia especial de parte de Dios para limpiar la herida de la culpa que causa más y más dolor, y que no devuelve al hijo fallecido a la vida. Otro aspecto para mencionar en este apartado es la necesidad de perdonar al fallecido. Si el hijo –adolescente, joven o adulto– ha muerto debido a su propia responsabilidad o decisión (es el caso de adicciones o el suicidio), por ejemplo, también los padres tendrán la tarea de perdonarlo después de muerto por no haberles permitido ayudarlo y haberles causado tanto dolor. Mencionamos este punto porque algunos padres se avergüenzan de admitir esta necesidad. Pero es válido reconocerla, aceptarla y liberarse por medio del perdón.

Y hablando de sentimientos, es bueno prestar atención a una advertencia que realiza Mariel, cuyo testimonio como sobreviviente

---

19 Jackson, *op. cit.*, pp. 86, 87.

del suicidio de su hijo hemos incluido en varios apartados de este capítulo: "Finalmente, me gustaría mencionar algo que considero de suma importancia, y es evitar la autoconmiseración, evitar los pensamientos de víctima. Es algo dificultoso, pero nos ayuda a salir adelante, no quedarnos en la lástima. No queda otra opción que seguir caminando, y debemos hacerlo porque por el camino y paso a paso vamos descubriendo pequeñeces que nos dan razones para vivir; motivos de alegría, valoramos los detalles chiquitos que dan ternura a la vida y podemos proyectarnos nuevamente, de otra manera, con esta nueva identidad".[20]

4. Respetar las diferencias en la manera de expresar el duelo. Si bien toda una familia es alcanzada por el impacto de la muerte de una persona querida, cada individuo expresará su dolor de una manera particular. Esto dependerá de la edad, del tipo de vínculo que había establecido con el fallecido, de la personalidad de cada uno, de la cultura en la que fue criado, del sexo. Como hemos mencionado en capítulos anteriores, hay personas que serán más expresivas y efusivas en su expresión; hay otras que son más reservadas. Algunos buscarán rápidamente la compañía de amigos y familiares, y otros tenderán a aislarse más. También se producen destiempos en el proceso del duelo. Algunos llegarán más fácilmente a la aceptación, y otros todavía se debatirán entre la rabia y la depresión, por ejemplo. Una gran dosis de paciencia y de comprensión, no siempre fácil de tener en tiempos de duelo, ayudará a que cada miembro de la familia se sienta unido a los de-más, a pesar de las diferencias en el modo de transitar este tiempo tan difícil... hasta poder volver a sonreír.

Es importante entender, además, que el proceso de duelo es único y personal. Cada persona, en cada familia, va a vivirlo de forma diferente y no existen formas correctas o incorrectas. La comunicación abierta es algo que ayuda muchísimo como familia, y el seguir mencionando a nuestro amado, una forma de recordarlo con intenso cariño. Dejar que fluyan las anécdotas y los recuerdos gratos, risueños, alegres... La sola idea de sonreír

---

20 Gonnet, *op. cit.*, p. 53.

hace que nos sintamos mal al principio, resulta una irreverencia; la coartamos y sentimos que hemos hecho algo completamente inadecuado. Lleva algún tiempo hasta que se habilita el permiso para sonreír otra vez aunque sea en forma leve. Luego podemos empezar a reír un poco más libremente, la verdad es que la risa es necesaria para poder continuar viviendo, y poco a poco descubrimos lo bueno y vital que es el sentido del humor para la supervivencia.[21]

5. Recuperar en el recuerdo. Evitar dos extremos: anclarse en el pasado todo el tiempo, negándose a seguir viviendo con proyección al futuro, o evitar recordar, censurando el hablar sobre la persona fallecida. La hija o el hijo, hermano o hermana ha muerto, irremediablemente. Ya no está físicamente. Cada día se lo extraña más y se cae en la cuenta de que no volverá... La vivencia de vacío es intensa... el dolor, insoportable... Todas las ligaduras emocionales que se habían tendido hacia ese ser que hoy se perdió y que constituían un vínculo fuerte de apego, ahora deben retirarse. Sin embargo, no todo es despedida, no todo se ha perdido, no todo se ha ido con la muerte. Las experiencias vividas con la persona fallecida no se diluyen con la muerte. Al contrario, se recuperan y se reavivan en el recuerdo. No se trata de un recuerdo morboso y agónico, sino de un recuerdo que acompaña, que consuela, que ayuda a sentir la presencia del hijo, la hija, el hermano, la hermana, en el andar de cada día. Lo que se ha vivido con él o con ella, por poco o por mucho tiempo, no necesita morir. Es parte de uno mismo para siempre.

Hijo querido,
perdónanos si esto te parece cruel,
pero te tenemos más presente
desde que sufrimos tu ausencia
que cuando gozábamos de tu presencia.
¡Misterioso secreto del corazón humano,
que nunca valora tanto lo que tiene,
como cuando lo pierde!

---
21 Gonnet, *op. cit.*, pp. 26-27.

Pero nosotros no queremos perderte;
y te alcanzaremos y nos reencontraremos
de otro modo.
Y tal vez ya lo estemos logrando
con este recuerdo persistente,
que nos hace reencontrarte,
en todos los lugares de tu ausencia...[22]

6. Redefinición de la identidad. Alejandro Rocamora Bonilla en su libro "Un enfermo en la familia", dice que "la enfermedad es un encuentro". Parafraseando, yo diría que la crisis o el tiempo de duelo es un encuentro, en primer lugar, con lo desconocido, en el sentido de que nunca antes se experimentó esta pérdida. Por lo tanto, esta nueva situación revela dimensiones inéditas, por momentos incomprensibles, de esta tarea de hacer duelo y seguir viviendo. En segundo lugar, es un encuentro con uno mismo, porque descubre nuevas facetas de sí mismo, las inseguridades y debilidades, como también las fortalezas y los recursos personales. En tercer lugar, es un encuentro con los otros, ya que permite descubrir de quiénes se está rodeado, cómo responden, cómo acompañan o cómo no acompañan, por ejemplo. También se descubren los recursos comunitarios –y también sus falencias–. En cuarto lugar, es un encuentro con lo trascendente o con Dios mismo. Esta crisis permite descubrir quién es Dios, conocerlo desde perspectivas nunca antes exploradas de la relación con él. Algunos aspectos de estos encuentros no son agradables o no todo lo felices que hubiéramos esperado. Sin embargo, representan un descubrimiento que pueden hacernos personas diferentes y más maduras, sin lugar a dudas.

Claramente, no somos los mismos luego de un duelo significativo. Cambia la forma de pensar sobre nosotros mismos y los otros, cambia la forma de actuar en muchos aspectos, también de ser familia, de las costumbres, desde las cosas mínimas hasta las más importantes. Desordena y ordena nuestra escala de valores. En síntesis, modela nuestra propia identidad.

---

22 René J. Trossero, *Carta a un hijo que murió*, Editorial Bonum, Argentina, 1998, p. 10.

Cada vez que alguien parte, nos cambian las aristas. Aprendemos. Aprendemos a ser huérfanos, aprendemos a vivir sin abuelos, aprendemos que los niños también mueren, aprendemos que los pares mueren, aprendemos y se conforma una nueva identidad... En ese proceso buscamos al nuevo ser humano que somos ahora, delineando el proyecto de vida alternativo que nos permita seguir adelante... Se va gestando una nueva historia.[23]

7. Abrirse al amor de Dios. El sufrimiento es un misterio que da lugar a un sinfín de preguntas, las más de las veces sin respuestas que satisfagan por completo. Es que las preguntas que nos hacemos en medio del dolor no surgen de nuestro intelecto sino de nuestras emociones tumultuosas. Nada de lo que se pretenda explicar será suficiente para aliviar el dolor de un modo acabado. Es más, muchas cosas que se responden a la ligera en realidad aumentan la aflicción. Por lo tanto, no se deben censurar las preguntas que alguien formule en tiempo de dolor. Deben ser escuchadas respetuosamente, acompañadas en silencio y encomendadas a Dios. Él es quien consuela verdaderamente y que vierte su amor incondicional, aun en medio de las preguntas y del enojo del sufriente. Es cierto que, muchas veces, la persona dolorida no percibe el amor de Dios, y hasta duda del mismo. El duelo provoca, en muchos casos, una crisis de fe. Sin embargo, "en el fondo, hasta las expresiones que parecen una acusación contra Dios o una imprecación pueden ser formas de oración. A Dios no lo encontramos únicamente en medio de la alegría y la alabanza; a veces se le encuentra también en la protesta y el tumulto". [24]

A veces me pregunto si los creyentes no son más susceptibles a sentirse espiritualmente heridos, porque creen tan apasionadamente en Dios y esperan tan fervientemente que él satisfaga lo que le piden.[25]

---

23 Gonnet, *Op. cit.*, pp. 46, 47.
24 Pangrazzi, *op. cit.*, pp. 81, 82.
25 William Backus, *La brecha entre tú y Dios*, Editorial Betania, Miami, EEUU, 1993, pp. 133, 134.

Sin embargo, como hemos mencionado anteriormente, también los tiempos de intenso dolor son la oportunidad para experimentar de otra forma a Dios, sentir su consolación y su compañía amorosa de una manera intensa y profunda. Así lo manifestó Job luego de su agudo y prolongado sufrimiento: "*(...) Reconozco que he hablado de cosas que no alcanzo a comprender, de cosas demasiado maravillosas que me son desconocidas... De oídas había oído hablar de ti, pero ahora te veo con mis propios ojos. Por tanto, me retracto de lo que he dicho, y me arrepiento en polvo y ceniza*" (Job 42. 3b, 5, 6).

Mateo Bautista nos advierte sobre los obstáculos del duelo:
- Imaginar que la recuperación es imposible.
- Querer sólo aliviarse y no curarse.
- Creer que el tiempo por sí cura todo.
- Pensar que nadie puede entender mi sufrimiento.
- No aceptar que hay que sufrir sanamente para dejar de sufrir.
- Perder la esperanza de volver a ser feliz.
- No vivir el sufrimiento con gallardía. Asumir el papel de víctima.
- Querer sobrevivir y no vivir.
- Revivir constantemente "las imágenes temidas", causantes del sufrimiento.
- Idealizar al muerto, viviendo, en cambio, en baja autoestima.
- Sufrir para pagar culpas.
- Acusar a Dios de la muerte del ser querido.
- Hacer el duelo aislado de la familia, con pactos de silencio.
- No acudir a la red de apoyos sociales y de la fe.
- Creer que nada bueno me va a aportar tanto sufrimiento.[26]

---

26 Bautista, *op. cit.*, 2000, p. 27.

Cómo pueden ayudar los demás

La muerte del hijo o de la hija de una familia cercana, y aun no tan cercana, conmueve a todos. Aunque no se haya transitado por la misma situación, y nadie pueda plenamente ponerse en el lugar de los íntimos que padecen la pérdida, todos tenemos alguna noción de que la pérdida de un hijo o de un hermano es algo tremendo.

Frente a esta percepción, algunos huyen. No pueden acercarse a los deudos. No saben qué decir ni cómo acompañar. Además, es posible que sientan que esto mismo podría sucederles a ellos, con lo que el espanto los inmoviliza aún más. Los padres y hermanos doloridos no comprenden por qué algunos familiares, amigos o personas de la comunidad toman distancia, con lo cual su soledad aumenta.

Otros, debido a su propia ansiedad o exigencia de actuar como corresponde –en este caso, acompañar y consolar–, creen que algo deben decir. Con la mejor intención, expresan cosas que no son bien recibidas por los familiares en duelo, que muchas veces tendrán la tarea de perdonar a los que sin querer los han lastimado con sus palabras.

En la obra citada, Mateo Bautista él menciona las siguientes "Frases hechas que deshacen":

- Al menos te quedan otros hijos.
- Dios quería un angelito.
- Sé cómo te sientes.
- Es mejor así: dejó de sufrir.
- Si tenía que suceder, mejor que fuera pronto.
- Es la voluntad de Dios.
- Dios te ha enviado una gran prueba.
- Dios se lo ha llevado. Lo necesitaba junto a él.
- Si me pasara a mí, me moriría.
- ¡Ánimo, otros lo han pasado también!
- El destino lo ha querido así.
- Es la ley de la vida.
- Sé fuerte. No llores.

- El tiempo cura todas las heridas.
- Era demasiado bueno para este mundo.[27]

Puesto en palabras por la hermana de una niña fallecida:

— *Al otro día Michelle se levantó con mucho dolor de cabeza. De ahí en adelante fue todo una confusión muy grande. La internaron y sólo sé que había mucha gente. Cuando nos dijeron que no había vuelta atrás yo no podía creer que esto nos estaba pasando. Todos nos hablaban de que iba a un lugar mejor, que todo tenía sentido, que todo ocurre por una razón... Por no tener yo el carácter suficiente no los mandé a la miércoles (sic) porque era en realidad lo que quería hacer. Sentía mucha impotencia, mucha tristeza.*

Esta sincera expresión de una hermana adolescente nos advierte sobre la imperiosa necesidad de acompañar bien. Y muchas veces la mejor forma de acompañar es el silencio respetuoso, el abrazo cálido, y abstenernos de decir cosas, aún con las mejores intenciones, que puedan herir más aun al enlutado.

Graciela V., cuyo testimonio transcribimos anteriormente, también se expresa al respecto:

— *Entre quienes supieron estar con palabras, con silencios, con abrazos, con oídos, con lágrimas, estuvieron los que uno esperaba y también algunos que uno no imaginaba. Otro grupo estuvo constituido por quienes se suponía estarían presentes de algún modo y no sintieron, no supieron, no pudieron...y fueron un dolor y una desilusión. Pero lo mejor en este momento tan sensible es pensar que nosotros, tal vez, no acompañamos cuando otros lo esperaban, y sí fuimos fieles y presentes para otros y en el mejor de los casos, sorprendimos a alguien con nuestra cercanía y empatía.*

Llamados, abrazos, cartas, e-mails, miradas, ayudas... El Espíritu nos consuela y también nos guía en nuestra buena intención. Gracias a Dios por todos los que saben estar en tiempos difíciles.

No le pidas a una persona en duelo que sea fuerte

---

27 Bautista, *op. cit.*, 2000, p. 29.

cuando no lo puede ser.
No le aconsejes que no llore,
porque las lágrimas son parte del dolor.
No compares su pérdida con otra,
porque cada duelo es único y personal.
No lo empujes a que contenga sus emociones,
porque sería agregarle más carga.
Acompañar en el dolor no significa
darle ánimo para quitarle su pena.
El silencio muchas veces es tocar con respeto
el alma del que está sufriendo.
(Autor desconocido)

En el caso particular de muerte por suicidio se agrega un elemento que es el "estigma". "Perder a un ser querido por suicidio es totalmente diferente... El estigma de la palabra suicidio crea barreras para encontrar la ayuda que se necesita en cuanto a apoyo y comprensión. Es muy común que la gente reaccione a esa palabra en formas que insinúan que el sobreviviente debe estar sucio, ser contagioso o provenir de una familia indeseable. Por esta reacción algunos sobrevivientes nunca hablan acerca de ello ni buscan la ayuda que necesitan desesperadamente. Este dolor sin resolver surgirá más tarde a través de problemas de salud".[28]

Mariel Gonnet, la mamá de Marcos, comparte:

— *Esto muchas veces me hizo sentir paria, rechazada o evitada, un ser desagradable, pero la confianza que me otorgaron aquellos que sí estuvieron allí, que sí se arriesgaron a equivocarse, me devolvió la seguridad en mí misma. Como corolario esto trae aparejada una mayor fortaleza, uno se foguea; reconozco que tengo que agradecer a estas circunstancias el haberme permitido descubrir quiénes son realmente mis amigos y caminar con la cabeza en alto porque no tengo de qué avergonzarme. Soy simplemente una sobreviviente de suicidio.*[29]

---

[28] Louise Wirick, "*Camino a la sanidad*" (Blog). Mencionado por Gonnet, *op. cit.*, pp. 71-72.
[29] Gonnet, *op. cit.*, p. 52.

Respeto
Si supieran los que opinan
cómo duele tu partida,
cómo está en carne viva
nuestro entero corazón.
Un hijo de las entrañas
que a las entrañas volvió;
que nos dejó boquiabiertos
y presos de la aprehensión.

Nuestra tragedia es nuestra
y nos enseñó mesura
ante la de otro humano,
ante el ajeno dolor.

Mejor callar a decir algo
que añada aún más dolor.
Escuchar y estar disponible
Más que intentar conclusión.[30]

Una forma de morir, una forma de vivir

Sobre todo, permanezco cerca del corazón de Jesús, cuya vida y cuya muerte son la fuente principal para comprender y para vivir mi propia vida y mi propia muerte.[31]

La entereza de una hija de Dios

En memoria de nuestra hija, Patricia "Patsy" Elisabet Kerr:

Dios es Dios que ama infinitamente a sus hijos... pero él es un Dios activo y da tareas para que sus hijos las cumplan. Entre las muchas tareas que él puede asignar es la de ser padres. Criar, enseñar, educar, guiar, aconsejar a los hijos. ¡Qué tarea hermosa! Somos jardineros que preparan la tierra con

---

30 Gonnet, *op. cit.*, p. 36.
31 Henri J.M Nouwen, *Nuestro mayor don*, PPC, Madrid, España, Colección Sauce, 1994, p. 24.

los mejores fertilizantes; siendo ellos aún bebés, comenzamos a plantar las buenas semillas. Cuidamos de su salud, de su intelecto y de su espíritu. Como padres nos sentimos felices porque cada tarea va acompañada de oración. Oramos cuando lloran y los calmamos frente a sus dolores y malestares; oramos cuando van a la escuela y deben manejarse solos, nos sentimos felices y agradecidos ante sus logros y triunfos. Estamos agradecidos. ¡Cuántos hermosos versículos llenos de promesas invaden nuestra mente e inundan de gozo nuestro corazón!

Los años pasan y esa pequeña semilla se hace ver, transformada en una hermosa planta que comienza a dar flores de suave fragancia. Honra de Dios, alegría a sus padres. Como padres, estamos felices. Dios nos dejó el manual para poder enseñarles a nuestros hijos acerca de todos los aspectos de la vida y de todas las circunstancias. Vamos aprendiendo junto a ellos.

Pero... un buen día Dios decide tomarnos una prueba, un examen: ¿Estamos preparados como padres a repetir y vivir lo que Job dijo: "Jehová dio, Jehová quitó, alabado sea Jehová"? (Job 1. 25). Para mi esposo y para mí el comienzo del examen llegó un día de otoño: cáncer. Pensamos: "si el Señor estuvo con nuestra hija Patsy durante su sarampión, sus paperas, resfríos, su tiempo de estudios en años difíciles, sus viajes, sus años de servicio para él, también de ésta va a salir tomada de la mano del Señor".

Habíamos acompañado a nuestra hija en todos sus momentos de alegría y también en esos otros de frustración y tristeza. Ahora, juntos debíamos enfrentar a este ogro, con oración, operaciones y tratamientos. No sé cómo habríamos enfrentado estos años de sube y baja sin el Señor. Como padres, podemos decir que nuestras fuerzas venían de arriba. Pasamos junto a nuestra hija temporadas buenas de leve mejoría y de las otras también.

¡Qué bueno haberle hecho conocer a Cristo desde pequeña y que ella lo entendiera y lo aceptara! Patricia conoció al Señor desde muy pequeña, se tomó de su mano y nunca más la soltó. Se formó y preparó para distintas carreras: hemoterapeuta, profesora de educación primaria, profesora de Música e Inglés, licenciada en Ciencias de la Educación, licenciada en Educación Cristiana, licenciada en Estudios Teológicos. Todas estas carreras siempre le dieron oportunidad de hablarles a otros del Señor. Todo lo llevaba a los pies de Cristo: sus éxitos, sus dificultades, sus sueños y sus metas.

Creativa, con un espíritu organizador y ansias de que otros conocieran a Cristo, recibió la noticia de un cáncer de mama en 1998, con sorpresa pero con aceptación, como una prueba más. Con paciencia y fe en su Señor atravesó dos operaciones y tres series de quimioterapia más radiaciones. El hospital se volvió un nuevo campo para hablar del Señor a médicos, enfermeras y pacientes. Todavía hoy los que la conocieron la recuerdan por las charlas que tuvieron con ella y por los folletos y tarjetas hechas por ella que transmitían amor e interés por el prójimo. En cada internación de días o sólo de horas, ponía su Biblia sobre la mesa de la habitación junto a un cuadrito que decía en alemán: "Aférrate a la fe y Dios no te soltará".

Así, Patricia se acercó a muchos pacientes que pudieron conocer más del Señor y depositar sus miedos y ansiedades en él, llegando a acompañar a un señor en su partida a la presencia del Señor a pedido de su esposa.

En octubre de 2002 vino la prueba más grande, el cáncer había invadido parte de los pulmones. Obediente a los consejos médicos, llevó por semanas una mochilita con drogas –quimioterapia ambulante– conectada a través de un catéter a su pecho. Esta molestia y también los dolores no le impidieron cumplir con la tarea de presbítera de su iglesia, nombramiento otorgado en otoño de ese mismo año, que ella aceptó como un honor para gloria y servicio a su Dios y Señor.

La Navidad de 2002 y el Año Nuevo de 2003 fueron especiales, pues había llegado de Kenia, como regalo de Dios, su íntima amiga Diane, con quien había estudiado teología en el Regent College, Vancouver, Canadá.

El 12 de enero de 2003 predicó por última vez en el culto de inglés. ¡Cómo amaba a esas personas mayores!, quienes la recuerdan por enseñar el Salmo 23 en detalles junto a la "oveja Valentina".

A principios de febrero se comenzó a notar un mayor deterioro, el cáncer había invadido el cerebro y ella lo sabía. Cuando su pastor, Gerardo, le preguntó cómo se sentía, su respuesta fue: "Me siento como un barquito en aguas turbulentas esperando que el Señor me lleve a la orilla de la sanidad o a la otra orilla junto a su presencia".

Estando en una reunión de familia se despidió de cada uno y todo aquel que llamaba por teléfono o la visitaba oía sorprendido su despedida del mismo modo. Al ver a su papá pensativo, éstas fueron sus palabras: "No estés triste, papá, yo me adelanto a una tierra mejor".

¿Qué hacemos los padres ante tal experiencia que sabemos nos lleva a la separación de aquella persona que tanto amamos? Acompañamos con abrazos silenciosos sentados en un sofá, oramos en voz alta y en silencio. Recuerdo lo mejor que pude hacer como mamá: leer los Salmos cada día, lentamente, explicando cada versículo, haciendo énfasis en el amor del Padre, su paz, su provisión, su fidelidad, y así llegamos hasta el Salmo 66.

El 20 de febrero, debido a fuertes dolores intestinales, la internamos y así la acompañamos viendo cómo lentamente se iba apagando una lucecita que había brillado intensamente en nuestras vidas por 41 años y medio.

Durante la noche, viendo la cercanía de su partida, con voces entrecortadas le habíamos cantado himnos y coritos (todos los que venían a nuestra memoria), repetimos lentamente el Salmo 23, su favorito, y le decíamos lo agradecidos que estábamos porque Dios nos la había prestado.

"Hágase tu voluntad" (Mt 6. 10). Surge desde lo profundo la pregunta: "a los que a Dios aman (...) ¿todas las cosas ayudan a bien?" ¡Sí! Cristo en nuestras vidas produce el gran cambio, nos acompaña, nos sostiene, se alegra con nosotros, llora con nosotros y nos hace conocer su paz.

Dios nos la había prestado para formarla y un día lluvioso de verano, a la madrugada, la llamó para estar con él. El deseo de Patsy había sido partir a la presencia de su Señor de madrugada, para así llegar a desayunar con su Padre celestial, y en día nublado o lluvioso. Su deseo le fue concedido: Patricia falleció el 27 de febrero a las 6.05 mientras afuera llovía a cántaros, ¡oyendo la voz de su papá que le decía cuánto la amaba!

Al volver del cementerio, me senté en el sofá y, aunque había hermanos y familiares a mi alrededor, sentí lo que es estar sola pero acompañada. Ese mediodía experimenté lo que es la paz del Señor: ese viento suave que acaricia todo el ser.

Patsy siempre está presente, hablamos de ella, les contamos a nuestros nietos acerca de su tía, pues no olvidamos a los que amamos. Sabemos que nos volveremos a ver en ese glorioso día en que el Señor nos llame a nosotros a su presencia.

Dos cosas no quiero olvidar de contar. La primera es que mientras aún podía escribir, escribió tres cartas a sus sobrinas Helen (8 años), Melanie (6) y Corina (2), para ser entregadas cuando cumplan quince años.

La segunda es que disponiendo de sus Biblias, que pasaron a manos de sus queridos hermanos y cuñadas, en una de ellas y entre sus muchas anotaciones había una que decía: "Para mi tumba, Salmo 48.14. 'Porque este Dios es Dios nuestro eternamente y para siempre; él nos guiará aun más allá de la muerte'." Este versículo se encuentra grabado en la placa que identifica su lugar de descanso.

Nuestra experiencia como padres para gloria y honra de Dios y ayuda a otros padres.

—Los papás de Patricia, Érica y Stanley Kerr

Patricia Kerr fue una de las fundadoras e impulsoras del Grupo de ayuda al paciente oncológico y su familia "Cada Día Una Oportunidad", que funcionó durante varios años en la Iglesia Presbiteriana San Andrés, en Olivos, provincia de Buenos Aires.

Seguramente Patricia coincidiría con San Agustín al decirnos:

¡Si conocieras el Don de Dios y lo que es el Cielo!

¡Si pudieras oír el cántico de los ángeles y verme en medio de ellos!

¡Si pudieras ver desarrollarse ante tus ojos los horizontes, los campos eternos y los nuevos senderos que atravieso!

¡Si por un instante pudieras contemplar, como yo,
la belleza ante la cual todas las otras bellezas palidecen!

Tú me has visto, me has amado en el país de las sombras, y ¿no te resignas a verme y amarme en el país de las inmutables realidades?

Créeme, cuando la muerte venga a romper tus ligaduras
como ha roto las que a mi me encadenaban,
y cuando un día que Dios ha fijado y conoce,
tu alma venga a este cielo al que te ha precedido la mía,
ese día volverás a ver a aquel que te amaba y que siempre te ama,
y encontrarás su corazón con todas sus ternuras purificadas.

Volverás a verme, pero transfigurado, extasiado y feliz,
no ya esperando la muerte, sino avanzando contigo,
a quien llevaré de la mano por los senderos nuevos

Muere un hijo o una hija

de la luz y de la vida,
bebiendo con embriaguez a los pies de Dios un néctar
del cual nadie se saciará jamás.
¡Enjuga tus lágrimas y no llores si me amas!

—San Agustín

Henri Nouwen comparte algunas vivencias al saberse próximo a su propia muerte:

Sobre todo, pensamos en nuestra muerte, primero como un acontecimiento que nos desvincula de los demás. Es una separación. Significa abandonar a los demás. Es el final de relaciones muy valiosas, el principio de la soledad. En verdad, para nosotros la muerte es principalmente una separación y, peor aún, una separación irreversible.

Pero Jesús murió por nosotros para que nuestra muerte ya no tuviera que ser sólo separación. Su muerte abrió para nosotros la posibilidad de hacer de nuestra propia muerte un camino hacia la unión y la comunión. Ese es el giro radical que nos permite hacer nuestra fe.[32]

Otros padres que pasaron por la experiencia de la muerte de su pequeña hija, luego de un largo y doloroso proceso de enfermedad, nos dicen:

> *"Jesús respondió: Yo soy la resurrección. El que cree en mí, aunque muera, vivirá. Y todo el que vive y cree en mí, no morirá jamás. ¿Crees esto?* (Jn 11:25-26).

— En el servicio se leyeron palabras de Jeremías, recordándonos que las calles de la Nueva Jerusalén estarían llenas del alboroto de los niños en sus juegos. Sabíamos que Frankie también estaba corriendo y cantando sobre las doradas colinas, disfrutando deleites, que nosotros sobre la tierra ni podíamos soñar, teniendo en sus manos el conocimiento y la perfección por los cuales luchamos vanamente en esta vida. No, muerta, no. Oh

---

32 Nouwen, *op. cit.*, pp. 87.

no, sino nacida más allá de las sombras en la luz plena y clara.[33]
¿Muerta?
Oh, no, he nacido más allá de las sombras,
a la luz clara, plena,
libre para siempre de nieblas, tormentas y penumbras,
a un mundo lleno de calma y brillo.

¿Durmiendo?
Oh, no, llamada a un dulce despertar
de un día celeste sin nube alguna;
inmóvil no, sino en marcha desde la ruda tierra
al camino donde me lleva el rey que marcha.

¿Silenciosa?
Oh, no, sino sólo dejando atrás a los que aquí me oyen
para ir a cantar el dulce cantar del cielo;
solitaria no, sino amada y amando hasta lo sumo
en medio de seres de blancas vestiduras.

¿Olvidada?
Oh, no, manteniendo las dulces remembranzas
de aquellos queridos que he dejado por un tiempo,
y desde ya feliz mirando el feliz reencuentro
de esas manos que se estrechan y esos labios
que sonríen.
¿Muerta?
Oh, no, muerta no, sino más allá de todo temor
de muerte

---

33 Hielen N. Mitson, *Más allá de las sombras*, Junta Bautista de Publicaciones, 1968, p. 140.

y alejada ya por siempre de dolor alguno;
no digas que he muerto: es Jesús que me ha llamado
a vivir por siempre y siempre.[34]

Datos para la prevención

1. No hay forma de prevenir cabalmente cómo transitaríamos un duelo de este tipo. De todas las pérdidas posibles, es la menos imaginada y la menos tolerada de fantasear. Por eso en este capítulo hemos reflexionado sobre la pérdida de la ilusión de no experimentar nunca la máxima desolación: la muerte de un hijo o de una hija. La manera en que pensamos influye notablemente en nuestras reacciones y emociones. Por lo tanto, tener una base sana en cuanto a nuestra filosofía de la vida –y también de la muerte, como su contracara– ayudará notablemente en la aceptación de las diferentes vicisitudes que nos toquen transitar. Hagamos una revisión honesta de nuestros conceptos sobre el sentido de la vida y el sentido de la muerte, sobre el sufrimiento y el dolor, sobre quiénes somos nosotros y quién es Dios. Estaremos cimentando un terreno más firme y saludable para afrontar cualquier tipo de pérdidas en nuestro tránsito terrenal.

2. La red de relaciones interpersonales es un factor de suma importancia en nuestro desarrollo como seres humanos. Pero es especialmente vital a la hora de afrontar crisis importantes. Los vínculos no se pueden generar de un momento a otro. Por eso, es importante reforzar nuestra red afectiva, integrada por los familiares, amigos, vecinos, hermanos en la fe. Esto implica cultivar relaciones sólidas y cercanas, invirtiendo en ellas, dando y recibiendo. La red afectiva será el sostén disponible y necesario en el momento de transitar por los tiempos de dolor.

3. Suicidio en adolescentes y jóvenes. Excede a las posibilidades y objetivos de este libro extendernos sobre la complejidad de esta problemática. Pero animamos –en especial a líderes y pastores– a

---

34 Mitson, *op. cit.*, p. 5.

profundizar sobre esta experiencia humana que ocurre en personas de todas las edades, de todos los rangos sociales e incluso de diferentes culturas. Se debe prestar especial atención al desarrollo de los adolescentes y jóvenes de hoy, dado que el suicidio es una realidad que puede afectarlos, como protagonistas directos o a su círculo de amigos cercanos. De hecho, en la actualidad se registra un alarmante aumento de muertes violentas (accidentes de tránsito, suicidios y homicidios) en esta etapa etaria en todas partes del mundo y por variados motivos. En Latinoamérica, además de los factores individuales y familiares, inciden factores sociales como exclusión social, falta de oportunidades de desarrollo, ausencia de proyectos vitales para los jóvenes, entre otros.

En su presentación sobre *La vida puede triunfar sobre la muerte*, el Dr. Gustavo Bedrossian menciona:

Los factores que potencian el riesgo

Podríamos escribir un libro entero describiendo cómo la presencia de determinados factores aumenta el riesgo de un comportamiento suicida. Solamente los enumeraré. Siempre es importante recordar que la presencia de alguno de estos factores no pronostica un comportamiento suicida. La idea es generar conciencia, no andar viendo el riesgo suicida en cada adolescente que sufra o haya sufrido estos problemas que mencionaré. De la literatura científica en relación al tema se observa que en los suicidas existieron algunos de estos factores. Al ir visualizando cada uno de ellos, tenemos también la información acerca de cuál es la agenda a desarrollar con nuestros chicos. Estos son diecisiete factores de riesgo:

1. Víctimas de humillación y vergüenza como acoso escolar, ciberacoso, abuso sexual.

2. Depresión: pensamientos de inutilidad, desesperanza, impotencia en cuanto a que algo pueda mejorar, culpa, rasgos melancólicos.

3. Dificultades en el control de impulsos.

4. Limitación en cuanto a las habilidades sociales, se sienten agobiados y crece la desesperanza.

5. Escasa habilidad para resolver problemas: no encuentran soluciones, se sienten agobiados y crece la desesperanza.

6. Comportamiento suicida previo.

7. Suicidio cercano.

8. Limitaciones en cuanto al registro y manejo de las emociones (especialmente enojo, tristeza y miedo).

9. Pobreza en la comunicación.

10. Falta de una red de contención.

11. Dificultad para manejar el estrés.

12. Rigidez cognitiva, distorsiones en el pensamiento (como por ejemplo perfeccionismo o pensamiento polarizado sin grises).

13. Mal manejo de las frustraciones y fracasos (sociales, sentimentales, escolares, deportivos, impopularidad en las redes).

14. Alcohol y drogas.

15. Falta de proyectos o desafíos.

16. Baja autoestima.

17. Desilusiones espirituales (por no recibir algo de parte de Dios o por heridas sufridas en la vida de iglesia).

A continuación, el autor concluye con un llamado a la iglesia:

Llamados a compasión

¿Podemos hacer algo? Sí, podemos hacer mucho. Mateo 9:36 nos impulsa a desarrollar la compasión que tenía Jesús por los maltrechos y desalentados. La compasión de la cual habla Jesús es acción, no un sentimiento aislado de lástima. Antes de pensar qué hacer, debemos incrementar nuestra compasión; el amor por esta generación que se enfrenta a este terrible flagelo. Amemos en verdad y veremos a Dios actuar a través de nosotros y rescatar a chicos que están pensando en suicidarse. La iglesia debe ser un espacio en el que, al hablar de lo que nos sucede, descubramos que nos hizo bien el otro. Si alguno expone su fragilidad, que ese riesgo sea bienvenido. Generemos climas de aceptación. No repitamos el método de los amigos de Job con sus sermones en medio del sufrimiento. Es mentira que "los chicos no hablan". Tomemos la decisión de ser una iglesia que se caracterice por la autenticidad y la conexión.[35]

No es realista pensar en que es posible evitar totalmente el suicidio, pero sí se puede trabajar desde la comunidad eclesial en el fortalecimiento de las personas –en este caso jóvenes y adolescentes– y familias, armando fuertes redes de contención y ayuda. Como mencionamos para otras problemáticas, forma parte de la tarea redentora de la iglesia. También la investigación científica hoy reconoce que la fe podría constituir un factor de protección privilegiado, brindando sentido de valoración y dignidad, pertenencia, cohesión grupal, propósito de vida, entre otras cosas.

Di en titular estas páginas Estigma, porque considero que es lo que más se necesita: ser estimado, y también porque está contenida dentro de la palabra: estigma. Debemos hablar y aceptar como sociedad que existe el suicidio, no dar la espalda, porque por más que no lo miremos, que lo rechacemos o nos genere sentimientos incómodos, no deja de tener lugar. Y, por supuesto, trabajar desde la prevención, aunque sea este aún un espacio muy grande a conquistar. Debemos movernos del estigma hacia la estima.[36]

Actividades

Leer el siguiente párrafo y reflexionar de modo individual o grupal sobre las preguntas a continuación del mismo.

¿Cómo puede ayudar la iglesia local a quien ha perdido a un ser querido? ¿Qué puede hacerse desde un punto de vista comunitario? Incluso investigadores no cristianos han admitido el papel relevante que las comunidades cristianas pueden tener en el proceso de duelo. El secreto radica en la naturaleza misma de la iglesia: es un cuerpo donde todos los miembros están interrelacionados de tal manera que "si un miembro padece, todos los

---

35 Guía pastoral preventiva sobre suicidio adolescente. La vida es una aventura. Buenos Aires, Argentina, pp. 8, 9.

36 Gonnet, *op. cit.*, p. 80.

miembros se duelen con él" (1Co 12.26). Esta solidaridad natural –"somos miembros los unos de los otros" (Ef 4.25)– está fomentada por un amor sobrenatural que no es nuestro, sino que procede de Dios, "porque el amor de Dios ha sido derramado en nuestros corazones por el Espíritu Santo que nos fue dado" (Ro 5.5). Este amor de Cristo nos "constriñe" (2Co 5.14) o impulsa a consolar a quienes padecen y lloran. Así es como la iglesia se convierte en una comunidad terapéutica.

Por tanto, amar, animar y dar cobijo al afligido es una de las tareas para las que la iglesia está bien equipada. La asistencia al débil ya formaba parte esencial de la enseñanza que recibió el pueblo de Israel en el Antiguo Testamento. Éste ha sido el interés de Dios durante muchos siglos. Un Dios que se preocupa por el afligido, quiere que su pueblo se ocupe también de él.

¿De qué manera puede ayudar la iglesia? La mayoría de las recomendaciones mencionadas hasta ahora también las puede poner en práctica la iglesia: participar en el culto fúnebre, visitar el hogar de la persona fallecida, colaborar en tareas prácticas. Pero me gustaría centrar la atención en dos tareas que son específicas de la comunidad cristiana y que transmiten un gran consuelo al afligido por pérdidas de seres queridos:

- La práctica de la oración.
- El ministerio de la consolación.[37]

1. Si usted está atravesando el duelo por la pérdida de un hijo o de una hija, ¿siente o cree que la comunidad de fe puede ayudarlo?
2. Dado que la actitud de la persona en duelo también es importante a la hora de recibir ayuda, ¿cómo se acerca usted a su comunidad en busca de los recursos que puede ofrecerle?
3. Si usted forma parte de la comunidad de fe, ¿de qué maneras prácticas puede ayudar a la persona o familia que ha perdido un hijo o un hermano? ¿Qué dificultades encuentra en esta tarea?

---

37 Martínez Vila, *op. cit.*, pp. 124-126.

Con el fin de aumentar y mejorar los recursos que las iglesias locales pueden disponer para acompañar a personas que han perdido la esperanza al afrontar pérdidas afectivas, al final del capítulo 12 se comparte la experiencia del grupo Mejor juntos (grupo de apoyo para personas en duelo). Y en el último capítulo de este libro se incluyen sugerencias para organizar grupos de ayuda mutua desde la iglesia. El acompañamiento en el duelo bien podría ser una de las temáticas que aborden tales grupos. Éstos se han mostrado muy eficaces a la hora de enfrentar la elaboración de un duelo tan difícil como la pérdida de un hijo o de una hija.

Bibliografía sugerida

Elsa Viviana Barrón, *Creencias y modos de abordaje en torno del suicidio juvenil,*. Universidad Nacional de la Matanza. Buenos Aires, Argentina, 2018.

Guía pastoral preventiva sobre suicidio adolescente. La vida es una aventura. Buenos Aires, Argentina. Descarga gratuita:

http://www.ministerioados.org/vida/lavidaesunaaventura

Acerca del suicidio de adolescentes. Kids Health. org

https://kidshealth.org/es/parents/suicide-esp.html?view=ptr&WT.ac=p-ptr

12
Llega la viudez

"En este mundo todo tiene su hora; hay un momento para todo cuanto ocurre: un momento para nacer, y un momento para morir (...) Un momento para abrazarse y un momento para separarse" (Ec 3:1, 5).

Objetivo

Que la persona que ha perdido a su compañero o compañera de vida pueda encontrar consuelo y ayuda práctica para afrontar esta crisis. Proveer herramientas útiles para los que quieran ayudar en estas situaciones.

Lectura de reflexión

"Hasta que la muerte los separe" es una frase que escuchamos hasta con alegría el día del casamiento, porque en ese momento nos imaginamos una larga vida compartida con la persona que amamos. Sin embargo el "hasta que" algún día llega, marca el final de la ilusión y la muerte hace su aparición, provocando separación y dolor. Puede ser antes, puede ser después, pero siempre llega. Es el final que todos conocemos intelectualmente, pero que en algún momento tenemos que experimentar con todo nuestro ser.

Todos sabemos o imaginamos que la viudez es una experiencia triste de la vida. Pero, ¿de qué se trata realmente perder al esposo o a la esposa?

"Aprendiendo a caminar en soledad", de Ingrid Trobisch, esposa de un pastor y misionero en África entre otros lugares donde misionó, fue escrito por esta mujer al poco tiempo de enviudar, tras veintisiete años de vida compartida en matrimonio.

De eso se trata la viudez. De un aprendizaje. De un volver a caminar de otra forma. Sola, o solo, sin la compañía, el apoyo y el amor de un esposo o una esposa.

La muerte de un esposo o esposa obliga a la tarea de hacer un duelo, con características similares a otros duelos que, como seres humanos, debemos transitar al sufrir una pérdida. Pero, como experiencia singular, tiene características también diferentes a los demás duelos. Y tampoco son iguales todos los duelos por viudez. Primero porque cada persona es única, y además porque las variables intervinientes son muchas.

Perder a un esposo o esposa ocasiona una especie de desgarro, de algo que se arranca, ya que el matrimonio implica ser "una sola carne" (Gn 2. 24). Y un desgarro siempre duele. Más aún cuanto más fuerte era la unión previa. Es claro que más se pierde cuanto más se ha tenido. Esto significa que, a mayor intensidad y calidad del vínculo entre los esposos, mayor es la pérdida.

Entre las características del duelo por muerte, también es importante considerar cómo se ha producido la muerte. Si fue repentina e inesperada, o si fue precedida de un largo tiempo de enfermedad y agonía. En este último caso, la tarea de desprendimiento y despedida ha comenzado antes de que ocurra la muerte. Y hasta puede representar un alivio cuando ésta llega, tanto para el enfermo como para el compañero que ve sufrir al otro.

También representa algo diferente si la muerte de un cónyuge sucede al poco tiempo de compartirse la vida en común, o si ocurre luego de muchos años de convivencia. En el primer caso, el duelo se teñirá de la sensación de un proyecto trunco, del dolor por sueños e ilusiones que ya no se realizarán. En el segundo caso, la mirada es más retrospectiva, con añoranza por tantas cosas proyectadas y vividas efectivamente juntos.

Otra diferencia la constituye el hecho de la edad de los hijos, si es que el matrimonio los tuvo. ¿Son pequeños y requerirán la atención materna o paterna por mucho tiempo? ¿O son adultos y ya no dependen de los padres? En el caso de que haya niños pequeños que necesitan cuidado, quien haya quedado a su cuidado –sea el padre o la madre– se puede sentir dividido o tironeado entre dos tareas. Por un lado tiene que afrontar el duelo por la pérdida del cónyuge en todas sus etapas, pero no dispone ni de todo el tiempo ni de toda su energía para el mismo, ya que hay chicos que dependen de él o de ella. Es una sobrecarga, pero por otro lado estará demasiado ocupado u ocupada como para centrarse en sí mismo para sufrir.

En el caso de que la viudez ocurra cuando los hijos son grandes, no existirá la preocupación por el sustento de ellos y, por el contrario, los hijos pueden ser pilares en el fortalecimiento de la madre o del padre solos. Pero, por otro lado, la sensación de vacío y soledad pueden hacerse más notorios, ya que los hijos deben seguir viviendo su propia vida.

¿Cuál situación es más dolorosa? ¿Cuál es peor? ¿Qué es preferible? Obviamente las preguntas encierran una trampa, pero tienen un sentido. El sentido es llamar a la reflexión de que no sirve comparar. Cada situación es única y tiene sus particularidades, y cada persona es única y, por lo tanto, merece ser respetada en su dolor singular. Es cierto que hay principios a seguir y sugerencias útiles para todos los casos, pero sobre la base de la aceptación de las diferencias entre las personas: de tiempos, de circunstancias, de personalidad, de experiencia espiritual, de posibilidades y límites, de conformación familiar, y también económicas y sociales.

Cuando un esposo o una esposa mueren, no sólo sufre el cónyuge. También los hijos y otras personas del entorno son afectados de manera particular, por su propio dolor y también por la viudez de su mamá o de su papá. El siguiente testimonio, aunque breve, refleja la vivencia de un hijo que perdió a su papá a los trece años. Ilustra cómo cambia la vida de un hijo adolescente y la estructura familiar.

— *La muerte de mi papá cuando yo tenía 13 años nos cambió la vida. Hasta ese momento él era el encargado del sostén económico, mi mamá se ocupaba de nosotros, y mis hermanos y yo vivíamos despreocupados de los temas de los adultos cumpliendo nuestra función que era estudiar y disfrutar de nuestros amigos. Con la ausencia de papá todos tuvimos que reubicarnos. Mi mamá empezó a trabajar y yo, por ser el mayor de los hermanos, también. Parecía imposible que hiciera el secundario y trabajara a la vez, pero no fue así. Lo pude hacer. Mucha gente nos ayudó, la familia y la iglesia. Pero de puertas adentro, sólo quedábamos mi mamá y nosotros, los hijos. Ahora que pasó el tiempo me doy cuenta de que yo ocupé un lugar que no hubiera ocupado de seguir mi papá con vida. No sólo trabajaba y estudiaba, sino que mi mamá me consultaba las cosas, compartíamos las preocupaciones y por ser el hijo mayor fui sin querer el más sobrecargado. A veces hasta me sentía como si fuera su esposo y padre de mis hermanos. Alrededor de mis 20 años confieso que por momentos estaba confuso. No sabía si tenía derecho a pensar en una novia, si podía pensar en mi futuro sin cargar con mi familia, y otras preocupaciones en relación a mis responsabilidades en la casa. Con ayuda de consejeros espirituales fui viendo cómo reordenar mis prioridades. Ahora, a diez años de la muerte de papá, estoy a punto de casarme. Ya no me siento ni culpable por querer formar mi propia familia ni con la responsabilidad de sostener a mis hermanos. Ellos también crecieron, mi mamá fue tomando mayor independencia, el tiempo crítico ya pasó, y siento que estoy preparado para afrontar esta nueva etapa. Si hubiera podido elegir, por supuesto hubiera elegido que mi papá no muriera y todo hubiera seguido su curso normal. Pero también debo reconocer que el dolor y la pérdida nos ayudaron a crecer y madurar a todos. Y que pudimos salir adelante con la ayuda de Dios y de los hermanos. No me arrepiento de haber asumido las responsabilidades que me tocaron. Dios las usó también para mi bien, y me siento preparado para afrontar nuevos desafíos* (Gustavo, 23 años).

Las etapas de un duelo

La muerte de un ser querido es tan impactante para el psiquismo que generalmente produce un shock inicial, una especie de anestesia emocional que nos protege de un dolor demasiado intenso para ser tolerado.

¡No puede ser! Walter me habló apenas hace unos minutos, pensé. La pequeña tetera de porcelana china que me había acercado todavía estaba caliente. ¿Cómo podía ser que el que fuera mi esposo durante veintisiete años pasara tan repentinamente de este mundo al otro? Todavía sin convencerme, fui hasta la puerta de nuestra pequeña casa y llamé a nuestro vecino (...) Yo disqué el número de mis hijos: Stephen en Viena, David en Heidelberg, y Katrine en Richmond, Virginia. Quería ser yo misma quien les comunicara lo ocurrido. Una fuerza que no me era propia me permitió hacerlo. Todos prometieron venir a casa lo más rápido posible... Yo estaba atontada por el impacto. El dolor vendría después. Ahora tenía que ser fuerte y hacer las decisiones correctas.[1]

Es así que muchas personas, aunque se muestren apenadas y lloren, están muy serenas y parecen fuertes en las instancias del funeral. Los que los acompañan suelen decir cosas como: "¡Qué bien está!", "¡Es muy fuerte!", "¡El Señor la consuela!". A veces esto nos hace sobreestimar las posibilidades de afrontamiento de la persona en duelo, y la "abandonamos" pensando que ya está repuesta del golpe. Este tiempo de shock es variable; puede durar horas, días y hasta pocas semanas. No sería un buen indicador que se prolongara por mucho tiempo, ya que un duelo bien resuelto requiere que de este impacto inicial se pase a otras etapas.

Luego del shock del comienzo, especialmente cuando la muerte fue abrupta, la anestesia se va y se siente el dolor con toda su intensidad.

---

[1] Ingrid Trobisch, *Aprendiendo a caminar en soledad*, Editorial Certeza-ABUA, 1988, pp. 32, 33.

La vida continúa como de costumbre, y la gente parecía haber olvidado el impacto que había causado en el pequeño pueblo la noticia de la muerte de mi esposo unos días atrás. Pero para mí la vida nunca va a ser igual. Es peor que una amputación, que perder un brazo o una pierna. Me siento como si alguien hubiera tomado un hacha y me hubiera partido en dos de arriba a abajo. Veintisiete años de matrimonio nos han llevado juntos alrededor del mundo, por más de treinta años no habíamos tenido la menor duda de que habíamos sido llamados a "ser uno". Ahora se acabó. ¿Podré sentirme nuevamente completa alguna vez?[2]

El dolor intenso anuncia que hay que encarar un trabajo interno ineludible con las emociones. Y los procesos emocionales llevan tiempo, un tiempo diferente al de la razón.

Tus muertos ya murieron,
y en tu mente ya lo sabes.
Pero tu corazón necesita tiempo
para saber y aceptar que ya partieron.
Por eso tu dolor resurge como nuevo,
ante esa mesa familiar
donde un lugar quedó vacío,
en esa Navidad donde alguien falta,
en ese nacimiento sin abuelo,
en ese año nuevo en que se brinda
y alguien ya no levanta la copa…
Así es el corazón humano:
Siempre vive de a poco
lo que la razón sabe de golpe.
¡Para la mente
los muertos mueren una sola vez;

---
2 Trobisch, *op. cit.*, pp. 39, 40.

para el corazón
mueren muchas veces...!³

Es cierto que sabemos de la muerte intelectualmente, pero nuestras emociones se niegan a aceptarlo. Por un buen tiempo se puede despertar pensando que todo fue un mal sueño, se puede estar esperando que el esposo vuelva del trabajo, o que la esposa aparezca en el dormitorio; hasta se puede creer estar oyendo su voz o sintiendo su mano que acaricia. Son experiencias normales del duelo. Pero la realidad de la ausencia se va imponiendo, momento a momento. Un plato menos en la mesa, los llamados telefónicos que ya no ocurrirán, la cama vacía, los acontecimientos personales y familiares en los que ya no se lo cuenta, los momentos que ya no se pueden compartir, ni siquiera las ocasionales discusiones o cambios de opinión.

Todo eso va despertando la conciencia de un profundo vacío y soledad. Soledad. Suele ser el sentimiento más referido por los viudos y viudas.

Pensar que nunca lo volvería a escuchar diciéndome de su amor y riéndose sobre nuestras bromas íntimas. Esa noche soñé que estaba en Salzburgo. Estaba caminando sola, y había dejado nuestro pequeño departamento para caminar junto al río Salzach. Veía a Walter, pero no podía tocarlo... En mi corazón sentí todo el dolor que significaba saber que nunca más estaría en sus brazos.⁴

La soledad y el vacío son enormes. Sin embargo, la persona fallecida no se llevó todo consigo, y no es necesario dejar morir aquello que puede seguir viviendo. Las vivencias, los recuerdos y todo lo que la persona ha dejado a modo de legado espiritual y emocional, pueden y deben ser recuperados en los recuerdos. Forman parte del viudo o de la viuda, y no es necesario dejarlos ir junto con la persona amada.

---

3 René Juan Trossero, *No te mueras con tus muertos*, Editorial Bonum, Buenos Aires, Argentina, 1997, p. 11.
4 Trobisch, *op. cit.* p. 42, 43.

Más tarde compartí este sueño con Daniel. "Tienes todos tus buenos recuerdos, mamá. Y lo que has tenido nadie te lo puede quitar", me dijo consolándome.[5]

No te mueras
con tus muertos;
¡llévalos vivos en tu amor
y vive con ellos
en tus recuerdos!
¡Sería triste y penoso
que tú te dejaras morir
y ellos
siguieran viviendo...![6]

La persona que ha perdido un ser amado piensa que no podrá soportar el dolor, y no puede ver el mañana. Pero este tiempo debe ser vivido un día a la vez. Ningún ser humano está capacitado para llevar de una vez y toda junta, la carga de muchos días. Si bien es habitual que nos preocupemos por lo que vendrá, Jesús nos recomienda que no lo hagamos.

> *"No se preocupen por el día de mañana, porque mañana habrá tiempo para preocuparse. Cada día tiene bastante con sus propios problemas"* (Mt 6:3-4).

Como en todo duelo normal, pueden aflorar culpas. Por los propios errores cometidos, por no haber sido más solícitos, por la última discusión, por no haber cumplido un deseo del esposo o de la esposa, por no habernos dado cuenta de hacer algo más... La lista puede ser interminable.

Antes de regresar a Austria por tren, el pastor Hess y su señora me invitaron a pasar el fin de semana... Su sabiduría espiritual y su afecto a menudo nos habían sostenido en tiempos

---

5 Trobisch, *op. cit.*, p. 43.
6 Trossero, *op. cit.*, p. 44.

de dificultad. Ahora pude disfrutar la calidez de su hogar y me permitieron desahogar mi corazón. Mostraron una enorme paciencia mientras yo planteaba todas las preguntas que surgían del remordimiento... Y también tenía preguntas que nacían de la culpa... Cuando llegó el domingo por la tarde yo ya había volcado toda la culpa y la pena acumulada. El pastor Hess me dijo suave pero firmemente: "Ya es suficiente. Pondremos todo esto al pie de la cruz, a los pies de Jesús". Después de orar juntos, pronunció el perdón de Cristo y me dio una bendición que incluyó a cada uno de mis hijos. Pude derramar lágrimas que me limpiaban por dentro, sentada en su hermoso sillón antiguo. Lo llamé "el sillón de papá", porque así era como me sentía, como si estuviera allí sentada con mi Padre celestial, dándome cariño y consuelo.[7]

Como hemos mencionado para otros duelos, es normal sentir pena y es necesario expresarla con naturalidad.

Descubrí la importancia de permitirme sufrir. Algunos médicos recetan sedantes a sus pacientes en estas situaciones. Pero me alegro de que mi médico pensara que el duelo es terapéutico y es parte de la vida. El sabía que tenía que andar por este camino solitario, un paso por vez.[8]

No todas las personas expresan del mismo modo sus emociones. En general, las mujeres gozan de una especie de permiso social para hacerlo con mayor libertad. Los hombres en nuestra cultura, por el contrario, se sienten limitados en la demostración de sus sentimientos. Sin embargo, hemos sido diseñados para transmitir nuestra pena a través del llanto, a través del relato o simplemente del recuerdo triste. Esto nos hace bien. Recordemos que aun Jesús lloró sobre la tumba de su amigo Lázaro, con total naturalidad y en público.

"Un momento para llorar, y un momento para reír. Un momento para estar de luto, y un momento para estar de fiesta" (Ec 3:4).

---

7 Trobisch, *op. cit.*, pp. 47, 48.
8 Trobisch, *op. cit.*, p. 54.

Las lágrimas que ocultas,

el dolor que escondes

y la protesta que callas,

no desaparecen:

quedan al acecho del momento

en el que puedan estallar.

Y es mejor que lo vivas todo

a su tiempo y en su hora.[9]

Sólo cuando se expresa la pena, ésta no queda contenida y puede recibirse consolación. *"Bienaventurados los que lloran, porque ellos recibirán consolación"* (Mt 5:4).

Sin embargo, hay que cuidar de no caer en la auto-compasión.

Pronto aprendí que hay mucha diferencia entre estar triste porque se extraña a la pareja –lo cual refleja el amor que se sentía hacia el otro– y estar triste por sentir pena de uno mismo, que no es otra cosa que autocompasión. Si la autocompasión es uno de los peores venenos en la relación matrimonial, me parece que debe ser aún más peligroso para alguien que está aprendiendo a caminar solo.[10]

Las etapas de un duelo van cambiando, pero no se suceden unas a otras en forma ordenada, ya que están en juego emociones intensas. Es normal que se mezclen y aun que se retroceda en lo que ya se había avanzado. Son como olas que van y vienen. Se intercalan tiempos de intenso dolor con otros de relativa calma.

Fui a la tumba de Walter y dejé sobre ella las cargas que aún me pesaban. Mi corazón sufría, como un niño buscando consuelo. Todavía no había madurado en mi dolor. Cuando ya parecía

---

9 Trossero, *op. cit.*, p. 33.
10 Trobisch, *op. cit.*, p. 62.

manejar una capa del sufrimiento, aparecía otra capa de dolor y el "duelo" continuaba, como si fuera descubriendo las capas de una cebolla.[11]

El proceso de duelo no se termina de un día para el otro. La elaboración del mismo se aprecia en que la intensidad, la frecuencia y la duración del dolor van siendo diferentes. La intensidad disminuye, los tiempos de dolor se van espaciando y también duran menos. Poco a poco una luz se va abriendo en el horizonte.

Mi corazón todavía gime. A veces parece que tuviera dentro de mí una bola de dolor. Pero me siento consolada con los pequeños destellos de luz que llegan a través de las nubes.[12]

Los días negros de intensa pena se van alternando con otros más coloridos y alegres.

Algo ocurrió en mí durante esas tranquilas semanas sabáticas en Nueva Delhi... Las caminatas diarias con mis nietas me abrieron los ojos para percibir los colores como nunca antes. Descubrí el matiz de lavanda en el cielo de la aurora, el verde grisáceo de los eucaliptus mezclado con el verde oscuro del follaje tropical. Observé el exquisito buen gusto y colorido de las vestimentas de las mujeres hindúes. Mi mundo, que por tanto tiempo había estado gris, de pronto estallaba en color. Mi hija me había estimulado a pintar lo que veía. Esbozamos y pintamos juntas. Para mí fue comenzar algo nuevo, y me llevaría por muchos caminos de alegría en los próximos meses y años. [13]

La aceptación es la etapa final de un duelo bien resuelto.

Es fácil decir "Jesús es tu esposo, Ingrid". Pero el vacío sigue allí. De alguna manera es mi Señor quien me da fuerzas para vivir con ese vacío. No lo ha llenado aún, pero ha construido un puente sobre el abismo. Puedo vivir así, y puedo pararme sobre

---

11 Trobisch, *op. cit.*, p.79.
12 Trobisch, *op. cit.*, p. 72.
13 Trobisch, *op. cit.*, pp. 109, 110.

ese puente para abrirme a las personas. [14]

Aceptar lo que ha sucedido no significa estar alegre por ello, sino estar en paz y gozar de serenidad interior. Algunos dicen que cuando puede decirse: "gracias" y "adiós", el duelo se ha completado.

> Cuando hayas terminado de aceptar
> que tus muertos se murieron,
> dejarás de llorarlos
> y los recuperarás en el recuerdo,
> para que te sigan acompañando
> con la alegría de todo lo vivido.[15]

Mirando al futuro

Es el tiempo de seguir andando sola o solo, pero con esperanza.

> Si buscas un camino
>
> para reencontrarte con tus muertos,
>
> no lo busques, llorando, en tu pasado;
>
> búscalo, más bien, esperanzado,
>
> andando tu camino, hacia el futuro.[16]

Tal como se ha mencionado en el capítulo anterior, luego de asumir las diversas pérdidas que implica el quedar sola o solo –ya sea por divorcio o viudez– comienza la tarea de reconstruirse como una persona total, recuperando la autonomía y la individualidad. No es una empresa fácil, pero sí necesaria.

El duelo ofrece la oportunidad de reafirmar o reconstruir el

---

14 Trobisch, *op. cit.*, pp. 124, 125.
15 Trossero, *op. cit.*, p. 29.
16 Trossero, *op. cit.*, p. 47.

mundo personal de significados que fueron cuestionados por la pérdida. El duelo permite comenzar a narrar una nueva historia: ya no se puede contar el mismo relato que se contaba antes de la pérdida; hay que crear un nuevo capítulo en la historia personal y construir un nexo de unión entre el pasado y el presente para continuar de cara al futuro. Es el pasaje de la ausencia de significado al significado de la ausencia…

Es necesario descubrir por dónde pasan las lágrimas que acompañan al dolor. En los casos de viudez, por ejemplo, la pérdida del marido o la esposa contiene múltiples y variados sentimientos y cambian según el momento del duelo. Hay lágrimas de rabia, otras de tristeza, algunas de soledad. Una mujer siente que al perder a su marido perdió también el calor de su compañía o su status de mujer. Otra siente que perdió su proyecto de vida. Ante la viudez, un hombre siente que ya no tiene más familia, para él su grupo se disolvió con la pérdida de su esposa. Otro siente que la pérdida de su esposa lo deja como único sostén de su familia.

Día a día construimos nuestra identidad. La pérdida devasta y nuestra identidad se resquebraja, pues somos en relación con los otros. Nada es igual después de una pérdida significativa; la pérdida nos transforma y nos obliga a construir una nueva identidad, la de sobreviviente. Entonces negociamos con la realidad que debemos enfrentar.[17]

En palabras de Ingrid Trobisch:

Al fin tengo una clara noción de mi propia identidad. Soy una hija de Dios, una hija del Rey. Una viuda en duelo por su compañero amado. Soy una madre, una abuela, una hija, una hermana, una tía con sobrinas y sobrinos. Tengo un ministerio que me llena de alegría al hablar, enseñar, escribir. Pintar se ha vuelto un hermoso pasatiempo, lo mismo que nadar y caminar. Disfruto construyendo un "nido", atendiendo a otras personas y

---

17 Diana Liberman, *Es hora de hablar del duelo*. Edit. Atlántida, Buenos Aires, Argentina, 3° edición, 2012, pp. 37-39.

a mí misma… Sé que el coraje no está en la ausencia del miedo, sino en actuar a pesar de él. [18]

Podemos contar con el auxilio especial de Dios, quien es sensible a las necesidades de los más vulnerables:

> *"Bienaventurado aquel cuyo ayudador es el Dios de Jacob, cuya esperanza está en Jehová su Dios (…) Jehová al huérfano y a la viuda sostiene"* (…) (Sal 146:5, 9).
>
> *"Padre de huérfanos y defensor de viudas es Dios en su santa morada. Dios hace habitar en familia a los desamparados"* (Sal 68:5-6).
>
> *"Tú lo has visto… a ti se acoge el desvalido; tú eres el amparo del huérfano"* (Sal 10:14).
>
> *"Porque Jehová vuestro Dios es Dios de dioses y Señor de señores, Dios grande, poderoso y temible que no hace acepción de personas; que hace justicia al huérfano y a la viuda"* (…) (Dt 10:17-18).

Las hijas y los hijos de Dios también tenemos que imitarle en sus características amorosas y compasivas hacia los que más nos necesitan. Las viudas y los viudos, en este caso, merecen especial atención.

> *"La religión pura y sin mácula delante de Dios el Padre es ésta: Visitar a los huérfanos y a las viudas [también a las mujeres divorciadas, madres solteras y solos en general] en sus tribulaciones (…)"* (Stg 1:27).

¿Qué hacer?

Veamos el testimonio de dos personas que, a diferente edad y bajo distintas circunstancias, pasaron por la experiencia de la viudez.

> "Me casé y formé mi hogar, en el cual nacieron dos hijos que completaron nuestra felicidad. Fueron criados en los caminos de Dios. Con el paso de los años ambos se casaron y quedamos mi esposo y yo solos, trabajando siempre juntos en nuestro negocio.

---

18 Trobisch, *op. cit.*, pp. 133, 134.

Llega la viudez

Me he sentido muy amada por mi esposo. Él acostumbraba a escribirme cartas –aunque no viajara– y en ellas me expresaba su amor. La última la escribió cuando cumplimos 40 años de casados, en la cual me decía que me seguiría amando más allá de la muerte.

Durante su breve enfermedad leíamos y orábamos juntos, pero cuando ya no lo podíamos hacer por su estado de salud, me pidió que le leyera el Salmo 23.

Poco antes de pasar a la presencia del Señor le pregunté si quería algo, a lo que me respondió que quería morir, pues "el apóstol Pablo dice que 'el morir es ganancia' y yo quiero ver a Jesús".

Durante los dos meses que duró su enfermedad yo seguía atendiendo el negocio. Los clientes, corredores, proveedores, quedaron impactados con la noticia de su enfermedad, ya que lo apreciaban mucho. Pensé que ése era el momento oportuno para mostrar cómo afronta un cristiano las crisis de la vida. Dios me dio la oportunidad de dar testimonio de nuestra fe, de la soberanía de Dios y la esperanza bienaventurada del creyente, aunque muchos de ellos ya conocían el evangelio por nuestro testimonio.

Un 5 de noviembre, a los 66 años, Isaac pasó a la presencia del Señor, quedando yo sola sin mi fiel compañero.

Agradezco siempre a mi Dios por el amor con que me rodearon mis hijos, nietos, hermanas, cuñados, sobrinos y todos los hermanos en la fe en esos momentos difíciles.

Pensé que ésta era una nueva etapa en mi vida y con la ayuda de Dios la iba a afrontar.

En la noche siguiente a su sepultura, sola en mi casa, me senté al piano y con la voz quebrada y las lágrimas que no podía contener, canté el himno que dice:

>   Cristo está conmigo, qué consolación,
>   su presencia aleja todo mi temor;
>   tengo la promesa de mi Salvador:
>   no te dejaré nunca, siempre contigo estoy.
>   Y así lo sentía yo.

Extrañaba mucho a mi esposo. En mis momentos de soledad –que se hacían sentir– venían a mi mente todas las promesas del Señor. Hice mías las palabras del profeta Jeremías: "Mas Dios está conmigo como poderoso gigante" (Jer 20.11a). Necesitaba de este gigante para que caminara a mi lado, para poder atravesar este valle de dolor, desánimo y desesperación. ¡Qué seguridad me dan estas palabras junto con las de Mateo 28.20, donde el Señor promete: "Yo estoy con vosotros todos los días..."!

Si bien siento mucho la ausencia física de Isaac, me llena de felicidad el pensar que él está gozando ya de todo lo que el Señor preparó para aquellos que le amaron y le sirvieron; gracias a Dios por esta esperanza bienaventurada.

Lo he llorado mucho, pero le agradezco a mi Dios y le alabo porque en estos nueve años transcurridos, él fue para mí sostén, roca, refugio y consuelo, para que yo a la vez pueda identificarme y comprender mejor a los que pasan por las mismas experiencias, como dice San Pablo en 2º Corintios 1. 3, 4.

Cuánto bien me hizo el interesarme por otros y relacionarme con la gente. Seguí ocupada en las actividades de la iglesia donde trabajábamos juntos.

Toda mi gratitud y alabanza sean para mi Dios, por su gran fidelidad y amor.

— Elisa

Transcurrieron 25 años desde que Elisa enviudó. Ella ya tiene 90 años. Aun en su vejez, Él la sostiene y anima. Vive rodeada del afecto y el cuidado de su descendencia. Hija, hijo, nietas y nietos –y también biznietos– la siguen rodeando de amor. Dios fue fiel.

— Nací en un hogar cristiano. Desde antes de nacer mis padres me llevaban a la iglesia. Ya iba a la iglesia desde nueve meses antes de nacer, porque mi madre me llevaba en su panza. Una maestra de Escuela Dominical que tuve a los ocho años me enseñó que debía empezar a orar por el esposo que Dios me daría cuando fuera grande. Y yo así lo hice.

Pasé como niña algunas experiencias tristes, como la muerte de mis abuelos y en la adolescencia la separación de mis padres. Pero yo seguí siempre fuertemente tomada de la mano de Dios quien me ayudó siempre.

Cuando aún era muy joven conocí al que sería mi marido. Él fue mi primer novio y yo su primera novia. Nos casamos queriéndonos mucho. Al año y medio yo estaba embarazada. Amábamos a ese bebé y pensábamos que era el milagro de Dios. Parecía que todo iba viento en popa, pero... a los dos meses de embarazo tuve un aborto espontáneo. Al principio asumí fácilmente la soberanía de Dios, pero después me costó un poco. Luego de un tiempo volví a quedar embarazada. Consagramos nuevamente ese bebé al Señor. Todos juntos compartíamos esa alegría, mi esposo y yo, y también la familia, amigos y hermanos de la iglesia. Un día, a punto de entrar al noveno mes de embarazo, dejé de sentirlo moviéndose en mi panza. Esa semana habíamos estado comprando el ajuar. Pero ahora el bebé estaba muerto y debían extraerlo de mi panza. Mi esposo me recordó que ese niño había sido entregado al Señor y por lo tanto él sabía lo que hacía. Asumimos totalmente su soberanía. Pero tuve que pasar por todos los sentimientos normales de una madre que pierde un hijo. Compartimos con mi esposo todo el proceso de duelo por la pérdida de Eliseo (tal es el nombre que le dimos a nuestro hijo) y fuimos dejando todo en las manos de Dios.

Poco a poco íbamos recuperándonos. Pero, a los cinco meses de esa pérdida, mi esposo fue operado ya que estaba teniendo algunos problemas de salud. Era un tumor. Sólo estuvo un día en terapia intensiva. El Señor me habló en esos momentos, una y otra vez, trayendo a mi memoria el pasaje de Jeremías 33.3. "Clama a mí, y yo te responderé, y te enseñaré cosas grandes y ocultas que tú no conoces". En ese momento yo creía que era para esa circunstancia, por eso le clamaba al Señor insistentemente por Jorge. Poco después comprendí que ese pasaje iba a ser realidad en mí a partir de mi viudez y que era parte de la provisión de Dios para mi vida, al tener que comenzar a caminar en soledad, ya que al día siguiente mi esposo falleció, a los 28 años de edad. Sólo habíamos estado casados por cuatro años. Ya no vivía mi hijo, tampoco mi esposo... Sentí que la historia se terminaba para mí.

Pero la vida no terminó, sino que empezó una nueva etapa, a mis 31 años.

Sabía que Dios era soberano. Lo habíamos escuchado, lo habíamos hablado, y era una convicción para mí. Pero ahora, una vez más, debía experimentarlo. Empecé a ver a Cristo desde mi dolor y mi desgarro. Aprendí que soberanía de Dios también es proveernos lo que necesitamos. Y lo más valioso que Dios nos dio es a su Hijo, Cristo.

Me encontré frente a dos caminos: o me tomaba de Dios o me soltaba de él. Elegí el primer camino. Entendí en ese momento a los drogadictos, a los borrachos, a todos aquellos que se desvían gravemente. Experimenté el abismo del dolor y la desesperación. Leía las promesas de la Biblia y sentía que no eran para mí. Le pregunté a Dios el porqué y el para qué. Él es mi papá y por lo tanto yo podía preguntarle. Le hice saber de mi desgarro, de mi dolor, de mi mutilación. Una y mil veces.

Pero también me encontré amándole cada vez más.

Al principio sentía que Dios estaba inmóvil. Me veía en un túnel sin salida. Pero Dios siguió proveyendo cada cosa que necesitaba. Dios fue acomodando todas las cosas.

De a poco me fui desprendiendo de las cosas de mi marido y de mi hijo. Tuve que enfrentar amigas embarazadas, amigos casados... Nuestros amigos... ¿Dónde me pongo? ¿Qué soy? Viuda de 31 años. Me resultaba difícil pensarme así. Pero mis amigos me cuidaron más, me acompañaron e hicieron las cosas más fáciles.

¡Las fechas! El día del padre, el día de la madre, el día del niño, la fecha del aniversario de casados, el cumpleaños de Jorge, el mío, Navidad, Año nuevo... La Navidad y la Pascua, especialmente, adquirieron un nuevo sentido para mí como cristiana. Yo estaba con mi salvador. Comencé a celebrarlas distinto porque cambió el sentido para mí. Aunque siempre conocí el verdadero sentido de la Navidad y la Pascua, ahora podía vivirlo.

Extrañar... No podía satisfacerse este sentimiento con escribir una carta, mirar una foto, ver un video. Extraño plancharle la ropa, trabajar juntos con los niños en la iglesia, que me diga que me quiere, que me abrace...

Tuve que dejar algunas cosas: el trabajo con los niños –al menos en esta etapa–, el trabajo que hacíamos con mi marido en forma secular, mi condición civil de casada. Tuve que reacomodar mi vida ante la sociedad también.

Me costó los primeros tiempos: los fines de semana, el viajar sola, mis primeras vacaciones sola, cuando me enfermé, leer la Biblia (me nutría con todo lo que tenía en la memoria de ella), cantar en la iglesia debido a la emoción que me producía. Sin embargo, poco a poco todo fue superándose. Tuve que encarar, también, la mudanza, el nuevo trabajo, orar en primera persona, querer celebrar mis cumpleaños...

Un papel fundamental fue el de mi familia y de mi psicóloga creyente. También la influencia de mis amigos y la oración de los hermanos de la iglesia, de tanta ayuda y consuelo en los momentos difíciles. Esto también fue la provisión de Dios.

Después de unos meses desapareció la angustia que me oprimía el pecho, pero quedó una tristeza profunda y prolongada. En una segunda etapa esos períodos fueron menos profundos y menos prolongados. Ahora, a los tres años de viudez, tengo más períodos de gozo. Puedo soñar con él pero ya sin angustia. El dolor va pasando...

De todo este sin sentido de la vida, también surgió la necesidad de contarle a otros de la soberanía de Dios, de su amor y fidelidad, de su cuidado por mí, de su compañía, de que nos amó tanto que dio a su Hijo por todos nosotros.

El Señor es justo en sus caminos, bondadoso en sus acciones. El Señor está cerca de los que lo invocan, de los que lo invocan con sinceridad. El cumple los deseos de los que lo honran; cuando le piden ayuda, los oye y los salva. El Señor protege a los que lo aman, pero destruye a los malvados. ¡Que mis labios alaben al Señor! ¡Que todos bendigan su santo nombre, ahora y siempre (Sal 145:17-21).

... Ya pasaron 25 años. El Señor tomó el lugar del dolor producido por las pérdidas y me trajo sanidad que permanece a través de los años. El ubicó mi sentimiento hacia Jorge y Eliseo en el lugar correcto donde no duele, ni hay tristeza, sino que trae amor, paz y dulzura.

En todo este tiempo tuve, y sigo teniendo, sueños, proyectos y logros. Disfruté de promesas cumplidas y voy por las que alcanzaré en el tiempo correcto.

Dios cambió mi lamento en gozo y puedo vivir con alegría y ser feliz ¡porque Él sigue siendo fiel!

—Myriam

Ingrid Trobisch, la viuda cuyo testimonio expusimos parcialmente a lo largo del capítulo, concluye así su libro:

Mi cuerpo y mi alma son el templo del Espíritu Santo. Mi propósito es que mi vida irradie su amor y que todo mi ser repose en su paz. Sólo así seré capaz de caminar sola otra vez.[19]

Datos para la prevención

1. Aprende de tus muertos una lección para la vida:
    es mejor amar a los tuyos
    mientras viven,
    que quitarte culpas
    por no haberlos amado,
    cuando ya se fueron. [20]
2. No encerrarse en el dolor. No es útil ni para sí mismo ni para los otros.
    La gente que se encierra en sus propios problemas no puede ser ayuda a otras personas que tienen problemas. [21]
3. Resulta alentador ver cómo otras personas que nos han precedido en la experiencia del sufrimiento, lo han podido atravesar y se han enriquecido a través de él. Podemos entonces ver los principios que han sostenido sus vidas y decidir imitarlos.

Actividades

1. Que cada participante que haya atravesado por esta crisis de vida cuente al grupo alguna experiencia que haya colaborado positivamente en el proceso de duelo por viudez:
   - ¿Qué actitudes propias fueron beneficiosas?
   - ¿Qué actividades les favorecieron?
   - ¿Qué pensamientos le ayudaron?

---

19 Trobisch, *op. cit.*, p. 141.
20 Trossero, *op. cit.*, p. 23.
21 Trobisch, *op. cit.*, p. 113.

- ¿Qué pasajes bíblicos fueron de aliento?
- ¿Qué actitudes de los demás resultaron oportunas?

2. Para las personas que desean apoyar a los que han perdido a sus esposos o esposas:
- ¿Qué nueva luz les aporta el acercarse a esta temática a través de la lectura de este capítulo?
- ¿En qué maneras imaginan que pueden apoyar a las viudas y a los viudos de su entorno?
- Leer la siguiente experiencia de un grupo de ayuda en el duelo. ¿Considera que sería un aporte valioso la creación de un grupo similar en su iglesia local o en su comunidad?

MEJOR JUNTOS

Grupo de acompañamiento en el duelo

Desde hace un tiempo, estamos coordinando un grupo de acompañamiento en duelo. Lo hacemos desde una iglesia local en la ciudad de Buenos Aires y está abierto a la comunidad.

La iniciativa surgió después de que una de nosotras experimentó la pérdida de un familiar cercano y transitó el tiempo de duelo acompañada por un grupo de ayuda mutua.

A partir de esa experiencia sentimos el deseo de cubrir esta necesidad y abrimos un espacio de escucha, contención y empatía que brinde recursos para el tiempo difícil de un duelo por muerte de un ser querido.

Fuimos desafiadas a romper el paradigma de cuidado pastoral (uno a uno) para comenzar a trabajar en grupo. No somos profesionales, aunque de una u otra manera ambas estamos acompañando de diferentes formas a personas que transitan tiempos dolorosos en sus vidas. Antes de iniciar el grupo buscamos el asesoramiento específico que necesitábamos, a la par que nos capacitamos a través de una amplia variedad de recursos disponibles (material bibliográfico, cursos, videos, etc.).

Nos pareció importante crear un espacio donde nadie sea juzgado y habilitar la expresión libre de las emociones y el dolor de cada uno. Reconocemos nuestra fragilidad y la dimensión humana del dolor y no lo consideramos signo de debilidad espiritual.

Nos reunimos con una frecuencia mensual y cada encuentro tiene una duración de 1.30 hs. Establecimos reglas destinadas a generar confianza y sentido de pertenencia. Mientras compartimos una rica merienda, cada encuentro incluye:

- Espacio para compartir vivencias.
- Dinámicas varias (a veces dirigidas a romper el hielo y otras a introducirnos en el tema a tratar).
- Un tema específico con el objetivo de adquirir herramientas prácticas para cada uno. Por ejemplo: formas saludables de afrontar un duelo, cómo lidiar con las preguntas habituales – ¿por qué?, ¿para qué?, ¿por qué a mí?- etc.
- Un cierre con una reflexión sobre la fe.

Con el transcurso del tiempo se fue generando un rico vínculo entre las personas, no solo con las coordinadoras, sino entre todos los participantes. Nos mantenemos en contacto a través de un grupo de Whatsapp con el fin de animarnos mutuamente y compartir tanto nuestras necesidades como nuestros logros.

Algunos participantes han ido derribando barreras, se permiten asomar a sus propias emociones y trabajar en su dolor. Refieren sentirse comprendidos y escuchados, libres para expresarse y estimulados en la esperanza.

En lo personal nos sentimos felices de haber comenzado con este servicio al prójimo, que nos desafía y nos gratifica a la vez. En todo este tiempo crecimos en conocimiento y dependencia de Dios. Creemos que cada historia individual con su dolor es una oportunidad para Su intervención y nos gusta estar allí para verlo.

Somos conscientes de que cada alegría, cada desafío, cada dolor, se transita más fácil en compañía. Por eso, nuestro grupo se llama "MEJOR JUNTOS".

Rhode y Eli
Marzo 2019

13
La familia de Dios y la esperanza

"El Señor está cerca, para salvar a los que tienen el corazón hecho pedazos y han perdido la esperanza" (Sal 34:18).

Objetivo

Poder reconocer y utilizar los recursos que Dios puso a disposición de cada hijo suyo y de su familia para que podamos afrontar con fortaleza las pérdidas de la vida, recuperando la esperanza. De igual modo, la familia de Dios ha de ser un bálsamo no sólo para sus miembros sino para los dolores de la comunidad en general.

Lectura de reflexión

Sobre la familia de Dios

En este libro de ayuda mutua se han abordado temas sobre pérdidas en relación a la familia, la de origen y la propia. Evidentemente, la familia constituye el medio privilegiado donde un ser humano nace, crece, se desarrolla. Fue concebido para ser, a pesar de su imperfección, un espacio de amor y cuidado especial entre sus miembros que posibilite que ese desarrollo sea pleno y normal. Sin embargo, la naturaleza caída del ser humano hace que diversos problemas aparezcan y provoquen dolor, tristeza, pérdidas de todo tipo.

El Padre celestial no está al margen de nuestras luchas. Por eso ha provisto recursos notables para que podamos enfrentarlas. Algunos de esos recursos son de aplicación individual, pero otros son comunitarios.

> En la mayor parte de las congregaciones y comunidades hay una epidemia de heridas provocadas por el sufrimiento no sanadas ni identificadas, en particular relacionadas con grupos considerables de personas mayores. La vida es una serie continua de separaciones y pérdidas, pequeñas y grandes. Saber encarar la aflicción es parte indispensable del crecimiento humano. Muchas pérdidas son oportunidades para el crecimiento personal y espiritual. La frecuencia de las pérdidas se acelera a medida que pasan los años. Por esta razón, aprender a enfrentar las pérdidas sin que nos dejen inválidos es una habilidad esencial para envejecer con creatividad. La disminución del apoyo de la comunidad y de los ritos corporativos que rodean a la muerte y al luto en nuestra sociedad ha hecho que sea más difícil recuperarse de la aflicción. La falta de raíces de la multitud solitaria en la gran ciudad ha privado a millones de personas del cuidado de la comunidad. Las crisis y las tragedias personales se ven exacerbadas por la soledad y la crisis social de nuestro mundo.[1]

Así como ningún ser humano puede sobrevivir solo y necesita de una familia o un grupo humano para cubrir sus necesidades más básicas, tampoco la familia humana nuclear es suficiente para cubrir todos los requerimientos y desafíos que le tocan afrontar. Por eso Dios ha provisto para sus hijos e hijas una familia espiritual, más amplia y enriquecida con sus dones: la familia de la fe. La iglesia es la familia de Dios aquí en la tierra. Somos incorporados en esta familia por adopción. Podemos llamarnos "hermanos" porque todos tenemos un Padre en común, así que estamos vitalmente relacionados unos con otros, y tenemos también en común una herencia y un destino eterno.

---

1 Howard Clinebell, *Asesoramiento y cuidado pastoral,* Nueva Creación, Buenos Aires, Argentina, 1995, p. 226.

Dios nos ha llamado a vivir un evangelio de carácter relacional, contrapuesto al espíritu individualista y competitivo que caracteriza nuestra época. Si bien la salvación es personal y Dios trata con el individuo, Él sabe que necesitamos vivir en compañía, sosteniendo y siendo sostenidos por los otros.

En el Nuevo Testamento se utilizan varias expresiones que aluden al grupo de cristianos: "cuerpo" y "edificio", por ejemplo, que denotan que cada uno de los hijos de Dios forma parte de un todo organizado y armónico. Otra figura utilizada es "familia de Dios". También da una idea de un todo, y no meramente de partes aisladas, pero le agrega el toque afectivo, de interrelación profunda que es propio de una familia.

El concepto de familia añade una dimensión de calor, ternura, cuidado y lealtad; en suma, emoción y devoción humanas. Para decirlo de otro modo, al usar la analogía del cuerpo Pablo emplea los aspectos físicos para ilustrar la necesidad de que cada miembro participe en la iglesia, pero cuando usa la analogía de la familia estaba ilustrando los aspectos psicológicos de un cristianismo relacional.[2]

El carácter comunitario del evangelio se manifiesta en la cantidad de interrelaciones sugeridas por el Padre para sus hijos en la expresión "unos a otros", usada unas 58 veces en el Nuevo Testamento, sin contar los Evangelios. Es evidente que Dios desea que tengamos una relación personal con él, pero también que gocemos y seamos responsables de relaciones horizontales, expresadas en acciones concretas, tales como orar unos por otros, considerarnos unos a otros, aceptarnos unos a otros, perdonarnos unos a otros, sostener los unos las cargas de los otros, exhortarnos unos a otros, soportarnos unos a otros, animarnos y consolarnos unos a otros, cubrir las necesidades unos de otros.

Éstas y otras expresiones por el estilo son nada más ni nada me-

---

2 Gene A. Getz, *Edificándoos los unos a los otros*, Editorial CLIE, Barcelona, España, 1980, p. 29.

nos que el amor puesto en acción. Es que el sello distintivo de una familia debe ser el amor. Así lo enseña Colosenses 3:14: *"Y sobre todas estas cosas vestíos de amor, que es el vínculo perfecto"*. Y el amor no es un sentimiento que se declama, ni un concepto teórico que se piensa, sino que es práctica, es acción. Es lo que Dios hizo por nosotros. Nos amó e hizo algo concreto por nosotros: dio a su Hijo y, en él, todas las cosas que necesitábamos.

> *"En esto se mostró el amor de Dios para con nosotros, en que Dios envió a su Hijo unigénito al mundo, para que vivamos por él"* (1Jn 4:9).

> *"Si Dios no nos negó ni a su propio Hijo, sino que lo entregó a la muerte por todos nosotros, ¿cómo no habrá de darnos también, junto con su Hijo, todas las cosas?"* (Ro 8:32).

La consecuencia lógica es que como hijos agradecidos imitemos al Padre.

> *"Ustedes, como hijos amados de Dios, procuren imitar-lo. Traten a todos con amor, de la misma manera que Cristo nos amó y se entregó por nosotros, como ofrenda y sacrificio de olor agradable a Dios"* (Ef 5:1-2).

> *"Amados, si Dios nos ha amado así, debemos también nosotros amarnos unos a otros"* (1Jn 4:11).

El amor en una familia saludable se expresa, entre otras cosas, por el cuidado, la atención y la protección del más débil o necesitado. Y ésta tendría que ser una característica habitual de la familia de Dios. Ya desde el Antiguo Testamento Dios instruyó a su pueblo a este respecto, ya que espera que sea un rasgo distintivo de aquellos que conocen personalmente al Dios de amor.

> *"Y al extranjero no engañarás ni angustiarás (...) A ninguna viuda ni huérfano afligiréis (...) al pobre que está contigo (...) no le impondrás usura. Y cuando él clamare a mí, yo lo oiré, porque soy misericordioso"* (Éx 22.21-27). *"Porque Jehová vuestro Dios es Dios de dioses y Señor de señores, Dios grande, poderoso y temible*

que no hace acepción de personas; que hace justicia al huérfano y a la viuda (...)" (Dt 10. 17, 18).

En el nuevo pacto, el principio de solidaridad y compromiso se renueva y acentúa. Sólo por dar un ejemplo citaremos esta exhortación.

"La religión pura y sin mácula delante de Dios el Padre es esta: Visitar a los huérfanos [también a los hijos abandonados ignorados] y a las viudas [también a las mujeres y hombres divorciados, madres solteras y solas y solos en general] en sus tribulaciones..." (Stg 1:27).

Las distintas pérdidas que hemos tratado en los capítulos precedentes nos remiten a vivencias de angustia, tristeza, necesidades emocionales y prácticas que deben ser cubiertas; en síntesis, situaciones especiales de vulnerabilidad. El aislamiento y la soledad aumentan el sentido de debilidad personal, y aun familiar. Es en tiempos de crisis, al perder la esperanza, cuando el que padece necesita de redes de contención adecuadas para no sucumbir. Justamente, la presencia o no de una sólida red de relaciones interpersonales es lo que hace la diferencia sobre el pronóstico favorable o desfavorable de una situación dada. Es por eso que, más allá de la familia extendida, los amigos, los compañeros, y aun los profesionales que puedan estar ayudando, es necesario que la iglesia-familia de Dios se haga presente también como provisión celestial para el que sufre.

La iglesia es la comunidad del Reino de Dios en la tierra, viviendo bajo la tensión de ser pueblo de Dios y, sin embargo, no habitando plenamente en su presencia; gozando de la nueva vida en Cristo, pero sufriendo todavía la enfermedad y la realidad de la muerte siempre presente. Este pueblo débil e imperfecto es la familia que Dios ha dado a sus hijos para vivir en comunidad, para enfrentar la enfermedad y la muerte. La iglesia es el dato más concreto de la realidad de Dios presente en la tierra. Surge así una nueva dimensión de la función sanadora de la iglesia: no sólo preserva al mundo de la destrucción y la muerte espiritual definitiva, sino que es la promotora de la salud de sus miembros... Seguirá habiendo enfermedad entre sus miembros; el dolor, la depresión, el sufrimiento en cada una de sus formas volverá vez tras vez. Pero algo va a cambiar, y esto es que en la comunidad de la iglesia, el individuo no enfrentará la enfermedad solo, sino acompañado por la familia de Dios. [3]

Siguiendo el modelo de Jesús de una espiritualidad integrada e integradora, la familia de Dios, a pesar de todas sus limitaciones e imperfecciones, está llamada a salir de sus propias fronteras para ser un agente de sanidad, una comunidad terapéutica, promotora de esperanza al medio que la rodea.

El término "terapéutico", vinculado a comunidad, no implica tanto la conciencia de que estemos enfermos en el sentido físico o psíquico, si bien esto también pueda ser el caso. La búsqueda de comunidad terapéutica implica más bien la conciencia de que somos personas necesitadas de relaciones humanas significativas, de atención y afecto, de complementariedad. Ese sentimiento emerge de la conciencia de que no somos autosuficientes; sino que al contrario nos necesitamos mutuamente unos a otros. Comunidad terapéutica es la búsqueda comunitaria de la vida, especialmente en momentos cruciales de nuestra existencia. [4]

No cabe duda de que la expresión máxima de la provisión de Dios para el ser humano es la misma persona de Jesucristo que, al iniciar su ministerio terrenal, leyó la profecía que fue dada sobre él:

> *"El Espíritu del Señor está sobre mí, porque me ha consagrado para llevar la buena noticia a los pobres, me ha enviado a anunciar libertad a los presos y dar vista a los ciegos; a poner en libertad a los oprimidos; a anunciar el año favorable del Señor"* (Lc 4:18-19).

---

3 Ricardo Zandrino, *Sanar es también tarea de la iglesia*, ABAP, Buenos Aires, Argentina, 1987, pp. 55, 56.

4 Lothar Hoch, *Visiones y Herramientas*, 2011. Comunidad terapéutica: En busca de una fundamentación eclesiológica del asesoramiento pastoral.

Su breve pero eficaz ministerio dio prueba de ello. Hoy, en ausencia física de Jesucristo, los que hemos decidido seguir sus pasos y pertenecemos a su familia, estamos llamados a servir a los demás, anunciando las buenas nuevas de salvación en su sentido más amplio y llevando consuelo y esperanza a quienes lo necesitan.

Jesús estaba abierto al contacto, era espontáneo y estaba disponible para lo que ese contacto demandara en el momento. Para los que no compartían su visión y su compromiso, muchas de las actitudes de Jesús representaban una especie de pecado mortal. La acción de sanar fue anuncio y anticipo de la sanación definitiva de Dios. La espiritualidad que surge de las curaciones, tal como se presentan en los Evangelios, toma en cuenta la curación física, psíquica, espiritual y apunta también al cambio profundo de la misma sociedad. Es porque Jesús desea convertir la resignación en esperanza, la parálisis en acción, la ceguera en visión, la sordera en escucha, la prisión en libertad, la alienación en salud, el odio y la indiferencia en amor. [5]

¿De qué manera la familia de Dios socorre al que está en necesidad? El apóstol Pablo nos recomienda el servicio infatigable:

> *"Así que no debemos cansarnos de hacer el bien; porque si no nos desanimamos, a su debido tiempo cosecharemos. Por eso, siempre que podamos, hagamos bien a todos, y especialmente a nuestros hermanos en la fe"* (Gá 6:10).

¿Qué significa "hacer el bien"? En cada uno de los capítulos precedentes se han sugerido distintas formas de ayudar de acuerdo a la situación considerada. Cualquiera de las formas que tome la ayuda, debe ser una expresión surgida del amor que Dios ha derramado en cada uno de sus hijos. "Hacer el bien" puede ser, dependiendo de la necesidad del que padece y también de nuestros dones y recursos, orar, escuchar atentamente, acompañar, hacer silencio, aconsejar con mansedumbre, enseñar, alentar, ofrecer calor de familia,

---

[5] Hugo N. *Santos, Nuevos caminos en psicología pastoral. Cap. 1: Jesús, ese modelo de pastores y pastoras*. Ediciones Kairos, Buenos Aires, 2010, pp. 24, 25.

colaborar en aspectos prácticos, cubrir roles ausentes o deficientes de la familia en problemas, sostener económicamente, y tantas otras formas creativas que podemos descubrir y ejercitar.

Para todo esto se requiere de disposición y sensibilidad hacia las necesidades de los miembros de la familia de Dios.

"Alégrense con los que están alegres y lloren con los que lloran" (Ro 12:15).

Este texto nos habla de un corazón capaz de ser empático con los tonos emocionales de los otros seres humanos y de un acompañamiento apropiado en diversas situaciones. También es necesario romper el egoísmo que proviene de nuestros propios corazones y de pertenecer a una sociedad individualista y hedonista que promueve la satisfacción personal a cualquier costo.

"Ustedes, hermanos, han sido llamados a la libertad. Pero no usen esta libertad para dar rienda suelta a sus instintos. Más bien sírvanse los unos a los otros por amor. Porque toda la ley se resume en este solo mandato: "Ama a tu prójimo como a ti mismo" (Gá 5:13-14).

Para que la ayuda que intentamos brindar sea útil y adecuada es necesario pedir a Dios que nos guíe para actuar con sabiduría en cada caso, y que el efecto sea restaurador y no hagamos más daño a la persona que está padeciendo. La información y el conocimiento sobre las distintas situaciones también son importantes, a la hora de ser más específicos y pertinentes.

Hay algunos datos más que pueden sernos útiles. Al ayudar debemos evitar la manipulación que a veces se filtra junto con la asistencia que ofrecemos. Podemos manipular al forzar a la persona que sufre a hacer cosas que no quiere o para las cuales no está preparada. Podemos manipular al esperar que la persona responda como nosotros queremos o pensamos que es correcto. Podemos manipular al no dar libertad a que la persona elija. Podemos manipular al pretender que las cosas se hagan en el tiempo que nosotros esperamos o deseamos. Podemos manipular al inducir culpa y someter de cualquier forma a la persona que ayudamos.

También necesitamos saber recibir ayuda. La ayuda mutua implica que todos, alternativamente, podemos estar en posición de dar o de recibir ayuda. Así como hay un tiempo para consolar hay otro para ser consolados. No es saludable que siempre unos sean los que dan y otros siempre los que reciban. Prepararnos para esta interacción circular evitará, por una parte, la dependencia excesiva de unos y, por otra, la autosuficiencia y la incapacidad de otros para recibir ayuda cuando la necesitan.

La familia de Dios y la oración

La oración es un recurso de fe que Dios puso a disposición de cada hijo suyo para hacerle conocer sus cargas y necesidades. También la oración nos ayuda a depositar nuestras ansiedades y temores delante de él. La oración personal es vital en nuestra relación con Dios. Sin embargo, también hay un lugar especial para la oración intercesora y comunitaria, la oración compartida con el resto de la familia de Dios.

"Si alguno de ustedes está afligido, que ore. Si alguno está contento, que cante alabanzas. Si alguno está enfermo, que llame a los ancianos de la iglesia, para que oren por él y en el nombre del Señor lo unjan con aceite. Y cuando oren con fe, el enfermo sanará, y el Señor lo levantará; y si ha cometido pecados, le serán perdonados. Por eso, confiésense unos a otros sus pecados, y oren unos por otros para ser sanados. La oración fervorosa del justo tiene mucho poder" (Stg 5. 13-16).

La iglesia es un pueblo que tiene un Dios que escucha y actúa en respuesta. El simple hecho de orar por el que atraviesa una circunstancia de enfermedad o sufrimiento es en sí un factor de salud, tanto para los que lo hacen abriendo sus corazones a la necesidad del otro, como para el que se beneficia de esas oraciones, que sabe que hay quienes se interesan y comparten con él el momento que le toca atravesar. Pero hay mucho más que eso: está el poder sobrenatural de Dios respondiendo a la oración de su pueblo.[6]

Sobre la esperanza

Todos los capítulos precedentes tienen un tema en común: la pérdida de una ilusión. Y cada capítulo abordó un tipo de pérdida diferente. El diccionario tiene por lo menos dos acepciones para la palabra "ilusión":

1. Concepto, imagen o representación sin verdadera realidad, sugeridos por la imaginación o causado por engaño de los sentidos.

2. Esperanza cuyo cumplimiento parece especialmente atractivo.

El diccionario de sinónimos da como equivalentes de ilusionar los siguientes términos: engañar, seducir, esperanzar. Aparece, entonces, que ilusión tiene una doble vertiente: la esperanza y el engaño.

Cada vez que emprendemos un proyecto nuevo, lo hacemos con el deseo de que salga bien, prospere y nos haga felices. Pero también es cierto que puede haber una cuota de engaño si creemos que indefectiblemente será así. Cuando no sucede del modo esperado sobreviene justamente la desilusión, el desengaño. Y con ello, el sufrimiento.

Entonces, ¿es que no se puede tener esperanza? ¿Es malo tener ilusiones? Muchas personas, al haber experimentado el sufrimiento en sus propias vidas o en las de quienes los rodean, han adoptado una especie de coraza protectora que en apariencia los exime de sentir dolor. No se ilusionan y tampoco se desilusionan. Evitan soñar para luego no tener que despertar del sueño. Dejan de proyectar y correr riesgos. En definitiva, esto es como dejarse morir un poco en vida.

---

6 Zandrino, *op.cit.*, 1987, p. 65.

Pero una vida que realmente valga la pena incluye soñar, proyectar, tener ilusiones. En síntesis, crecer y tener esperanza. Aun a riesgo de perder lo que se ha logrado, no alcanzar lo deseado, o desilusionarse ante una realidad imperfecta.

La Biblia, el manual de instrucciones de Dios para nuestra vida, tiene mucho que decir sobre la esperanza. Es que Dios, nuestro Creador y diseñador, nos hizo seres necesitados de tener esperanza para vivir saludablemente. Cuando atravesamos situaciones de pérdida y dolor, puede apagarse la esperanza momentáneamente. Sin embargo, Dios nos invita a renovar nuestra esperanza, ya que sin ella no hay horizonte, no hay luz, no hay nuevos proyectos, no hay alegría, no hay vida...

En primer lugar, debemos tener en cuenta que Dios mismo es la fuente de nuestra esperanza, que actúa en nosotros por el poder del Espíritu Santo. Esto marca una diferencia notable con tener ilusiones basadas sólo en nuestras expectativas, fuerzas y habilidades.

"Que Dios, que da esperanza, los llene de alegría y paz a ustedes que tienen fe en él, y les dé abundante esperanza por el poder del Espíritu Santo" (Ro 15:13).

Dios, a través de su palabra, se revela a nosotros con todo lo que necesitamos para vivir. Por eso debemos recurrir a las Escrituras para que, al conocer mejor a Dios y sus promesas para nosotros, reafirmemos la esperanza y obtengamos el consuelo necesario.

"Todo lo que antes se dijo en las Escrituras, se escribió para nuestra instrucción, para que con constancia y con el consuelo que de ellas recibimos, tengamos esperanza" (Ro 15:4).

La esperanza no consiste en creer que todo saldrá como lo deseamos o soñamos, sino en que Dios estará en medio de cualquiera de nuestras situaciones humanas, aun en las más penosas, cumpliendo sus bondadosos propósitos hacia los que hemos confiado en él.

"Yo sé los planes que tengo para ustedes, planes para su bienestar

> *y no para su mal, a fin de darles un futuro lleno de esperanza. Yo, el Señor, lo afirmo"* (Jer 29:11).

Esta no es una promesa hecha por un ser humano falible e imperfecto, sino por Dios mismo que se hace garante de cumplirla. El ha hecho su parte al proponernos una vida con esperanza verdadera. ¿Qué se espera de nosotros ahora? Simplemente que respondamos con fe en él. El salmista se da instrucciones a sí mismo al respecto, y también nos hace una exhortación a nosotros:

> *"Solo en Dios halla descanso mi alma; de él viene mi esperanza. Solo él es mi roca y mi salvación; él es mi protector. Confía siempre en él, pueblo mío; ábrele tu corazón cuando estés ante él. ¡Dios es nuestro refugio!"* (Sal 62:5, 6, 8).

Podemos atravesar períodos de tristeza, desilusión y desengaño, y aun perder la esperanza, en el transcurso de nuestra vida terrenal. Fue la experiencia de tantos fieles hijos de Dios, cuyas expresiones dolientes de su corazón están registradas en la Biblia. Sin embargo, también como ellos, podemos volver la mirada a Dios y reconocer en él nuestra esperanza.

> *"Recuerdo mi tristeza y soledad, mi amargura y sufrimiento; me pongo a pensar en ello y el ánimo se me viene abajo. Pero una cosa quiero tener presente y poner en ella mi esperanza: El amor del Señor no tiene fin, ni se han agotado sus bondades. Cada mañana se renuevan; ¡qué grande es su fidelidad! Y me digo: ¡El Señor lo es todo para mí; por eso en él confío!"* (Lm 3. 19-24).

Resulta claro en este pasaje que es humanamente normal experimentar sentimientos penosos, también traer a la memoria nuestros sufrimientos pasados, pensar en ellos y desanimarnos. Sin embargo, no es necesario que la historia termine ahí. El inagotable amor de Dios todavía nos cubre, permanece fiel y se renueva cada día. Las historias de vida reflejadas en los testimonios incluidos en cada capítulo de este libro dan cuenta de esta realidad. De cada uno de nosotros depende reenfocar nuestros pensamientos y confiar en que la salida vendrá de él. La oración, con peticiones y acciones de gracias, es un poderoso recurso a nuestra disposición. Permite aquietar nuestras emociones turbulentas en tiempos de crisis y ordenar nuestros pensamientos confusos. El resultado es quietud y paz en medio de la aflicción.

"No se aflijan por nada, sino preséntenselo todo a Dios en oración; pídanle y denle gracias también. Así Dios les dará su paz, que es más grande de lo que el hombre puede entender; y esta paz cuidará sus corazones y sus pensamientos por medio de Cristo Jesús" (Fil 4:6-7).

Por último, es bueno recordar que la vida del hijo de Dios tiene una dimensión terrenal, pero también tiene una dimensión celestial, eterna. Esta realidad no nos exime de padecer en este mundo, pero alienta nuestros corazones y nos ayuda a tener paciencia.

"A ellos Dios les quiso dar a conocer la gloriosa riqueza que ese designio encierra para todas las naciones. Y ese designio secreto es Cristo, que está entre ustedes y que es la esperanza de la gloria que han de tener" (Col 1:27).

Jesús mismo, en su experiencia humana similar a la nuestra, nos dio el ejemplo en este sentido.

"Fijemos nuestra mirada en Jesús, pues de él procede nuestra fe y él es quien la perfecciona. Jesús soportó la cruz, sin hacer caso de lo vergonzoso de esa muerte, porque sabía que después del sufrimiento tendría gozo y alegría; y se sentó a la derecha del trono de Dios. Por lo tanto, mediten en el ejemplo de Jesús... no se cansen ni se desanimen" (Heb 12:2-3).

Finalmente, compartir la visión del apóstol Juan también nos ayuda a levantar la mirada por sobre nuestras experiencias terrenales, consolando nuestros corazones y renovando la esperanza.

"Vi la ciudad santa, la nueva Jerusalén, que bajaba del cielo, de la presencia de Dios. Estaba arreglada como una novia vestida para su prometido. Y oí una fuerte voz que venía del trono, y que decía: "Aquí está el lugar donde Dios vive con los hombres. Vivirá con ellos, y ellos serán sus pueblos, y Dios mismo estará con ellos como

su Dios. Secará todas las lágrimas de ellos, y ya no habrá muerte, ni llanto, ni lamento, ni dolor; porque todo lo que antes existía ha dejado de existir". El que estaba sentado en el trono dijo: "Yo hago nuevas todas las cosas". Y también dijo: "Escribe, porque estas palabras son verdaderas y dignas de confianza." (Ap 21:2-5).

Actividades

Leer el párrafo a continuación, evaluando los siguientes puntos:

1. ¿Qué opinan los miembros del grupo sobre los puntos que Charles Swindoll menciona como las expresiones que denotan que se trata de una familia en interacción?
2. ¿Cuáles de estas características están presentes en su comunidad de fe, y cuáles deberían incentivarse?
3. ¿De qué modo concreto podría ayudar la familia de Dios a alentar la esperanza de aquellos que pasan por tiempos de crisis y aflicción?

Ustedes son... miembros de la familia de Dios

No es exagerado decir que la opinión de muchas iglesias evangélicas consiste en: "Estamos aquí a fin de que se nos informe". Por muy importante que sea la predicación (y yo creo de veras en un buen ministerio de la Palabra), ésta sólo constituye parte de un objetivo más amplio. Se dice que la iglesia es un cuerpo, ¿recuerda? Nos reunimos por otras razones que simplemente la de ingerir más alimentos cada vez.

Piense por ejemplo en su familia. Dudo que usted diría: "Somos una familia porque comemos juntos. Para eso existimos. Comemos con frecuencia y mucho. Los alimentos son muy nutritivos, muy bien preparados, y siempre se sirven a tiempo. ¡Nos encanta comer! Por eso somos una familia". No, una familia demuestra serlo de muchas maneras, además de reunirse alrededor de una mesa de comedor repleta de comida. Por ejemplo:

• Por su forma de responder a los que sufren.

- Por cómo escuchan cuando hablan otros miembros de la misma.
- Por el grado en que dan su cariño a los demás y sostienen a los que no pueden seguir el paso.
- Por cómo animan a los otros, permanecen unidos en tiempos difíciles, o ríen en momentos divertidos.
- Por las bases sobre las que establecen la responsabilidad, las obligaciones y la valoración.
- Concediendo a sus miembros la posibilidad de expresar verdaderos sentimientos: alegría, pena, ira, regocijo, duda, desacuerdo, expectación, perplejidad, decepción, deleite y dolor.

Se puede ver fácilmente que constituir una familia es mucho más que ingerir buena comida; y lo mismo pasa con la iglesia. Es ésta una base de adiestramiento; un lugar donde se anima a crecer, aprender, hacer ejercicio, encontrar descanso, refrigerio y estabilidad para enfrentarse a las realidades de la vida; un grupo de compañeros de lucha que se reúnen y se relacionan abierta, sincera y libremente. Es asimismo un sitio de oración y retiro sosegado, un yunque en el cual se da forma a las ideas y donde toman cuerpo las convicciones; un hospital para los que necesitan tiempo y espacio para curarse; un lugar en el que la compasión, el perdón y la gracia se distribuyen con la misma prontitud y asiduidad que la información.

En el cuerpo de Cristo las relaciones sinceras y abiertas son tan importantes como una administración de la verdad bíblica fiel y nutritiva. Necesitamos ambas cosas: tiene que haber una comunión significativa, y no sólo erudición. El contar con la una sin la otra da como resultado una iglesia desequilibrada y enfermiza.[7]

Finalmente, lea a continuación el párrafo de Harold Segura y analice de qué manera el autor vincula la realidad imperfecta de la familia —la humana y la espiritual— con la esperanza escatológica.

---

7 Charles Swindoll, ¡Baje la guardia!, Editorial Betania, 1987, pp. 129, 130.

Es en la familia –y esta entendida en sus diferentes modelos– donde se experimenta el perdón, en medio de las inconsistencias e imperfecciones de nuestra condición humana; donde se vive la esperanza, en medio de un mundo que encierra tantas injusticias y maldades; donde se brinda formación para la vida del reino, en medio de las tendencias deshumanizantes de nuestras sociedades; donde se ofrece refugio, en medio de un mundo competitivo y feroz; donde se vive la diversidad como regalo, en medio de una sociedad que tiende a desconocer lo diferente y a hacer exclusiones inmisericordes; donde se celebra la igualdad, en medio de nuestras tradiciones culturales hegemónicas y dominantes, patriarcales y adultocéntricas; donde se espera poco y se ofrece mucho, como signo de la gracia infinita del Señor. En resumen, en el Nuevo Testamento, la familia se presenta, al igual que la iglesia como una comunidad paradigmática donde el Shalom crece como semilla del reino y primicias de la era mesiánica. En esto no hay lugar para idealismos ingenuos; en ningún momento se idealiza a la familia, sino que, desde su realidad y contingencia sirve al Señor y a su reino al procurar vivir aquí (con radicalidad discipular) lo que nos espera allá (con esperanza escatológica).[8]

Bibliografía sugerida

Clinebell, Howard, *Asesoramiento y cuidado pastoral*, Nueva Creación, EEUU, 1995.

Getz, Gene A., *Edificándoos los unos a los otros*, Editorial CLIE, Barcelona, España,1980.

Zandrino, Ricardo, *Sanar es también tarea de la iglesia*, ABAP, Buenos Aires, 1987.

---

8 Harold Segura, *Shalom como camino: una visión cristiana*. Conferencia dictada por el autor en el Congreso Familia y Shalom -por la integración individual, familiar y social-. Organizado por Eirene Argentina, setiembre de 2013.

14
Grupos de ayuda mutua

"Y de hacer bien y de la ayuda mutua no os olvidéis; porque de tales sacrificios se agrada Dios" (Heb 13:16, RV)

Objetivo

Motivar a organizar grupos de ayuda mutua para que puedan ser usados como recursos válidos en el acompañamiento a personas y familias en el tránsito por distintas situaciones de pérdida y enfermedad. Brindar algunos elementos teóricos y prácticos que colaboren a la implementación de los mismos.

Lectura de reflexión

Fundamentación teórica

Mucho antes de que el concepto "grupos de ayuda mutua" se hubiera mencionado y desarrollado en el campo de las Ciencias Sociales, Dios ya había instruido a su pueblo para que fueran agentes de salud integral entre los seres humanos. Este énfasis puede notarse a lo largo de toda las Escrituras, Antiguo y Nuevo Testamento. Es que no puede concebirse a un ser humano saludable sin un entorno –familiar, social, comunitario– que lo contenga, lo anime y lo ayude a crecer, especialmente en las etapas difíciles que le toque atravesar en su vida.

Como hemos mencionado en el capítulo 13 (La familia de Dios y la esperanza), el apoyo mutuo, o el "unos a otros" de que habla vez tras vez el Nuevo Testamento, además de ser una pauta que promueve la salud y el desarrollo humano en sus distintas expresiones, es una muestra tangible del amor de Dios manifestado en forma horizontal entre sus criaturas, tanto dentro como fuera de la iglesia. Es otro modo en que Él se hace presente para hacer bien a los que tanto ama. Es una manera privilegiada, también, de compartir las "buenas nuevas"; salvación integral que debe alcanzar a todas las áreas del ser humano –su físico, su alma, su espíritu, sus relaciones– . A este respecto, el sobresaliente autor evangélico John Stott expresa lo siguiente:

> Una de las necesidades más grandes en la iglesia hoy es una sensitiva toma de conciencia del mundo que nos rodea. Si somos verdaderos servidores de Jesucristo, tendremos los ojos abiertos (como lo hizo él) y puestos en las necesidades humanas, como también los oídos alerta para escuchar los gritos de angustia. Y responderemos de manera misericordiosa y constructiva (una vez más, como lo hizo él) al dolor de la gente.
>
> …
>
> Al propio tiempo, a menos que escuchemos atentamente las voces de la sociedad secular, que nos esforcemos por entenderlas, y que seamos capaces de sentir con la gente en medio de su frustración, ira, perplejidad y desesperación, llorando con los que lloran, careceremos de autenticidad como los discípulos de Jesús de Nazaret. En cambio, correremos el peligro de contestar preguntas que nadie hace, de rascar donde no hay comezón, de ofrecer productos que no tienen demanda; en otras palabras, de ser totalmente irrelevantes, justamente lo que con frecuencia ha sido la iglesia en el curso de su larga historia.[1]

---

1 John Stott, *El cristiano contemporáneo: Los desafíos seculares a la iglesia. Un llamado urgente a escuchar con los dos oídos*, Nueva Creación, Buenos Aires, Argentina, 1992, p. 213.

Stott luego continúa diciendo que los hombres y mujeres modernos y secularizados expresan una triple búsqueda que sólo Jesús puede satisfacer, planteando a la iglesia el desafío de presentar a Cristo en su plenitud al mundo:

- Búsqueda de trascendencia.
- Búsqueda de significación.
- Búsqueda de comunidad. "Vivimos en una era de desintegración social".

En este sentido, los grupos de ayuda mutua que se puedan generar desde la comunidad de fe como uno de los modos de responder a las diferentes necesidades que percibimos a nuestro alrededor, se han probado como instrumentos eficaces –tanto para la evangelización como para el apoyo social– siendo así agentes de salud integral.

Tanto las personas como las familias y los grupos pueden enfrentar mejor las situaciones de conflicto cuando sienten que no están solos. Las compañeras y compañeros en el proceso educativo estimulan, facilitan, ayudan a interpretar, y celebran los logros y resoluciones, a la par que se benefician con ellas. El contexto de confianza y solidaridad genera confianza y contribuye a potenciar a las personas. Cuando uno está en confianza, se siente más resuelto a arriesgarse a explorar, probar y cambiar. Puede afirmarse que en la formación y nutrición de comunidades de apoyo tenemos una de las claves para la lucha por la liberación, la justicia y la paz. [2]

Un poco de historia

El hombre –creación de Dios– es un ser social, es decir, que tiende a relacionarse con otros en búsqueda de satisfacer sus diferentes necesidades humanas. Una de los propósitos de tales interacciones es recibir y dar apoyo, especialmente en situaciones de crisis o en

---

2 Daniel Schipani, *Paulo Freire, educador cristiano*, Libros Desafío, Grand Rapids, Estados Unidos, 2002, pp. 83-84.

tiempos donde experimenta distintos padecimientos. Esta interacción puede darse de un individuo a otro individuo o tomar una forma grupal, donde varias personas se reúnen –formal o informalmente– para brindar ayuda y también recibirla.

Siguiendo a Ander Egg[3], sabemos que durante la primera guerra mundial, surgieron grupos informales de autoayuda en Inglaterra, a instancias de un médico que tomó la iniciativa de agrupar a los pacientes con problemas similares, ante la falta de médicos y la enorme cantidad de heridos. El propósito de este agrupamiento era precisamente el de ayudarse mutuamente y asistirse para superar las situaciones individuales mediante la reciprocidad de la ayuda.

Una de las organizaciones pioneras fue Alcohólicos Anónimos creada en Estados Unidos hacia el año 1935. En 1936 se publicó el libro Alcohólicos Anónimos, escrito por dos ex alcohólicos que salieron de esa situación apoyándose mutuamente. Esto fue un factor de gran importancia para la expansión de estos grupos. El programa de 12 pasos que proponían los autores (uno de ellos médico), para rehabilitar a los alcohólicos y la idea de que la persona que mejor puede ayudar a otra que es alcohólica es alguien que ha pasado por esa misma experiencia, fueron los primeros principios y pautas que orientaron a este tipo de grupos de ayuda mutua.

Años después, en la década de los '70, aparecieron, en los Estados Unidos y centro de Europa, asociaciones y grupos de ayuda mutua como respuesta a una necesidad no cubierta por la atención primaria y derivada de la crisis industrial y económica.

En la Asamblea Mundial de la Organización Mundial de la Salud en 1978 se dio un respaldo explícito a los grupos de ayuda mutua, con el lema "salud para todos en el año 2000", redactando 38 objetivos para conseguirlo y crea un Centro Internacional de Información y de apoyo a las Asociaciones y Grupos de Ayuda Mutua. En Europa, en

---
3 Ezequiel Ander Egg, *Los grupos de autoayuda y el apoyo social*, Secretaría de Prevención y Asistencia de las Adicciones. Gobierno de la Provincia de Buenos Aires.

el año 1984, todos los estados miembros de las regiones de Europa también adoptaron estos objetivos y trabajaron para ello.

Si bien existe una larga historia de apoyo y ayuda mutua, el espectacular desarrollo de estos grupos en los últimos años puede explicarse como una respuesta a la decadencia y declinación de las "solidaridades naturales" como forma de ayuda y de apoyo. Durante siglos, ha sido la familia ampliada el núcleo principal del apoyo social. Con el tiempo fueron desapareciendo las solidaridades naturales, regidas por la responsabilidad de ayuda personal y familiar, para delegarse en Instituciones que lo hacen –las más de las veces– de una manera impersonal y burocratizada.

Las grandes ciudades, por otra parte, abrigan soledades inmensas. Los hombres y mujeres no encuentran espacios –a veces tampoco tienen tiempo– para tejer lazos de relaciones interpersonales. Y en medio de millones de personas, los seres humanos suelen encontrarse solos, a veces desesperadamente solos.

Es en este marco donde debemos situar a los grupos de ayuda mutua y el significado que adquieren en esta última década. En la misma línea, Ezequiel Ander Egg dice que los grupos de apoyo mutuo, entre otras cosas, responden a los problemas derivados de la existencia de Muchedumbres solitarias (título de una obra de David Riesman, fallecido en 2002).

Y continúa diciendo que "la importancia de los grupos de auto-ayuda es tanto más relevante y significativa en la sociedad que nos toca vivir por tres razones principales:

- por el tipo de relaciones sociales que caracterizan a nuestra sociedad: situaciones de aislamiento, de abandono o de marginalidad social
- por la impotencia de las formas institucionalizadas de ayuda para atender las necesidades de afecto y amistad que necesitamos los seres humanos
- por la exclusión social expresada en la falta de posibilidades de

participación personal en la resolución de los propios problemas colectivos, especialmente aquellos que tienen incidencia en la propia vida".

Coinciden Eva Muchinik y Susana Seidman: "El *aislamiento social* es un fenómeno de la sociedad de masas contemporánea. Deriva de la fragmentación de la experiencia y de la progresión del individualismo que destruye los vínculos comunitarios de sostén [...]. El apoyo social, con el sentimiento de ser partícipe de un grupo social, facilita el afrontamiento de los problemas, propende a la salud física y psicológica y mejora los efectos adversos del estrés. De este modo, el apoyo social sería lo opuesto a la soledad". [4]

Ander Egg reconoce que los individuos confrontan problemas existenciales, problemas vitales, que no pueden encontrar respuesta en la ayuda y la asistencia social burocratizada. Asimismo, reconoce a las comunidades religiosas como ámbitos particularmente solidarios.

Solidario = unido

¿Qué es un grupo de ayuda mutua?

Para comenzar, nos ayudaría saber primero cuál es la etimología de la palabra "grupo".

El término francés groupe (grupo) es reciente. Proviene del italiano groppo o gruppo, término técnico de las bellas artes que designa a varios individuos, pintados o esculpidos, que componen un tema. El vocablo se extiende pronto al lenguaje corriente y designa un conjunto de elementos, una categoría de seres o de objetos. Sólo a mediados del siglo XVIII, grupo designa, en francés, una reunión de personas.

¿Qué puede aclararnos el origen del vocablo sobre las

---

[4] Muchinik Eva y Seidmann Susana, *Aislamiento y soledad*. Editorial Eudeba, Buenos Aires, 1998, p. 61, 62.

significaciones latentes de éste? El sentido primero del italiano *groppo* era "nudo", antes de llegar a ser "reunión", "conjunto"... y los lingüistas suponen que deriva del germano occidental *kruppa* = mesa redondeada. Parece, además, que *groupe* y *croupe* se originaron en la idea de círculo.

La etimología nos proporciona, así, dos líneas de fuerza que volveremos a encontrar a lo largo de la reflexión sobre grupos, el nudo y el círculo. El sentido primero de nudo poco a poco se reproduce en grupo hasta connotar el grado de cohesión entre los miembros. En cuanto a círculo, designó muy tempranamente, en el francés moderno, una reunión de personas o, para conservar la misma imagen, un círculo de gente.[5]

En el caso que nos ocupa –los grupos de ayuda mutua– coincidimos con Ander Egg: "Partimos del concepto de grupo en su acepción más amplia que, en términos psicológicos y sociológicos, hace referencia a un conjunto de personas que se hallan en interacción e influencia recíproca entre sus miembros durante un tiempo apreciable. En todo grupo, se crean una relación vincular y una conciencia de pertenencia".[6]

En segundo lugar, la **definición de ayuda mutua** que suponen este tipo de grupos.

Grupos de autoayuda o ayuda mutua, son términos que a veces se usan de manera indistinta e intercambiable. Por "autoayuda" se entiende que el individuo que está atravesando un problema debe tomar una actitud activa (afrontamiento positivo) para enfrentarlo o solucionarlo; refiere a la responsabilidad personal. En los grupos de ayuda mutua –cuyos miembros están unidos por un objetivo y un propósito en común– esa característica también se pone de manifiesto, pero esta vez se expresa al compartir con otros sus dificultades. Al ayudar a otros también se ayuda a sí mismo.

---

5 Didier Anzieu, *El grupo y el inconsciente*. Apuntes de clase de Psicología, UBA.
6 Ander Egg Ezequiel, *Los grupos de ayuda mutua y autoayuda*. Editorial San Pablo, Buenos Aires, 2014, p. 18.

Los grupos de autoayuda son estructuras grupales voluntarias y pequeñas de ayuda mutua para alcanzar un objetivo específico. Están casi siempre formadas por iguales que se han reunido para la asistencia mutua con el fin de:

a. satisfacer una necesidad común

b. superar un obstáculo común o problema que perturba seriamente la vida y

c. conseguir cambios sociales o personales deseados.[7]

Como se ha mencionado anteriormente, las distintas formas del apoyo social -al igual que los vínculos de apego cercanos- son imprescindibles para el bienestar humano, especialmente en tiempos de crisis o dificultad. La participación voluntaria en grupos de ayuda mutua es una forma de vehiculizar la solidaridad humana, a través del dar y recibir mutuos.

¿En qué casos podría estar indicado formar un grupo de ayuda mutua?

Los grupos de ayuda mutua en un principio fueron pensados para brindar soporte emocional y ayuda práctica en situaciones de enfermedades crónicas o adicciones, u otros problemas de salud que agotan al individuo que las padece y también a sus familias.

No obstante, su alcance en la actualidad es mucho más amplio. Es así que pueden encontrarse grupos de ayuda mutua enfocados en diferentes pérdidas (duelos en general, duelo por muerte de un hijo), en algunas enfermedades mentales de evolución crónica, discapacidades –propias o de los hijos o de un familiar cercano–, adicciones y otras patologías o situaciones vitales difíciles de transitar solos.

También se constituyen grupos de ayuda mutua para afrontar crisis y tragedias sociales, desastres naturales, diferentes actores de la violencia en la familia (víctimas, victimarios), etc.

---

[7] B. Katz y E. Berger, *The strenght in us: self-help groups in the modern world*, New Viewpoints, New York, 1976.

Se han mostrado eficaces –y necesarios también– los grupos que nuclean a profesionales de diferentes áreas de la salud y agentes comunitarios que se ocupan de cuidar a otros. Por lo general estas tareas son altamente demandantes (por la exposición continua al sufrimiento humano) y generadoras de gran estrés. El grupo ayuda a tratar con la sobrecarga propia de estas profesiones, evitando el aislamiento y atendiendo a los primeros síntomas de burn-out (agotamiento debido a las demandas laborales o tareas de voluntariado inclusive).

Principio de identificación

"Jesús, el Hijo de Dios, es nuestro gran Sumo Sacerdote que ha entrado en el cielo. Por eso debemos seguir firmes en la fe que profesamos. Pues nuestro Sumo Sacerdote puede compadecerse de nuestra debilidad, porque Él también estuvo sometido a las mismas pruebas que nosotros; sólo que Él jamás pecó. Acerquémonos, pues, con confianza al trono de nuestro Dios amoroso, para que Él tenga misericordia de nosotros y en su bondad nos ayude en la hora de necesidad" (Heb 4:15-16).

No cabe duda de que el Señor Jesucristo es la Persona con mayor capacidad para identificarse con nosotros, imperfectos seres humanos, en todo aspecto de nuestra vida y especialmente en cualquier forma de sufrimiento o debilidad –física, emocional, espiritual– que debamos atravesar en nuestro peregrinaje terrenal.

Del mismo modo, el consuelo y la compasión que recibimos del Padre de nuestro Señor Jesucristo en tiempos de dolor o dificultad es el que puede capacitarnos para consolar también a otros en sus tribulaciones.

"Alabado sea el Dios y Padre de nuestro Señor Jesucristo, pues Él es el Padre que nos tiene compasión y el Dios que siempre nos consuela. Él nos consuela en todos nuestros sufrimientos, para que nosotros podamos consolar también a los que sufren, dándoles el mismo consuelo que Él nos ha dado a nosotros" (2Co 1:3-4)

Este principio de identificación es el que se pone en juego en un grupo de ayuda mutua que nuclea a personas con padecimientos similares. Aun con todas las limitaciones que supone lo humano, nos hace bien no sólo la comprensión y la compasión de Dios hacia nosotros sino también las de las otras personas que comparten sus penas y alegrías terrenas. El grupo de ayuda mutua podría ser uno de los marcos privilegiados a tal fin.

Dos experiencias a modo de ejemplo

Grupo de ayuda al paciente oncológico y su familia

Hace ya algunos años, en una iglesia local surgió la necesidad de transformar una situación de sufrimiento colectivo en una oportunidad de ayuda. Varios miembros de mediana edad de la congregación enfermaron de cáncer en el mismo año. Una vez pasado el momento inicial de shock, y encaminados los tratamientos oncológicos pertinentes, esta comunidad de fe pensó de qué modo transformar la experiencia dolorosa en fuente de bendición a otros. Así surgió la organización de un grupo de ayuda mutua para el paciente oncológico y su familia.

Se eligió el nombre del grupo "CADA DÍA, UNA OPORTUNIDAD", teniendo como base el texto bíblico: *Este es el día que hizo el Señor; nos gozaremos y alegraremos en él.*" Salmo 118:24

Este texto apela a la voluntad, a la actitud de gozarnos y alegrarnos en el día que Dios nos regala para que vivamos y en el cual actuará a nuestro favor. Es, también, una proclama de fe.

"CADA DÍA, UNA OPORTUNIDAD" remite a reconocer que todos –estemos sanos o enfermos– sólo tenemos la seguridad de este día por vivir. Así, con esta perspectiva, hemos de valorar y vivir en plenitud este día que Dios nos permite transitar.

Objetivos del grupo:

Que el paciente oncológico, su familia y amigos, encontraran un espacio donde compartir experiencias en relación a su problemática, recibir comprensión y aliento por parte de los otros integrantes, dar y recibir apoyo. El proyecto nació de una iglesia local, y su característica diferencial con otros grupos es que se desarrolla dentro de un marco cristiano, aunque su fin de ningún modo es proselitista y no excluye a nadie por sus creencias religiosas.

Metodología y algunos principios de funcionamiento:

- Frecuencia: se establecieron reuniones periódicas (quincenales o mensuales).
- Coordinación: puede estar a cargo de un profesional (psicólogo, médico, trabajador social), pero no es imprescindible. También un paciente recuperado puede realizar esta tarea. En nuestro caso, contamos con el apoyo de los pastores de las iglesias que organizaron los grupos oncológicos. En uno de los grupos también se incluyó a una médica oncóloga perteneciente a la congregación.
- Otros recursos: invitados especiales que pueden aportar diferentes aspectos (médicos, testimoniales, etc.) que el grupo necesita.
- Participación voluntaria. Esto implica tanto la asistencia al grupo como la participación activa en cada reunión, ya sea a través del testimonio, de la expresión de los sentimientos, de las preguntas, y también de los silencios.
- Confidencialidad. Es imprescindible garantizar la reserva de lo que se trata dentro del grupo, a fin de que los miembros puedan participar con libertad y franqueza.
- Agenda: Si bien el coordinador puede propiciar algunos temas que estime que pueden ayudar al grupo, lo más importante a tener en cuenta son los intereses y necesidades de las personas que lo integran, en este caso los pacientes oncológicos, dado que ellos son los verdaderos protagonistas. Son ellos quienes deben marcar la agenda del grupo.
- El grupo de ayuda mutua no es un grupo de terapia, pero in-

dudablemente el efecto de la participación en estos espacios es terapéutico. Asimismo, es sanador compartir la propia experiencia, recibir contención y afecto, sentirse sostenido por los demás integrantes del grupo, saberse comprendido y acompañado en tiempos difíciles, a la vez que compartir las vivencias propias que ayudan a los otros.

La importancia del grupo de ayuda mutua en pacientes con cáncer

La aparición de una enfermedad seria en la vida de una persona, suele originar una crisis inicial. "Enfermo", del latín "infirmus" = no firme. Más allá de los recursos emocionales y espirituales del paciente y de la familia, el tipo de enfermedad, forma de aparición, gravedad, pronóstico, grado de discapacidad que produce, como así también el nivel de incertidumbre e impredictibilidad, inciden en el modo en que se reacciona frente a ella.

En el caso del cáncer, a pesar del enorme avance en materia de métodos de detección tempranos y desarrollo de nuevas y más eficaces tratamientos, el cáncer continúa asociándose a dolor, miedo, desesperanza, muerte. Por eso, es frecuente que su diagnóstico y tratamiento provoquen un gran estrés psicológico, originando frecuentes reacciones ansiosas y depresivas, entre otras.

Una reconocida especialista en Psicooncología menciona que los temores más frecuentes que experimentan los pacientes que padecen cáncer suelen ser los siguientes[8]:
- A la muerte.
- A la dependencia (de la familia, de los médicos, etc.).
- A la deformación (cambios corporales físicos o funcionales).
- A la discapacidad (interferencia en el proyecto de vida, objetivos laborales o personales).
-Al disconfort (molestias o incomodidades derivadas de la

---

8 Jimmie Holland, *Psychooncology*, Oxford University Press, NY, EEUU, 1998.

enfermedad, del tratamiento del dolor, etc.).

- A la desconexión (dificultad en la reincorporación del paciente a su estilo de vida habitual, y el abandono del ambiente y del rol de enfermo).

Hay muchos estudios que han comprobado que la participación en grupos de ayuda mutua beneficia en diferentes aspectos a las personas que sufren distintas enfermedades, y en particular a los pacientes oncológicos:

- Mejora el sistema inmunológico.
- Disminuye el consumo de fármacos y medicaciones.
- Disminuyen las recaídas, los reingresos hospitalarios y las bajas laborales.

Cualquier tipo de apoyo recibido en tiempos de vulnerabilidad es bienvenido. Pero el que llega a través de los que pasan por similares circunstancias es especialmente útil y reconfortante.

En el mismo sentido, Arnaldo Pangrazzi menciona lo siguiente:

Aportes sanantes de los grupos de ayuda mutua

Los objetivos mencionados [...] -el apoyo emotivo, el apoyo social, la información y la educación recíproca, potenciar la propia capacidad para afrontar y resolver los problemas de la vida-... abarcan la esfera psico-social, mental y espiritual de la persona. En la medida que se realizan hay beneficios para los participantes.

• La toma de conciencia de que hay otras personas con problemas y sentimientos similares a los propios.

• La comunicación horizontal (entre pares) más que vertical (ayudante-ayudado).

• La caída de las defensas o barreras psicológicas.

• El desarrollo de relaciones significativas y de nuevas amistades.

• La oportunidad de intercambiar con otros sobre distintas maneras de enfrentarse a las pérdidas.

• El aprendizaje de nuevas estrategias útiles a las soluciones de

los problemas.
- La creciente capacidad de adaptarse a los cambios.
- El desarrollo de habilidades personales e interpersonales para fortalecer la propia autoestima.

El camino para recuperar el sentido de la vida está en el saber acoger las ocasiones que cada día se presentan para ayudar a los otros.[9]

Dentro de las funciones de los grupos está la **promoción de la resiliencia** (capacidad del ser humano para hacerle frente a las adversidades de la vida y salir fortalecido de ellas). Uno de los pilares de resiliencia es la **interacción con otros**, no quedar aislado en medio de las dificultades. Justamente, participar de un grupo oncológico es una excelente oportunidad para facilitar las relaciones interpersonales. No se trata de cualquier relación, sino de un **contacto significativo** con otras personas que padecen, luchan, pero también se animan y se alegran juntas.

Muchos podrían pensar que el contacto con otros enfermos oncológicos puede aumentar la tristeza o llevar a mayor depresión. Algunas personas tenían tales prejuicios hasta que se acercaron a los grupos. Las **dinámicas creativas y la promoción del buen humor**, aun en las circunstancias difíciles de la vida, son una marca de estos grupos. A la vez que se comparten los sentimientos penosos, también hay lugar para el festejo de los cumpleaños, para celebrar los logros, para las risas, para las alegrías.

El grupo también provee oportunidades de **darle un sentido a la experiencia de enfermedad**. Una de las maneras de dar sentido al sinsentido del sufrimiento humano es beneficiar a otros a partir de compartir la propia experiencia, ayudando y siendo ayudados a transitarla de un modo más trascendente, reduciendo a la vez el propio dolor.

---

9 Arnaldo Pangrazzi, *Los grupos de mutua ayuda en el duelo*. Pastoral de la esperanza, Editorial San Pablo, Bogotá, Colombia, 2006, pp. 36-39.

"Que la enfermedad sea puente que facilite el crecimiento personal y grupal, y no abismo, donde mueran proyectos y deseos."

Alejandro Rocamora

Y hablando de **trascendencia**, uno de los desafíos de los grupos oncológicos fue confrontar con el **problema de la muerte**. Muchos de los pacientes se recuperaron de su enfermedad, pero algunos murieron. Tiempos complicados para el grupo. Sin embargo, la conciencia de la realidad de la muerte paradójicamente puede ayudarnos a valorar de otro modo la vida. "Toda experiencia de finitud nos señala la muerte. La temática de la negación de la finitud es: 'Yo no moriré. Venceré la muerte'. Una forma gráfica de expresar esta actitud es la de aquel que con desesperación quiere conservar la arena que tiene en su mano, y mientras más fuertemente aprieta su puño, mayor cantidad se le escapa entre los dedos. De la misma manera, cuando vivimos aferrados a la vida y negamos la realidad de la muerte, la vida se nos hace cada vez más pobre. Hay una verdad sorprendente: mientras más se resiste la muerte, tanto más enfermo, y por lo tanto cercano se está a este hecho. En tanto que si estamos preparados para recibirla, más saludables y maduros estaremos para disfrutar la vida plenamente..."[10]

La muerte de algunos de los miembros del grupo nos entristeció. Lloramos su pérdida, pero los recuperamos en el recuerdo y en la gratitud por lo que nos dejaron. Su paso por el grupo no fue en vano. Fue inspirador para otros. Además, reforzó la propuesta del nombre del grupo: enfatizar o darle un nuevo sentido a la importancia de vivir cada día en plenitud.

La recomendación de Jesús contra la ansiedad es vivir "*día por día*". "*Por lo tanto, no se angustien por el mañana, el cual tendrá sus propios afanes. Cada día tiene ya sus problemas*" (Mt 6:34). Esto es cierto para cualquier circunstancia de la vida, pero adquiere su mayor relevancia en tiempos de dolor y sufrimiento.

Finalmente, el grupo oncológico promueve también la **esperanza**, pilar fundamental de la resiliencia.[11] Las habilidades de

---

10 Ricardo Zandrino, *Sanar es también tarea de la iglesia*, ABAP, Buenos Aires, 1987, p. 39.

11 Resiliencia: refiere a la capacidad de un individuo o grupo para atravesar la adversidad y

afrontamiento o los afrontamientos positivos tienen como requisito el factor esperanza. Es importante diferenciarla de falsas expectativas o meras ilusiones. Tampoco se trata de un analgésico o distractivo de la realidad. Tener esperanza nos lleva a tener una actitud optimista y luchadora con la expectativa de alcanzar algo que nos beneficiará. Asimismo la esperanza da fundamento para dar un sentido a lo que hacemos o esperamos.

¿En qué ponemos nuestra esperanza? Evidentemente, tenemos que confiar en los médicos, en los tratamientos, en la orientación profesional, en la familia. Pero la expresión máxima de nuestra esperanza es el Señor Jesucristo.

Si bien el objetivo del grupo no es proselitista (ganar adeptos para una religión), en las experiencias de enfermedad o de cualquier otra crisis importante, es posible que las personas –enfermos y familiares y amigos- sientan la necesidad de contactar con Dios y expresen inquietudes espirituales. Además, el desarrollo de la espiritualidad también es un factor de fortaleza adicional para transitar los tiempos de dificultad.

Las personas que se acercan a los grupos pueden palpar el amor de Dios en distintas formas: a través de la bienvenida amorosa, a través de los testimonios de los hijos de Dios, a través del interés genuino en sus vidas, etc. Como resultado, algunos de ellos han conocido a Jesús como su Salvador y se han integrado a la iglesia. "... cuando el dolor tiene que ser sufrido, un poco de valor ayuda más que mucho conocimiento; y un poco de simpatía humana, más que mucho valor; y el más leve matiz del amor de Dios, más que todo".[12]

Importancia de incluir a los familiares de pacientes oncológicos

"La enfermedad, sobre todo la enfermedad grave, imprime carácter: es un acontecimiento que por sí mismo puede dinamitar las estructuras familiares más rígidas o transformar, para bien, los

---

salir fortalecido de ella.
12 C. S. Lewis, *El problema del dolor*, Editorial Caribe, Miami, EEUU, 1977, p. 10.

sistemas familiares más disfuncionales."[13]

La enfermedad no es algo abstracto sino una experiencia vital que le sucede a una persona en un momento determinado de su historia personal y familiar. Por lo tanto, siempre que hay un enfermo también hay una familia involucrada de algún modo.

Por este motivo, dentro del Programa se incluyeron reuniones para los familiares, generalmente en forma separada de los pacientes. La experiencia indica que ellos también necesitan apoyo y contención. Ellos también tienen temores y angustias, se cansan, pierden la esperanza. Muchas veces hacen silencio para no preocupar al familiar enfermo, no saben cómo aliviar a su ser querido, qué decir y qué callar, cómo acompañar. Compartir con otros en parecidas circunstancias alivia su propia carga, dan y reciben sugerencias prácticas de manejo en esas situaciones y también se sienten útiles al ayudar a otros.

Testimonio de Erlinda[14]

— *Quiero compartir mi historia con aquellas personas que aún creen que el "cáncer" es únicamente sinónimo de muerte, que no hay esperanza. Es cierto que es un diagnóstico difícil de aceptar y asumir. Cuando los estudios no salieron bien y la doctora me dijo que había que operar urgente, mi pequeño y organizado mundo se vino abajo, mis proyectos perdieron sentido y el mañana quedó convertido en un signo de pregunta. Esa noche compartimos con nuestros hijos de 11 y 22 años lo que estaba sucediendo. Podíamos ver el desconcierto y el temor en sus caras. Estábamos angustiados y paralizados.*

---

13 Alejandro Rocamora Bonilla, *Un enfermo en la familia*, Ed. San Pablo, Madrid, España, 2000, p. 9.
14 Erlinda B. fue una de las pacientes fundadoras del grupo oncológico en Lanús, Provincia de Buenos Aires. Es esposa, madre y docente de profesión. Ahora, también es abuela. Mientras transitaba los tratamientos fue la secretaria del grupo. Hacía los llamados telefónicos a los miembros del grupo y se ocupaba de mil detalles. Erlinda también se capacitó en Psicooncología. Cuando quien escribe dejó la Coordinación del grupo, ella tomó a cargo esa función con total eficiencia, responsabilidad y cariño, junto a otras personas que formaron parte del equipo. Estas líneas son parte del testimonio que ella preparó para la celebración de los 10 años del grupo "Cada día, una oportunidad".

A la mañana siguiente mi esposo y yo tomamos una decisión: las circunstancias habían cambiado pero nuestro Dios, que nos había sostenido a lo largo de 24 años de matrimonio, era el mismo. Sus promesas estaban ahí para que nos aferráramos a ellas.

Mientras íbamos haciendo todo lo que nos indicaba el oncólogo, nuestros hermanos de la iglesia y de otras congregaciones estaban orando permanentemente por nosotros. En este tiempo el Señor nos asombró y emocionó una y otra vez, mostrándonos que Él es el dueño de todo, que nada escapa a Sus ojos.

Es cierto que fue un año duro, de malestares físicos, de luchas espirituales, de verme sin pelo una y otra vez, esforzándome por recuperar la funcionalidad de mi cuerpo, pero lleno de muestras del amor de Dios, a través del sostén de nuestras familias y hermanos en la fe que estuvieron presentes en todas las formas imaginables: llamados telefónicos, cartas, visitas, acompañándome a las sesiones de quimio, haciendo trámites...

Algunos meses después de iniciar los tratamientos comenzaron las reuniones del grupo oncológico. Entonces mis reflexiones tomaron forma: "**Cada día, una oportunidad**"... para vivir con intensidad, para disfrutar, para servir a otros que están pasando por una situación como la mía. Fue y sigue siendo para mí un valioso espacio de contención en el que intercambiamos experiencias, consejos prácticos, sentimientos, sosteniéndonos mutuamente y compartiendo la obra que el Señor realizó y sigue realizando en nuestras vidas.

Llegó el Culto de Acción de Gracias del grupo. ¡Tuvo un año de preparación! ¡Cómo no hacerlo si habíamos recibido tanto...! ¡Cómo no alabarle y darle toda la gloria! Fue un tiempo muy especial de preparación, de reordenar mis valores y prioridades, en el que la enfermedad se convirtió en la escuela de Dios para mi vida, en una oportunidad de crecer y compartir la esperanza con otros.

Pasaron casi 10 años desde ese culto de Acción de Gracias. Siguieron innumerables controles y estudios. Pero fueron los diez años más hermosos de mi vida, más plenos, los que he vivido con mayor intensidad. Aprendí a alegrarme y gozarme en cada día que hizo Dios. Aprendí que el poder de Dios se perfecciona en la debilidad. Aprendí a valorar sus bendiciones, su provisión y su cuidado.

Durante este tiempo he conocido a muchas personas con cáncer; algunas visitando los hospitales, otras a través del grupo. El me dio y me da el privilegio de acompañarlas, confortarlas y compartir con ellas el amor de Jesús. Erlinda B.

El rol pastoral en el grupo

¿Qué rol cumple el pastor en un grupo de ayuda mutua? O mejor dicho, ¿cuál es la función pastoral en un grupo de ayuda mutua?

"Sobrelleven los unos las cargas de los otros, y cumplan así la ley de Cristo" (Gá 6:2)

Respondemos a la pregunta con el testimonio de un pastor experimentado con grupos de ayuda mutua: [15]

Introducción

Cuando asumí el pastorado en la Iglesia Bautista de Lanús Este, me encontré con un desafío que la congregación ya venía llevando adelante desde hacía dos años: el grupo de ayuda a pacientes oncológicos "Cada día una oportunidad".

Esta iniciativa surgió de cinco hermanos de la Iglesia y de sus familiares cuando pocos años antes habían enfermado de cáncer y por inspiración de Dios decidieron poner en práctica el versículo de Gálatas que mencioné al inicio. Comenzaron solicitando la ayuda de una profesional (psicóloga) más específicamente María Elena Mamarian (la autora de este libro) quien les acompañó durante los primeros años; más adelante me sumaría yo con el propósito de aportar desde mi rol pastoral a esta dinámica grupal de "ayuda mutua" que ya venía funcionando exitosamente, tanto en su propósito de contención, como de acompañamiento y esperanza.

En base a esta experiencia, quisiera hacer algunos aportes que

---

[15] Lic. Carlos Pauer. Trabajador Social. Secretario Ejecutivo de la Confederación Bautista Argentina. Participó como pastor del grupo oncológico *Cada día, una oportunidad*, en la iglesia bautista donde se generó y desarrolló el proyecto. Actualmente pastorea, junto con su esposa, otra congregación bautista en la zona sur del conurbano bonaerense.

puedan ser de utilidad a la pastoral en este tipo de grupos. Cabe destacar que la intervención de la figura y la función pastoral en un proceso grupal de estas características puede ser clave para dinamizar el mismo, pero también –aún sin proponérselo– puede ser un obstáculo para la plena participación de sus integrantes y por ende un debilitador de la dinámica funcional. En este sentido considero que hay algunas "actitudes claves" que fueron parte de mi propio proceso de aprendizaje –por supuesto no exento de errores– que trataré de reflejar a continuación por medio de algunas palabras directrices:

1. Escuchar

La primera "actitud clave" que tuve que aprender, fue escuchar. En principio porque yo nunca había atravesado por esta situación. Por lo tanto desconocía absolutamente algunas de las cosas que en el grupo se mencionaban, acerca de las terminologías, los tratamientos tradicionales y los alternativos, etc.

En un principio todo esto me incomodaba en cierta forma, ya que yo había preparado de antemano alguna reflexión específica para las personas y que en los primeros encuentros no necesariamente respondía al desarrollo de las temáticas que surgían en el grupo.

Pero paralelamente comencé a percibir la importancia que las personas participantes –fueran o no creyentes– le daban a la presencia pastoral y más aún que esa valoración residía en el hecho de ser escuchados en su situación crucial más que en cualquier otra cosa.

La escucha se volvió para mí una clave para mi intervención en el grupo, un punto de partida para la ministración con la Palabra; pero aún con la mirada, los gestos y las actitudes, durante la instancia del grupo.

2. Aprender-Desaprender

Quizás como consecuencia de la actitud anterior, yo mismo comencé a vivir mi propio proceso grupal. Tuve que destinar bastante tiempo de mi participación en aprender. Ya no solo de las terminologías y tratamientos, sino de los preconceptos y aún prejuicios que cargaban las personas con esta enfermedad, el estigma de muerte que pesaba sobre sus vidas desde el primer instante, las reacciones de su familia y entorno. Cada persona con su situación se volvía un nuevo capítulo para conocer.

Quizás lo más significativo a esta altura era descubrir que había una buena cantidad de cosas aprendidas social, cultural y hasta religiosamente, que necesitaba desaprender, para ser más receptivo y eficiente en mi tarea pastoral para las personas del grupo.

Esto me lleva a reflexionar que el Señor Jesús se ocupó en innumerables ocasiones de llevar a sus discípulos a terrenos y situaciones incómodas, que les confrontaron con sus propias creencias y prácticas socio-religiosas y desaprender algunas actitudes mal aprendidas sobre principios divinos más profundos. Sólo a modo de ejemplo: tocar a un leproso, charlar con una mujer samaritana, defender a una prostituta, cenar con un cobrador de impuestos, tirar abajo la mesa de los cambistas en el templo, sanar en un día de reposo, dejar que unos niños interrumpan su tarea, etc.

Aprendí, entre otras cosas, que el cáncer no es sinónimo de muerte, que la tarea pastoral del grupo en estas situaciones es mucho más relevante que el aconsejamiento individual, el tremendo valor de la plenitud que encierra el día a día por sobre las rutinas e incluso los grandes proyectos.

3. Ayudar a descubrir las distintas estrategias de afrontamiento

Las personas pueden encontrar diversas estrategias de afrontamiento en el cofre de su vida, no solo para ellos sino para sus familias e incluso para influenciar positivamente en otros.

La tarea pastoral es acompañar en este sentido a la búsqueda de los panes y los peces que cada uno tiene para ayudarles a ponerlos en las manos milagrosas y multiplicadoras del Señor.

Recuerdo con mucha alegría cómo a partir de distintas reflexiones bíblicas como la que mencioné, las personas soltaban una serie de habilidades que se volvían muy relevantes en esta situación, el canto por ejemplo. Recuerdo en particular a una mujer admiradora de Estela Raval –cantante argentina de tangos–, que en medio de uno de sus tratamientos de quimioterapia más complicados, se sacó una foto cantando con Estela Raval en uno de sus recitales. Otra mujer comenzó un programa radial, otra hacía unas tortas exquisitas y utilizó esa habilidad para bendecir a toda su familia, amigos y vecinos.

4. Discernir (los aspectos relacionales, familia, redes vinculares, etc.)

Las crisis en general, pero en particular las que desatan este tipo de enfermedades, develan tanto las fortalezas como las debilidades en los vínculos familiares y sociales de las personas. Muchas veces salen a la luz conflictos colaterales de situaciones no resueltas en el seno matrimonial, o en la relación de padres e hijos, etc.

Por ello otro aspecto clave es discernir a partir de los relatos de las personas participantes en el grupo, cuáles son las tramas relacionales que sirvan para acompañar más efectivamente el proceso de la enfermedad, como así también trabajar por medio de la Palabra, instancias de sanidad integral, perdón y reconciliación que contribuyan al fortalecimiento de las personas.

Además el aspecto testimonial de los distintos integrantes en un grupo se vuelve un efecto multiplicador, que cuando puede ser transformado positivamente es exponencialmente sanador, tanto más aún cuando hay familiares que participan del mismo grupo o forman parte de otro complementario.

5. Individualizar las situaciones.

Una particularidad de este tipo de grupos, es que siempre hay una gran disposición a escuchar y contener a las personas que llegan por primera vez. Vienen con distintas expectativas y se manifiestan también con distintas emociones, a veces con llanto, con ira, con desesperanza, con negación, con desinterés, etc.

No hay tratamientos generalizados, ni receta magistrales. Si bien el proceso es grupal, cada situación es particular y de su tratamiento con estas características se nutre la riqueza del grupo como tal.

Por ello este aporte pastoral es muy importante. Generalmente la figura de un pastor en el grupo abre una puerta para la disposición (casi confesional) de las personas a mencionar la particularidad de su vivencia. Esto permite que más allá de los consejos grupales que generalmente provienen de los miembros con mayor tiempo o experiencia, no se pierda de vista o se subestime las características de una "nueva situación" que puede tener varios puntos en común, pero que siempre es sustancialmente distinta. Como seguramente también lo es la forma en que Dios quiere actuar en la misma.

6. Confidencialidad y reserva

Esta actitud pastoral parece obvia, pero resulta clave. Muchas veces los integrantes distraídos de un grupo, pueden tomar lo difícil de determinadas situaciones para llevarlas a otras instancias de la vida de la Iglesia, reuniones públicas de oración, o de comisiones de servicio. En este caso la función pastoral como responsable de la vida eclesiástica es fundamental para que las personas no sean doblemente afectadas.

Algunas alternativas que trabajamos para visualizar en la Iglesia el obrar de Dios en estos grupos, y no dejarla al margen de este ministerio, era por ejemplo una vez al año compartir una reunión de acción de gracias, donde algunos miembros del grupo compartían libremente y en distintas formas testimoniales su experiencia. En otras ocasiones celebrábamos jornadas completas de juegos y festejos por la Vida.

7. Dar esperanza

Entre las cosas más importantes que aprendí en mi experiencia del Grupo Oncológico, está el valor de celebrar la vida. En todas las reuniones se llevaba una torta y al final se festejaban los cumpleaños.

Además de engordar unos cuantos kilos, descubrí la importancia pastoral de la teología de la esperanza. Nadie tiene mayor mensaje de Esperanza que la Iglesia por medio del evangelio de Jesucristo.

Esperanza de vida, esperanza de sanidad, esperanza frente al dolor y aún esperanza frente a la muerte (1° Co 15).

Recuerdo una ocasión en que fuimos a visitar –con uno de los coordinadores del Grupo Oncológico–, a un hombre que no conocíamos y que nunca había participado del grupo. Fue una visita celestial, porque experimentamos la presencia de Dios en esa casa y en cada palabra de nuestra conversación. El hombre que estaba sumido en un profundo pozo depresivo, cambió su rostro y aún su aspecto físico cuando visitó por primera y última vez al grupo. Como nos enseñó el Señor "la tristeza se volvió en gozo" aún frente a la muerte (Jn 16).

El ministerio pastoral en un grupo de estas características no es dar falsas expectativas cifradas en palabras de aliento humano, sino en dejar que la Palabra de Dios que está llena de vida y esperanza, por medio de la obra del Espíritu Santo se aplique oportunamente en cada persona, familia y circunstancia. Este ejercicio demanda una profunda dependencia de Dios, pero se vuelve extraordinario cuando vemos cómo el Señor lo utiliza para bendecir y transformar a las personas.

GRUPO "CAMINOS" PARA MATRIMONIOS CON DIFICULTADES EN LA CONCEPCIÓN DE SUS HIJOS

Con los mismos principios de funcionamiento que ya se han mencionado para los grupos oncológicos, se organizó el grupo de ayuda mutua CAMINOS.

En este caso, la iniciativa no partió de una iglesia local, sino de quien escribe, al percibir la necesidad de estos matrimonios, teniendo en cuenta que el tema de la fertilidad/esterilidad es casi ignorado en los ámbitos religiosos –aun cuando la Biblia abunda en descripciones del duelo que conlleva– y, por ende, la escasa comprensión y contención que generalmente reciben en sus comunidades de fe.

Hace un tiempo, un periódico titulaba un artículo sobre una encuesta que relevaba el valor de la familia: "El mejor día es el del nacimiento de un hijo". No es necesario recurrir a una encuesta para saber que formar una familia y la llegada de los hijos son dos de los sueños más deseados por muchas de las personas, hombres y mujeres. Con la misma intensidad de la ilusión se experimenta desilusión cuando el anhelo no se cumple. En el capítulo 8 de este libro nos hemos extendido sobre este particular.

El nombre del grupo -CAMINOS- está basado en el texto bíblico:

> "Así dice el Señor, el que abrió un camino en el mar, una senda a través de las aguas impetuosas... ¡Voy a hacer algo nuevo! Ya está sucediendo, ¿no se dan cuenta? Estoy abriendo un camino en el desierto, y ríos en lugares desolados". Isaías 43:16,19

La idea del nombre es que los caminos por los que puede llegar un hijo son diversos: en forma "natural" (biológica) sin mediar ninguna intervención externa, adopción, tratamientos médicos, milagro de Dios. Cada pareja debe transitar el camino propio. Y si son cristianos, seguramente buscarán y recorrerán el camino que Dios abra para ellos en particular.

En este caso, los integrantes del grupo de ayuda mutua reciben y brindan información, contención, acompañamiento, consuelo, ánimo, mientras se transitan los diferentes caminos posibles hacia la maternidad y la paternidad.

También es un grupo que ayuda a reflotar la esperanza. No se es padre o madre por la biología, sino por el amor.

Si bien CAMINOS surgió como iniciativa y bajo la coordinación de una psicóloga, no es imprescindible que siempre sea así. De hecho, después de 7 años de funcionamiento el grupo quedó bajo la responsabilidad de dos matrimonios que habiendo tenido sus hijos a través de la adopción permanecieron en el grupo para acompañar a los demás.

Las reuniones pueden ser enriquecidas con la invitación a profesionales y expertos que brinden información sobre sus áreas específicas (trabajadores sociales, abogados, psicólogos, médicos, pastores). También resultan muy útiles las visitas de matrimonios que compartan las diferentes experiencias por las que ellos han atravesado para concebir a sus hijos (adopción, tratamientos, etc.). En estos casos, la comprensión, la empatía y el acompañamiento de las personas en similares situaciones es altamente valorada.

El grupo se reúne mensualmente, no necesariamente en el ámbito de una iglesia. Está abierto a personas de todos los credos y, tal como sucede con los grupos oncológicos, su fin no es proselitista.

La participación es libre y respetuosa de la experiencia de cada integrante. Se comparten miedos, alegrías y esperanzas. Algunas veces se ríe, otras se llora, pero siempre se sale fortalecido. Y con la pregunta al final de cada encuentro: ¿cuándo nos volvemos a ver?

El grupo CAMINOS funciona en la ciudad de Buenos Aires, pero también se ha animado y asesorado a grupos de otras localidades para que tengan sus propias reuniones.

A continuación transcribimos el testimonio de Fanny Benítez. [16]

"¡Socorro, Señor!", clamaron en medio de su dificultad, y él los rescató de su aflicción. "¡Socorro, Señor!", clamaron en medio de su dificultad y él los salvó de su aflicción. "¡Socorro, Señor!", clamaron en medio de su dificultad y él los salvó de su aflicción. Salmo 107: 6, 13 y 19.

— *Creo que uno de los regalos más especiales que recibí aquel año fueron las personas del grupo Caminos. Si alguien nos veía de afuera, probablemente hubiera pensado que no había grupo más heterogéneo que el nuestro. Y es que en cierta forma lo éramos. Entre los miembros del grupo había –entre otros- un médico, un empresario, una traductora, una trabajadora social, un anciano de una comunidad religiosa, una psicóloga. Y nosotros, dos misioneros transculturales. Ciertamente era un grupo heterogéneo, pero teníamos dos cosas en común: todos éramos seguidores de Jesús y todos estábamos luchando con el duelo no resuelto de la infertilidad.*

Caminos –en plural- era el nombre que había escogido María Elena, la terapeuta que coordinaba el grupo, para recordarnos que no había un único camino ante esta dificultad, y que Dios nos iría mostrando a cada pareja el camino singular que habríamos de tomar.

Caminos. Varios. Distintos. Individuales. Pero no en solitario sino acompañados. "Es interesante que Dios diseñó a las personas para necesitar a otras personas. El alma necesita interactuar con otras personas para permanecer saludable", reflexiona el autor Donald Miller (Miller, D., Blue Like Jazz, 2003). Y estoy de acuerdo.

Así nos sucedía con Caminos. Nos juntábamos con frecuencia para compartir cómo se iba desarrollando el camino de cada pareja a medida que lo íbamos transitando. Nos reuníamos para llorar, para reír, para orar, para saber que no estábamos solos, para celebrar las pequeñas victorias. Para clamar al Señor JUNTOS. Y para comer empanadas, pues nunca faltaban al finalizar cada encuentro.

"La vergüenza muere cuando las historias se cuentan en lugares seguros"[17]

---

16 Benítez, Fanny: Sorprendida por la hospitalidad. 30 reflexiones diarias. Fanny y su esposo Mariano son misioneros en España, más precisamente acompañando a los peregrinos en el Camino a Santiago. Ahora, también los acompañan sus hijos mellizos Teo y Tomás.

17 Ann Voskamp, http://annvoskamp.com/2016/09/a-handfun-of-light-about-scars-shame-being-brave/

Ese fue el regalo que recibí en el grupo Caminos: la oportunidad de contar mi historia en un marco seguro. Ese regalo sanó mi alma en uno de los procesos más difíciles de mi vida.

Pocos días antes de regresar a España el grupo Caminos volvió a reunirse. Hicimos una fiesta pues teníamos dos noticias alegres: una de las parejas se estrenaba como padres adoptivos de mellizos (y los traían por primera vez al grupo), y nosotros compartíamos la noticia de que estaba embarazada, esperando también mellizos.

Fue un día feliz. Nos alegramos juntos. Cantamos, alabando a Dios por su obra.

Aquel día, como no podía haber sido de otra manera, también hubo empanadas sobre la mesa.

¿Has encontrado un lugar seguro donde poder contar tu historia sin miedo ni vergüenza? ¿Qué personas de tu entorno te ayudan a permanecer saludable? ¿Cómo puedes ser tú esa persona o lugar seguro para otros? ¿Qué acciones ayudan a serlo y cuáles lo entorpecen?

TAREAS PARA EL GRUPO

"Jesús recorría todos los pueblos y aldeas enseñando en las sinagogas, anunciando las buenas nuevas del reino, y sanando toda enfermedad y toda dolencia. Al ver las multitudes, tuvo compasión de ellas, porque estaban agobiadas y desamparadas, como ovejas sin pastor" (Mt 9:35-36).

— Leer el párrafo del autor latinoamericano Harold Segura Carmona y responder las preguntas a continuación:

"¿Qué es el mundo? ¿Espacio privilegiado para demostrar el amor de Dios y promover la plenitud de su Reino, o terreno de conquista del cual sólo nos interesan los dividendos evangelizadores que se traduzcan en cifras de sorprendente crecimiento numérico? Es hora de que la iglesia haga una pausa en su acalorada carrera activista y se pregunte: ¿a qué me ha enviado Dios al mundo? A la lectura unidireccional de la gran comisión de

Mateo 28, debemos acompañar el estudio reposado de Mateo 25, donde Jesús nos dice: "Porque tuve hambre, y ustedes me dieron de comer; tuve sed, y me dieron de beber; fui forastero, y me dieron alojamiento; necesité ropa, y me vistieron; estuve enfermo, y me atendieron; estuve en la cárcel y me visitaron" (Mt 25: 35,36). [...]

La misión integral, de la cual mucho se ha dicho, pero poco se ha hecho, comprende múltiples dimensiones con las cuales nuestras iglesias siguen teniendo una deuda alta. Algunas de estas dimensiones a tener en cuenta son la responsabilidad social, la caridad desinteresada, el consuelo compasivo, la defensa del medio ambiente, el perdón misericordioso, la reconciliación responsable, la promoción de la vida, el acompañamiento solidario, la defensa de los derechos humanos, la construcción de la paz con justicia social, el acompañamiento a los débiles y el respaldo desinteresado a los enfermos y frágiles. Todos los anteriores son caminos de la misión de Dios que esperan ser recorridos con igual entusiasmo y compromiso".[18]

- ¿Piensan que los grupos de ayuda mutua que la iglesia puede organizar podrían ser una respuesta posible a la "misión integral" de la que el autor habla?
- ¿Qué experiencias tiene su iglesia local en ofrecer ayuda a problemáticas que se experimenten en la misma iglesia o en la comunidad en la que se desenvuelve?
- ¿Qué opinan sobre la posibilidad de abrir en su comunidad de fe un grupo de ayuda mutua?
- ¿Qué necesidades detectan en su comunidad a las que podría darse respuesta desde un grupo de ayuda específico?
- ¿Sobre qué temáticas ustedes se sentirían capaces de ofrecer ayuda bajo este formato? ¿Con qué recursos cuentan para hacerlo?

---

[18] Harold Segura Carmona, *Hacia una espiritualidad evangélica comprometida*, Ediciones Kairos, 2002, Buenos Aires, pp. 62, 63.

Bibliografía sugerida

Mamarian, María Elena, *Clases sobre grupos de ayuda mutua*. Pastoral Familiar (Programa de FIET-EIRENE).

Ander Egg, Ezequiel, *Los grupos de autoayuda y el apoyo social*, Secretaría de Prevención y Asistencia de las Adicciones, Gobierno de la provincia de Buenos Aires.

Ander Egg, Ezequiel, *Los grupos de ayuda mutua y autoayuda*, Editorial San Pablo, Buenos Aires, Argentina, 2014.

Pangrazzi, Arnaldo, *Los grupos de ayuda mutua en el duelo*, Pastoral de la Esperanza, Editorial San Pablo, Bogotá, Colombia, 2006.

Sobre la autora

María Elena Mamarian, argentina, se recibió como Licenciada en Psicología con diploma de honor de la Universidad de Buenos Aires (UBA) en 1987 y desde entonces se desempeña como psicóloga clínica. Por varios años ejerció la docencia en la UBA y actualmente dicta clases, talleres y cursos en diversas instituciones evangélicas y otros ámbitos de la comunidad. Por muchos años fue miembro de la Mesa Directiva y Coordinadora del Centro Familiar Eirene y actualmente sigue colaborando con esta Asociación Civil y dicta clases para diferentes Programas tales como el de Pastoral Familiar (Eirene-FIET), etc.

Ha escrito numerosos artículos y capítulos publicados en diversos medios y es autora de los libros Rompamos el silencio, prevención y tratamiento de la violencia en la familia (Ediciones Kairos, tres ediciones entre 2007 y 2018), Crecer con Sol (Ediciones Kairos, 2012), Manual de violencia familiar (Tecnicatura Superior en Orientación Familiar, Instituto Superior de Formación Integral, 2008) y los manuales Superando la depresión y el duelo y Esperanza en las pérdidas, publicados por Mujeres Bautistas de Argentina.

Está casada con Rubén Partamian, con quien tienen una hija y dos hijos (Evangelina, Christian y Andrés) y cinco nietas (Sol, Alelí, Constanza, Josefina y Mora).

maria.elena@mamarian.com
www.eireneargentina.com.ar

"Es difícil mirar al futuro con nueva esperanza si no hemos cerrado debidamente las heridas del pasado. Me propongo ayudar a entender cómo han sido las relaciones familiares en la propia infancia y adolescencia, reconociendo los efectos que aún siguen vigentes y curando finalmente los dolores y heridas pendientes. Sólo así es posible disponerse a transitar con libertad un camino diferente en lo que hace a las relaciones con la familia de origen y la propia, especialmente en el ámbito del matrimonio"

MARÍA ELENA MAMARIAN

Fragmento del libro
"Rompamos el silencio"

Para más información:
Ediciones Kairós

TELÉFONOS:
54 11 4796-3306

E-MAIL:
ventas@kairos.org.ar

WEB
https://ediciones.kairos.org.ar

Este libro se terminó de imprimir
en el mes de Agosto de 2019 en
Del Reino Impresores S.R.L.
Av. Cerrito 1169
Bernal - Pcia. de Buenos Aires
Argentina

www.ingramcontent.com/pod-product-compliance
Lightning Source LLC
LaVergne TN
LVHW081812080526
838199LV00099B/4303